Daniela Hammer-Tugendhat /
Wolf Tegethoff (Hrsg.)

Ludwig Mies van der Rohe
Das Haus Tugendhat

SpringerWienNewYork

Daniela Hammer-Tugendhat
Lehrkanzel für Kunstgeschichte an der
Hochschule für angewandte Kunst in Wien

Wolf Tegethoff
Zentralinstitut für Kunstgeschichte
München

Coverfoto: Haus Tugendhat,
Blick von Südwesten,
Foto de Sandalo
(im Besitz der Familie, Wien)

Satz: Bernhard Kollmann, A-1020 Wien
Druck: Adolf Holzhausens Nfg. Ges.m.b.H.,
A-1070 Wien
Graphisches Konzept: Bernhard Kollmann

Gedruckt auf säurefreiem,
chlorfrei gebleichtem Papier – TCF
SPIN: 10709622

Mit 135 Abbildungen, davon 22 in Farbe

ISBN 3-211-83096-0 Springer-Verlag Wien New York

**Ludwig Mies van der Rohe
Das Haus Tugendhat**

Inhalt

Danksagung

Viele Menschen haben auf unterschiedliche Weise zum Gelingen dieses Buches beigetragen, ihnen allen sei herzlich gedankt.

Ruth Guggenheim-Tugendhat, Ernst Tugendhat und Irene Kalkofen haben durch ihre Anregungen und eigenen Erinnerungen mitgewirkt.

Die gemeinnützige Vereinigung der *Friends of Tugendhat* hat sich zur Aufgabe gestellt, die tschechischen Behörden bei der konservatorischen Instandsetzung des Hauses nach Kräften zu unterstützen. Keith Collie als ihr Initiator und spiritus rector gab auch den Anstoß zu einer ersten umfangreichen Bestandsaufnahme, die der Mitherausgeber in deren Auftrag sowie mit Unterstützung des *World Monuments Fund* und der New Yorker *Kress Foundation* in den Jahren 1996/97 durchführen konnte. Unser Dank gilt dabei neben Timothy Berner von den Trustees der *Friends of Tugendhat* allen Mitwirkenden, ohne die diese Aufgabe kaum zu bewältigen gewesen wäre: Jan Sapák, der als intimer Kenner des Hauses schon die Restaurierung der achtziger Jahre aus kritischer Distanz verfolgte und die jüngste Bestandsaufnahme über weite Strecken begleitete, ferner den MitarbeiterInnen Margrit Behrens, Christoph Hölz, Rudolf Fischer, Carola Merseburger, Max Schich und Nina Schneider am Münchner Zentralinstitut für Kunstgeschichte.

Der Dank der Herausgeber richtet sich darüber hinaus vor allem an die tschechischen KollegInnen in Brünn, die uns bereitwillig Haus und Archive geöffnet haben und unsere Arbeit auf jede denkbare Weise unterstützten: allen voran der Direktor des Muzeum Města Brna, Špilberk, Jiří Vaněk, unter dessen Obhut das Haus Tugendhat seit 1994 steht, und seine MitarbeiterInnen Lubomír Konečny, Lenka Kudělková, Helena Vilímková und Milan Franta, der zahllose Ortsbegehungen auch an Sonn- und Feiertagen geduldig begleitet hat. Wir danken dem Brünner Denkmalamt, insbesondere dem ehemaligen Direktor Zdeněk Novák und dem jetzigen Direktor Jaromir Mička und besonders den zuständigen Referentinnen Iveta Černá und Eva Buřilová.

Terence Riley, Head of the Department of Architecture and Design am Museum of Modern Art, und Pierre Adler vom *Mies van der Rohe Archive* haben uns bereitwillig den Zugang zu den New Yorker Zeichnungsbeständen gestattet und unsere Arbeit in mehr als dankenswerter Weise unterstützt.

Gerne ergreifen wir hier die Gelegenheit, alle diejenigen mit Hochachtung zu erwähnen, die sich um die Öffnung und den Erhalt des Hauses verdient gemacht haben: Neben den bereits genannten KollegInnen und Institutionen waren dies insbesondere die Mitglieder des *Fond Vily Tugendhat*, allen voran der leider kürzlich verstorbene Jan Dvořák, weiters Jan Otava und Jindřich Škrabal sowie der Rat der Stadt Brünn mit Altbürgermeister Jiří Horák, den Altvizebürgermeistern Milan Šimonovský und Luděk Zahradníček und der Kulturstadträtin Karla Hofmannová, sowie, last not least, Eduardo Tugendhat.

Für kritische Lektüre der Manuskripte bedanken wir uns bei Paul Löw-Beer, Irene Nierhaus, Lisa Nemeth, Volker Thurm, Helga Kämpf-Jansen, Kathrin Hoffmann-Curtius und Renate Reisinger (D. Hammer-Tugendhat) sowie Veronika Darius, Michaela Marek und Michael F. Zimmermann (W. Tegethoff).

Die Digitalisierung des durch Ausbleichung und Papierzerfall akut bedrohten Brünner Planbestandes erfolgte mit großzügiger Hilfe des Ernst von Siemens-Kunstfonds in München. Dem Vorsitzenden des Stiftungsrates, Heribald Närger, wie auch Rudolf Burger, Rektor der Hochschule für angewandte Kunst in Wien, die die Drucklegung finanziell unterstützte, gilt ein besonderer Dank.

Für die gute Zusammenarbeit bedanken wir uns herzlich bei Rudolf Siegle, Direktor des Springer Verlages, sowie bei Angela Fössl, Frank Christian May, Edwin W. Schwarz und Bernhard Kollmann.

Daniela Hammer-Tugendhat, Wolf Tegethoff

Daniela Hammer-Tugendhat
Das Haus Tugendhat von Ludwig Mies van der Rohe

Einleitung

Das Haus Tugendhat in Brünn ist das bedeutendste Privathaus, das Mies van der Rohe in seiner europäischen Zeit gebaut hat. Zudem ist es erhalten und durch schriftliche und visuelle Quellen so gut dokumentiert wie kaum ein anderer Bau dieser Zeit. Das Haus wird in den Beiträgen des vorliegenden Bandes von unterschiedlichen und teilweise ungewohnten Aspekten her beleuchtet.

Ich bin die jüngste Tochter der Bauherren Grete und Fritz Tugendhat. Lange habe ich gezögert, ein Buch über das Haus meiner Eltern herauszugeben. Zu eng schien mir das Fachliche mit dem Privaten verknüpft. Ich habe nie in diesem Hause gelebt, da ich erst nach der Emigration meiner Eltern geboren bin. Ich bin Kunsthistorikerin, aber nicht Architekturhistorikerin. Aber ich kann mit der Herausgabe dieses Buches bisher unveröffentlichtes Material allgemein zugänglich machen.

Zwei der besten Mies-Kenner konnten für das Buch-Projekt gewonnen werden: Wolf Tegethoff und Franz Schulze. Franz Schulze, dem wir die grundlegende Monographie sowie die Herausgabe der *Critical Essays* über Mies van der Rohe verdanken, gibt eine Einführung in das Werk des Architekten. Er konzentriert sich dabei auf die – oft widersprüchliche – Beziehung zwischen dem gebauten Werk und den theoretischen Konzepten von Mies van der Rohe. Wolf Tegethoff, der sich bereits in seiner Dissertation über die Villen- und Landschaftsprojekte von Mies van der Rohe intensiv mit dem Haus Tugendhat auseinandergesetzt hat, hat inzwischen ein Forschungsprojekt des *World Monument Fund* im Rahmen von Voruntersuchungen für die Restaurierung des Hauses und seiner Einrichtung abgeschlossen. Im Laufe dieses Projektes hat er die annähernd 700 erhaltenen Pläne und Originalzeichnungen aus dem Atelier Mies van der Rohes, die heute größtenteils im Mies-Archiv im MoMA in New York und zum kleineren Teil im Archiv des Städtischen Museums Brünn liegen, erstmals vollständig aufgearbeitet. Sein Beitrag gibt einen fundierten Einblick in die Planungs- und Baugeschichte des Hauses. Ausgehend von der zeitgenössischen Diskussion um die Bewohnbarkeit des Tugendhat-Hauses analysiert Tegethoff exemplarisch die Wohnkonzepte der Moderne. Mein Mann Ivo Hammer, Kunsthistoriker und Restaurator, beschäftigt sich mit der materiellen Substanz des Hauses und ihrer Erhaltung. Die Untersuchung der Materialien, ihrer Oberflächen und ihren historischen Veränderungen ist Voraussetzung sowohl für die quellenkritische kunsthistorische Interpretation als auch für die bevorstehende konservierende Restaurierung der noch vorhandenen Bausubstanz und der erhaltenen Einrichtung. Auch die Rekonstruktion fehlender Teile der Bausubstanz und Einrichtung muß auf der präzisen Kenntnis der originalen Substanz aufbauen.

Die Quellen, die hier erstmals der Öffentlichkeit zugänglich gemacht werden, sind vor allem Originalfotos meines Vaters. Diese Fotografien ermöglichen einen anderen Blick auf das Haus in zweierlei Hinsicht. Erstens erfährt das Verhältnis von Architektur und Natur durch diese Fotos eine deutliche Korrektur. Die immer wieder publizierten Fotos des Hauses gehen auf Originalaufnahmen des Brünner Ateliers de Sandalo zurück. Sie zeigen das Haus direkt nach Fertigstellung im Winter 1930. Dies berührt ein allgemeines Problem der Architekturfotografie. Üblicherweise werden fotografische

Abb. 1:
Haus Tugendhat,
Gartenfront
von Südosten,
Foto de Sandolo 1930

Ansichten direkt nach Bauende hergestellt und zeigen daher purifizierte Architektur-Bilder. Im Falle des Tugendhat-Hauses wirkt sich dieser Umstand besonders kraß aus. Mies hatte mit der Gartenarchitektin Grete Roder zusammen eine enge Verbindung von gebauter Architektur und Natur geplant, die durch intensiven Bewuchs von Pflanzen an der Fassade, im Garten und auf der Terrasse realisiert wurde. Diese Osmose zwischen innen und außen war eine der wesentlichen Intentionen bei der Konzeption des Hauses. Sichtbar wurde aber diese Konzeption erst, als die Pflanzen mit ihrem Wachstum der Planung nachgekommen waren. Erst auf den Fotos meines Vaters, die bis zum Jahr 1938 reichen, kann somit diese intendierte ästhetische Wirkung des Hauses nachvollzogen werden (Abb.1 und 2).

Zweitens geben die Fotos einen privaten Blick wieder. Es sind Fotografien, die anschaulich machen, wie die Familie in dem Haus gelebt hat. Architektur wird für Menschen gebaut, von Menschen bewohnt und benützt. Die von den Bewohnern losgelösten Architekturfotos vermitteln einen formalistischen, ästhetisierenden Blick. Architekturfotografie ist nicht einfach 'objektives' Abbild von Architektur, sie ist immer auch Interpretation. Auch die perfekten, zum Teil retuschierten und handkolorierten Fotos von de Sandalo geben ein bestimmtes Bild von dieser Architektur: Das Haus wird zum Kunstwerk. Die Fotos meines Vaters zeigen, wie die Menschen in diesem Haus gelebt haben.

Es ist ein seltener Glücksfall, daß von einem so viel beachteten Bauwerk der Moderne Kommentare der Auftraggeber und Bewohner existieren. Dies ermöglicht einen anderen Blick auf eine der zentralen Fragen der modernen Architektur: auf die Frage ihrer Funktionalität. Kurz nach Fertigstellung des Hauses wurde in der Werkbundzeitschrift *Die Form* vom Oktober und

Abb. 2:
Haus Tugendhat,
Gartenfront von Südosten,
Foto Fritz Tugendhat,
Mitte der 30er Jahre

November 1931 eine Debatte über die Bewohnbarkeit des Hauses geführt, in der neben den Architekturkritikern Justus Bier, Walter Riezler, Roger Ginsburger und dem Architekten Ludwig Hilberseimer auch meine Eltern Stellung bezogen haben. In dieser Debatte wurden Grundfragen der modernen Architektur diskutiert. Meine Mutter hat sich zudem in der deutsch-tschechischen Architekturzeitschrift *Was gibt Ihnen der Architekt?* zu dem Verhältnis von Architekt und Bauherr geäußert. Diese Texte meiner Eltern werden im vorliegenden Band wiederabgedruckt. Eine der wichtigsten Quellen, auf die sich die Forschung häufig beruft, ist der Vortrag meiner Mutter, den diese anläßlich der internationalen Tagung zur Rekonstruktion des Hauses in Brünn am 17. Januar 1969 in tschechischer Sprache gehalten hat. Er ist auf deutsch nur in gekürzter Fassung in der *Bauwelt* vom September 1969 publiziert. Dieser Vortrag wird hier in der originalen Fassung in seiner vollen Länge wiedergegeben.

Zu diesen schriftlichen Zeugnissen kommen mündliche Quellen hinzu, vor allem Aussagen und Erinnerungen von Menschen, die in dem Haus gewohnt haben, insbesondere meiner Mutter, aber auch einige Erinnerungen meiner Schwester Hanna und meines Bruders Ernst, die bei der Emigration 1938 dreizehn beziehungsweise acht Jahren alt waren, sowie die Erzählungen von Irene Kalkofen. Irene Kalkofen lebte von 1931 bis 1938 als Kinderschwester im Haus; sie lebt jetzt 89jährig in London. Irene Kalkofen ist die einzige heute noch lebende Person, die als Erwachsene in dem Haus gewohnt hat und über so etwas wie „authentische Erinnerung" an das Leben im Haus verfügt. Mein Beitrag ist also auch ein Stück *oral history* aus zweiter Hand. (Über Erinnerungen meines Vaters kann ich keine Aussagen machen, da ich bei seinem Tode noch ein Kind war.)

Abb. 3:
Grete Tugendhat,
Vortrag im
Mährischen Museum in Brünn
am 17. Januar 1969

Erstmals werden die noch erhaltenen Möbel aus dem Haus in Farbe reprodu-
ziert, einige werden hier überhaupt zum ersten Mal veröffentlicht. Die Möbel
befinden sich zum Teil in Familienbesitz, zum Teil im Mährischen Museum in
Brünn (siehe Katalog).

In einem Brief vom 15. Mai 1970 bot meine Mutter dem Architekten František
Kalivoda, der vom tschechischen Architektenverband mit den Bemühungen
um die Wiederherstellung der Villa beauftragt worden war und mit dem sie
seit 1967 in einem regen Briefwechsel stand, ihre Mitarbeit an einem von ihm
geplanten Buch über das Haus an. Kalivoda war begeistert von diesem Angebot. Meine Mutter ist im Dezember desselben Jahres tödlich verunglückt.
Kurz danach starb Kalivoda. Das Buch kam nicht zustande.

Grete Tugendhat
Zum Bau des Hauses Tugendhat

Vortrag, gehalten auf der internationalen Konferenz zur Rekonstruktion des
Hauses am 17. Januar 1969 im Mährischen Museum in Brünn.
(Der Vortrag wurde in tschechischer Sprache gehalten. Eine gekürzte deutsche Fassung wurde in der *Bauwelt* 36 /1969 publiziert. Die tschechische
Version in: Peter Lizon, Vila Tugendhat, Světový mezník modernismu v Brně
bzw. in englisch in: Ders., Villa Tugendhat in Brno: An International Landmark
of Modernism, The University of Tennessee, College of Architecture and
Planning, Knoxville 1996. Die beiden längeren Passagen, die in der *Bauwelt*
nicht abgedruckt wurden, sind kursiv gesetzt.)

Meine Damen und Herren!

Es ist mir eine ganz besondere Freude und Ehre, hier in meiner Heimatstadt
ein paar Worte über die Entstehung unseres früheren Hauses sagen zu dürfen.

Man fragt mich immer, wie es dazu kam, daß wir als Brünner in Brno ein Haus
von Mies van der Rohe bauen ließen.

Ich lebte die letzten Jahre vor meiner Heirat in Deutschland und kam in Berlin
oft in das Haus, das Mies van der Rohe für den Kunsthändler Perls gebaut
hatte, das aber damals von dem Kunsthistoriker Eduard Fuchs bewohnt
wurde. Dieses Haus war noch konventionell gebaut, hatte aber durch drei
große Glastüren im Wohnraum schon die Öffnung zum Garten und eine sehr
übersichtliche Einteilung in die verschiedenen Lebens- und Wohnsphären.
Dann beeindruckte mich die Weißenhofsiedlung sehr. Ich hatte mir immer ein
modernes, weiträumiges Haus mit klaren, einfachen Formen gewünscht, und
mein Mann hatte geradezu einen Horror vor den mit unzähligen Nippsachen
und Deckchen vollgestopften Zimmern seiner Kindheit. Als wir uns entschlos-
sen, ein Haus zu bauen, sagten wir uns daher bei Mies van der Rohe zu einer
Unterredung an. Und vom ersten Augenblick unserer Begegnung an war
beschlossen, daß er unser Haus bauen sollte, so sehr waren wir von seiner
Persönlichkeit beeindruckt. Er hatte eine ruhige selbstbewußte Sicherheit, die
sofort überzeugte. Vor allem aber hatten wir aus der Art wie er über sein
Bauen sprach das Gefühl, einem wirklichen Künstler gegenüberzustehen. Er
sagte z.B., man könne die idealen Maße eines Raumes nie berechnen, man
müsse einen Raum fühlen, wenn man in ihm stehe und sich in ihm bewege.
Dann, daß man ein Haus nie von der Fassade aus, sondern von innen her
bauen müsse, daß Fenster in einem modernen Bau nicht mehr Löcher in einer
Wand sein sollten, sondern zwischen Boden und Decke ausgespannte Fläche
und als solche ein Bauelement! Dann legte er uns dar, wie wichtig gerade im
modernen, sozusagen schmuck- und ornamentlosen Bauen die Verwendung
von edlem Material sei und wie das bis dahin vernachlässigt worden war, z.B.
auch von Le Corbusier. Als Sohn eines Steinmetzen war Mies von Kindheit an
vertraut mit schönem Stein und liebte ihn besonders. Er ließ nachher im
Atlasgebirge lange nach einem besonders schönen Onyxblock für die Onyxwand suchen und überwachte selbst genau das Zersägen und Aneinander-
fügen der Platten, damit die Zeichnung des Steines richtig herauskomme.
Als sich allerdings nachher zeigte, daß der Stein durchscheinend war und
gewisse Stellen der Zeichnung auf der Rückseite rot leuchteten, wenn die
untergehende Sonne auf die Vorderseite schien, war das auch für ihn eine
freudige Überraschung. Mit derselben Liebe suchte er den Vert antique, der
im Eßzimmer als Abstellplatte diente, und die Holzfurniere aus. Er fuhr eigens
nach Paris, um genügend lange Furniere aus Makassarebenholz für die runde

Eßzimmerwand zu finden, damit keine Teilung sichtbar sei und die Furniere wirklich vom Boden bis zur Decke reichten.

Bei dieser ersten Unterredung zeigte uns Mies all seine Entwürfe, die für die damalige Zeit so ungeheuer kühn waren, daß sie nie gebaut wurden. Dann besuchten wir mit Mies drei von ihm gebaute Häuser. Besonders das zuletzt gebaute eines Herrn Wolf in Guben gefiel uns sehr gut, es war ein sehr großzügiger Klinkerbau. Ursprünglich sollte unser Haus auch ein Klinkerbau werden, aber es stellte sich dann heraus, daß es in Brno keine schönen Klinker gab und auch keine Maurer, die sie tadellos hätten setzen können.

Nach dieser ersten Unterredung sahen wir uns in Brno verschiedene kürzlich gebaute Häuser besonders vom Architekten Ernst Wiesner an; unser Vergleich fiel entschieden zu Gunsten von Mies van der Rohe aus. Wir baten ihn, im September 1928 nach Brno zu kommen und sich das Grundstück anzusehen. Meine Eltern hatten mir den oberen Teil ihres Gartens von Parkstraße 22, der oben an die Schwarzfeldgasse grenzte, geschenkt. Natürlich war Mies von dieser Lage mit dem Blick auf Brno und den Spielberg entzückt. Diese Ansicht wurde durch den Durchblick zwischen Haus und Garage erhalten und betonte die Gliederung des Baukörpers. Es ist sehr schade, daß man ihn inzwischen zugemauert und dadurch auch die Proportionen des ganzen Baus gestört hat.

Wir verabredeten mit Mies, daß er baldmöglichst einen Plan entwerfen sollte, und zwar wünschten wir uns fünf Schlafzimmer, ein Eß- und ein Wohnzimmer, und stellten uns selbstverständlich ein viel kleineres und bescheideneres Haus vor. Wir hatten auch noch besondere Wünsche, die Mies alle berücksichtigte, z.B. wünschte ich mir einen direkten Zugang von meinem Zimmer zu den Kinderzimmern, dadurch entstand der kleine Durchgangsraum zwischen Eingangshalle und Terrasse. Mies versprach, daß der Bau dauernd von einem verläßlichen Bauführer aus seinem Berliner Büro überwacht werden würde, ohne daß uns daraus Mehrkosten entstünden. Gegen Ende des Jahres ließ uns Mies wissen, daß der Plan fertig sei, und voller Spannung betraten wir am frühen Silvesternachmittag sein Büro. Wir waren zur Silvesterfeier mit Freunden verabredet, aber statt dessen dauerte die Unterredung mit Mies bis ein Uhr früh. Wir sahen zunächst den Grundriß eines riesigen Raumes mit einer runden und einer rechteckigen freistehenden Wand. (Wir sahen sogleich, daß dieser Raum etwas Unerhörtes, nie Gesehenes war. Handgeschriebene Notiz G.T.) Dann fielen uns kleine Kreuzchen im Abstand von etwa fünf Metern auf. Wir fragten: „Was ist das?" Darauf Mies sehr selbstverständlich: „Das sind die Eisenstützen, die den ganzen Bau tragen." Damals war noch kein Privathaus als Eisengerüstbau errichtet worden, kein Wunder also, daß wir sehr überrascht waren. Der Plan gefiel uns aber sehr, wir baten Mies nur um drei Dinge, die er alle zusagte. Erstens, die Eisenstützen im oberen Stockwerk, also in den Schlafzimmern, sollten nicht, wie er geplant hatte, frei im Raum stehen, sondern in die Wände gelegt werden, weil wir Angst hatten, man würde sich in den kleinen Räumen an ihnen stoßen. Zweitens, das Badezimmer, das frei liegend zwischen unseren beiden Schlafzimmern geplant war, sodaß unsere Zimmer eigentlich einen ungetrennten Raum bildeten – so wie es später in der Wohnung auf der Berliner Bauausstellung verwirklicht war –, sollte abgetrennt und durch einen kleinen Vorraum zugänglich werden. Drittens sollten alle Fenster einen ausreichenden Sonnenschutz bekommen, da wir Angst hatten, die Räume würden sonst im Sommer zu heiß sein. Auf diese Forderungen ging Mies, wie gesagt, ohne weiteres ein. Als hingegen mein Mann bei einer späteren Unterredung sich dagegen wandte, daß alle Türen vom Boden bis zur Decke reichen sollten, weil sogenannte Fachleute ihm eingeredet hatten, diese Türen würden sich werfen, entgegnete Mies: „Dann baue ich nicht." Hier war ein wesentliches Prinzip des Baus in Frage gestellt, und da ließ er nicht mit sich sprechen. Er empfand die von der Renaissance herkommenden Teilungen der Wände durch Fenster und Türen in einem modernen Bau als heterogen und daher lehnte er sie ab. Aus demselben Grund der Vermeidung von Teilungen reichten auch die eingebauten Schränke bis zur Decke, und Küche und Badezimmer waren nicht wie sonst üblich nur bis zur halben Wandhöhe, sondern ebenfalls bis zur Decke gekachelt. Übrigens hat sich keine der hohen Türen geworfen, wie man noch jetzt feststellen kann, wie überhaupt der ganze Bau technisch in jeder Einzelheit von Mies selbst durchdacht und ganz vollkommen war. Gleich zu Anfang des Baus stellte sich heraus, daß der steile Hang aus Rutschterrain bestand, es mußten daher Betonbrunnen gemacht werden, um auch die leiseste Erdbewegung, die ja sowohl für die großen Fenster wie für das Flachdach eine Katastrophe gewesen wäre, zu verhindern. Da mein Mann ein leidenschaftlicher Photograph war, Filme drehte, bevor es Amateurfilmkameras gab, und sie selbst entwickelte, legte er Wert auf eine tadellos trockene Dunkelkammer im Keller. Das Haus wurde sozusagen in eine isolierte Wanne gestellt, sodaß nie die geringste Feuchtigkeit im Keller war. Mit dem Bau wurde die Firma Gebrüder Artur und Moritz Eisler in Brno betraut, das Stahlskelett allerdings und die verchromten Hüllen der Träger mußte man aus Deutschland kommen lassen. Um den großen Raum nicht durch Heizkörper zu verunstalten, wurde eine Klimaanlage geschaffen, die man im Sommer als Luftkühlung benützen konnte. Obwohl man damals mit solchen Anlagen in Privathäusern noch keine Erfahrung hatte, funktionierte diese Luftheizung ganz ausgezeichnet, eine halbe Stunde, nachdem man sie einschaltete, war der ganze Raum warm; ich wundere mich sehr, warum man inzwischen die Heizung geändert und Heizkörper in den Raum gestellt hat. Ganz Brünn versicherte uns übrigens während des Baus, wir würden in dem Haus mit den großen Fenstern erfrieren. Tatsächlich war die Sonnenerwärmung durch die 10 mm dicken Spiegelglasscheiben so stark, daß wir an sonnigen Wintertagen auch bei sehr tiefen Temperaturen den unteren Raum nie heizen mußten und sogar die großen Fensterscheiben elektrisch versenken und dann wie im Freien sitzen konnten. Ebenso prophezeite man uns, daß sich das Flachdach für das Brünner Klima absolut nicht eigne, und tatsächlich war dies die einzige Sache, mit der wir am Anfang Schwierigkeiten hatten, aber nur weil Blei und Kupfer nebeneinander verwendet worden waren. Dadurch entstanden elektrische Ströme, die zu Undichtigkeiten führten. Als diese behoben waren, war das Dach ganz in Ordnung.

Ich habe weit vorgegriffen. Im Juni 1929 wurde mit dem Bau begonnen. Wir hatten zuerst einen Herrn Hirz als Bauleiter, der sich aber nicht sehr bewährte und daher bald von Herrn John abgelöst wurde, der in Brno blieb, bis der Bau beendet war.

Als Fußbodenbelag wurde weißes Linoleum gewählt. Mies van der Rohe wollte, daß der Fußboden als einheitliche Fläche wirkt, was bei Parkett nicht der Fall ist, und weiß war die neutralste Farbe und wahrscheinlich nicht unpraktischer als ein anderes glattes Linoleum. Ich muß zugeben, daß es doch sehr schmutzempfindlich war und viel Pflege brauchte. Es wäre zu überlegen, ob man nicht, wenn das Haus als Repräsentationsraum für die Stadt wiederhergestellt wird, mit Zustimmung von Mies denselben Travertin nehmen könnte, den Mies für den Eingangsraum, die Treppen und die untere Terrasse gewählt hat. Ich habe in meinem jetzigen Haus in St. Gallen im Wohnraum einen Travertinboden, der sehr schön ist und in der Pflege das Praktischste, was man sich vorstellen kann.

Wir verstanden damals wohl nicht ganz, welch ungewöhnliches Ausmaß an Arbeit der Bau für Mies bedeutete, da er jede Einzelheit bis zu den Türklinken selbst neu entwarf. Es sind hier viele Dinge zum erstenmal gemacht worden, die man heute ganz allgemein anwendet, ohne zu wissen, woher sie kommen.

Nach einem halben Jahr begannen wir sehr zu drängen, Mies möchte uns doch Zeichnungen für die Möbel schicken. Daraufhin bekamen wir schließlich eine Zeichnung des großen Raumes und als einziges Möbelstück sozusagen hatte Mies eine Plastik vor die Onyxwand gezeichnet. Sie sah aus wie eine Plastik von Maillol, wir haben uns aber später eine Plastik von Lehmbruck ausgesucht, die wir sehr geliebt haben und deren spurloses Verschwinden während der Nazizeit uns sehr geschmerzt hat.

Nun, mit der Zeit bekamen wir auch Zeichnungen für die Möbel, die wir alle genau nach den Miesschen Entwürfen anfertigen ließen. Für das runde Eßzimmer konstruierte Mies einen runden Tisch, der mit einem Metallfuß, der genau die Form der Eisenträger hatte, in den Boden eingelassen war. Die Tischplatte war aus schwarzem Birnbaumholz, und an ihrer Unterseite liefen Metallschienen, in die Leisten eingesetzt wurden, worauf man zur Vergrößerung des Tisches Kreissegmente legte, sodaß man den Tisch zweimal vergrößern konnte, und er dabei doch immer rund blieb, was wegen der runden Eßzimmerwand nötig war. An dem doppelt vergrößerten Tisch konnten 24 Personen sitzen, er wirkte außerordentlich festlich.

Die Sitzmöbel waren ausnahmslos aus verchromtem Stahl. Für das Eßzimmer hatten wir 24 von den Sesseln, die jetzt Brnostühle heißen und die mit weißem Pergament bespannt waren; vor der Onyxwand standen zwei jetzt sogenannte Tugendhatsessel, die mit silbergrauem Rodierstoff und zwei Barcelonasessel, die mit smaragdgrünem Leder bespannt waren. Vor der großen Glaswand stand ein Liegestuhl, dessen Polster aus rubinrotem Samt waren. Alle diese Farbzusammenstellungen probierte Mies van der Rohe an Ort und Stelle zusammen mit Frau Lilly Reich lange aus. Dazu gehörten natürlich auch Vorhänge und Teppiche: Vor der Onyxwand lag ein handgewebter Teppich aus heller Naturwolle, hinter der Onyxwand ein ebenfalls handgewebter Teppich aus brauner Naturwolle und in der Bibliothek und unter dem Flügel je ein Perser, die wir selbst ausgewählt haben. Sehr genau abgestimmt wurde auch das besondere Schwarz des Shantungvorhangs vor dem Wintergarten zum schwarzen Samtvorhang daneben und der silbergrauen Shantungseide der Frontwand. Zwischen Eingang und Bibliothek hing ein weißer Samtvorhang, sodaß man diesen Teil des Wohnraums ganz abschließen konnte und dann einen intimen Sitzraum hatte.

Auch die Möblierung der oberen Räume wurde mit derselben Sorgfalt entworfen. Um mein sonst sehr strenges Zimmer fraulicher zu gestalten, wurde der Boden dort mit einem großen weißen Schaffellteppich bedeckt und die Bezüge der Sessel dort waren aus kirschrotem Leder.

Wie jeder Bau dauerte auch dieser länger als am Anfang vorgesehen worden war, immerhin konnten wir Anfang Dezember 1930 einziehen. Wir liebten das Haus vom ersten Augenblick an. Mein Mann richtete sich im Wintergarten ein richtiges Glashaus mit blühenden Pflanzen ein; der Blick durch das Grüne in den Schnee hinaus war wunderbar. Wenn wir allein waren, saßen wir meist in der Bibliothek, aber mit Freunden verbrachten wir den Abend auch gern vor der von hinten beleuchteten Glaswand, die an die runde Wand anschloß und die ein mildes schönes Licht gab. Noch mehr genossen wir das Haus im Frühjahr und Sommer. Wir lebten mit den Kindern, solange sie klein waren, ganz auf der großen Terrasse. Sie hatten dort ihr Planschbecken, einen von Polygonum überwachsenen und daher schattigen Sandkasten; sie fuhren mit ihren Rädern und kleinen Autos über die ganze Terrasse. In der Nacht war der Durchgang von der Straße zur Terrasse mit einem elektrischen Strahl verschlossen, damit wir ohne Angst die Schlafzimmertüren zur Terrasse offen haben konnten.

Abb. 4:
Haus Tugendhat,
Mies van der Rohe
und Philip Johnson

Mies kümmerte sich auch um die Gartenanlage zusammen mit der Brünner
Gartenarchitektin Grete Roder. Der Garten gab einen wunderbaren Rahmen
für das Haus ab. Ich glaube, daß man sich auch um seine Wiederinstandset-
zung wird bemühen müssen. In den ersten Jahren kamen sehr viel Besucher
aus dem Ausland, um das Haus zu sehen, besonders natürlich Architekten,
unter ihnen Philip Johnson, der danach das Modell des Hauses baute, das
noch jetzt im Museum of Modern Art in New York steht. Sehr schön und wahr
fand ich, was damals Architekt Ludwig Hilberseimer sagte: „Von diesem Haus
können einem Photographien gar keinen Eindruck vermitteln. Man muß sich
in diesem Raum bewegen, sein Rhythmus ist wie Musik." Mit diesen Worten
möchte ich schließen.

Abb. 5: Grete Tugendhat   Abb. 7: Fritz Tugendhat

Daniela Hammer-Tugendhat
Leben im Haus Tugendhat

Grete Tugendhat wurde 1903 in Brünn
als Tochter einer großbürgerlichen
jüdischen Industriellenfamilie geboren
(Abb. 5). Ihre Eltern, Marianne und
Alfred Löw-Beer, gehörten zu einer
Großfamilie, die wesentlich an der
Industrialisierung der Tschechoslowa-
kei beteiligt war. Sie betrieb mehrere
Textil-, Zucker- und Zementfabriken,
nicht nur in Brünn und im nahe gele-
genen Svitavka, sondern auch in
Sagan (Schlesien) und Österreich.

Meine Mutter wuchs in einer groß-
zügig gebauten Jugendstilvilla auf
(Abb. 6). Nach einem abgebrochenen
Studium der Nationalökonomie in
Wien heiratete sie im Jahre 1922 den
Industriellen Hans Weiss aus Sagan in
Schlesien. So kam es, daß sie von
1922–1928 in Deutschland lebte. Hier
wurde sie mit der zeitgenössischen
Kunst und Architektur bekannt, auch
mit den Werken von Mies van der
Rohe. Sie verkehrte in dem Haus des
Kunsthistorikers Eduard Fuchs in
Berlin, das Mies 1911 für den Kunsthändler Perls gebaut hatte. Nach ihrer
Scheidung heiratete sie 1928 meinen
Vater, Fritz Tugendhat (Abb. 7). Er
stammte aus einfacheren Verhältnissen, aber ebenfalls aus einer jüdischen Brünner Familie, die in der
Textilindustrie tätig war. Meinen Vater,
der ursprünglich Medizin studieren
wollte, interessierte an der Woll-
stoffabrikation primär die technische
Seite und das Entwerfen von ästhetisch befriedigenden Qualitätsstoffen,
während er kaufmännisch weder interessiert noch besonders begabt war.

Im Sommer 1928 fand das erste
Gespräch zwischen meinen Eltern und
Mies statt. Im September desselben
Jahres begutachtete Mies das Grundstück in Brünn. Danach hat er gleich
mit der Planung begonnen. Den
Auftrag für den Barcelona-Pavillon
erhielt er am 1. Juli 1928; im Oktober
hatte er den Plan in den Grundzügen
konzipiert. Es ist unrichtig, wie oft in
der Literatur behauptet wird (neuerdings wieder in der im Haus verkauf-
ten Publikation des Brünner Denkmal-

Abb. 6: Villa Löw–Beer

Abb. 8: Blick vom Haus auf den Spielberg

11

Abb. 9:
Haus Tugendhat,
Gartenfront
von Südosten,
Blick auf die Stiege

Abb. 10:
Haus Tugendhat,
Gartenfront

amtes von Dušan Riedl), daß der
Barcelona-Pavillon zur Entscheidung
meiner Eltern beitrug. In einem Brief
an Nicholas Taylor von der *Sunday
Times* vom 23. Mai 1970 hat meine
Mutter ausdrücklich festgehalten, daß
sie die Pläne für den Barcelona-
Pavillon nicht gekannt hat. Die Pla-
nungen scheinen parallel gelaufen zu
sein. Mit dem Bau wurde im Juni 1929
begonnen; im Dezember 1930 konnten meine Eltern mit den beiden
Kindern Hanna und Ernst einziehen.

Die Eltern meiner Mutter hatten ihr
zur Hochzeit den oberen Teil des
Gartens hinter ihrer Villa geschenkt;
sie haben auch den Bau des Hauses
finanziert. Der Garten bestand aus

einer großen, gegen das Haus meiner Großeltern abfallenden Wiese, die mit Obstbäumen bepflanzt war.

Die Lage des Hauses am oberen Ende dieses langen Parks gegenüber dem Spielberg mit der Brünner Burg hatte Mies begeistert (Abb. 8). Diese Lage bot die ideale Gelegenheit, die Konzeption der Öffnung des Raumes in die Natur zu verwirklichen. Die Verbindung von innen und außen, der Dialog zwischen Architektur und Natur bestimmen wesentlich die Struktur des Hauses. Mies hatte eng mit der Gartenarchitektin Grete Roder zusammengearbeitet. Die Wände des Hauses waren bewachsen, das Gestänge auf der Terrasse mit Polygonum überwuchert (Abb. 9–14).

Abb. 11: Haus Tugendhat, Gartenfront von Südwesten

Abb. 12:
Haus Tugendhat,
Gartenfront

Abb. 13:
Haus Tugendhat,
Blick vom Garten
in den Wintergarten

Abb. 14:
Haus Tugendhat,
Blick vom Garten
auf das Haus

Abb. 15: Haus Tugendhat, Garten

Der Garten, weitgehend als Wiese belassen, bot ein kleines Spielparadies für die Kinder, die diesen Garten Sommer und Winter für ihre Aktivitäten nutzten. Im Winter konnten die Kinder bis zum Haus der Großeltern rodeln und skifahren. Die Vorstellung von Freiheit, die Mies so wichtig war, konnte hier – für diese kleine wohlhabende Familie – verwirklicht werden.

Die Kinder lebten weitgehend im Freien. Unter der großen Trauerweide wurde gelesen und gespielt. Im Sommer nahm die Familie das Mittagessen auf der unteren Terrasse ein. Die obere Terrasse war so geräumig, daß sie Platz bot für Sandkasten, Wasserschlauch, Planschbecken und Fahrradfahren. An heißen Sommertagen spendete das mit Polygonum überwachsene Gestänge Schatten.

Abb. 16:
Haus Tugendhat,
Garten mit
Trauerweide

Abb. 17:
Haus Tugendhat,
Stiege
zum Garten

14

Abb. 18:
Haus Tugendhat,
obere Terrasse

Abb. 19:
Haus Tugendhat,
obere Terrasse

Abb. 20:
Haus Tugendhat,
obere Terrasse

Abb. 21:
Haus Tugendhat,
obere Terrasse

Abb. 22:
Haus Tugendhat,
Ernst und Herbert im Wohnraum
vor den großen Fenstern

Abb. 23:
Haus Tugendhat,
Blick von Osten auf
den Wintergarten

Zwei der großen Scheiben im Wohnraum konnten versenkt werden. Meine
Eltern saßen oft, sogar im Winter, vor
den offenen Fenstern. Nicht nur war
das Haus zur Natur geöffnet, die
Natur ihrerseits wurde ins Haus her-
eingenommen: An der Ostseite leitete ein üppig bewachsener Wintergarten vom Innenraum in die Natur.
Die große Onyxwand – auch ein Stück
Natur – figuriert als Bauelement im
Haus.

Landschaft, Pflanzen und Blumen
spielten eine zentrale Rolle im Haus.
Mein Vater richtete den Wintergarten
mit vielen blühenden Pflanzen ein.
Meine Mutter sorgte sich darum, daß
immer frische Blumen im Raum standen. Die Kinder halfen mitunter bei
der täglichen Pflege der Pflanzen.

Abb. 24:
Haus Tugendhat,
Wohnraum,
Schreibtisch mit Blick
zum Wintergarten

Abb. 25:
Haus Tugendhat,
Glastisch im
Wohnraum
mit Forsythien

Abb. 26:
Haus Tugendhat,
Ernst
im Wintergarten

Abb. 27:
Haus Tugendhat,
Wohnraum,
Blick zur Sitzgruppe
vor der Onyxwand

Abb. 28:
Haus Tugendhat,
Wohnraum
mit Spiegeleffekten

Der Innenraum war als fließender Raum konzipiert, den man sich erst durch eigene Bewegung ganz erschließen konnte. Licht- und Spiegelreflexe durch die großen Scheiben und die Onyxwand ließen die Grenzen von Innen- und Außenraum verschwimmen. Sogar die Lampe auf dem Schreibtisch war mit Wasser gefüllt, um weitere Spiegeleffekte zu erzeugen. Der große Raum war nicht nur durch die Onyxwand und die gebogene Makassarebenholzwand in sich strukturiert, sondern zudem durch weiße und schwarze Samtvorhänge und Shantungseidenvorhänge in kleine Räume unterteilbar. Meine Eltern nutzten diese Vorhänge sehr häufig und konnten sich so immer wieder innerhalb des Gesamtraums absondern und abgrenzen. Meine Mutter erzählte mir, wie grundlegend dieses Raum- und Lebensgefühl war:

Abgrenzung, Für-Sich-Sein, aber immer in dem Gefühl der Zugehörigkeit zu einem größeren Ganzen. Abends saßen die Eltern meist in der Bibliothek, mit Freunden sehr oft vor der beleuchteten Milchglasscheibe, die ein mildes Licht bot (Abb. 30 und Farbabb. 1, 2). Die repräsentative Sitzgruppe vor der Onyxwand wurde seltener genützt; allerdings war dies auch ein beliebter Spielplatz für die Kinder.

Mies entwarf jedes Möbel, jedes Detail selbst. Ich kann mich erinnern, wie ich meine Mutter nicht ohne Verwunderung fragte, ob sie dies nicht als einen gewissen Übergriff erlebt habe. Sie antwortete aus tiefster Überzeugung, daß alles, was Mies geplant habe, ihnen vollkommen entsprochen habe. Freilich gab es auch kleinere Differenzen, meine Mutter berichtet darüber in ihrem Vortrag.

Die Speisezimmeranrichte aus Makassarebenholz, die hinter dem Eßplatz an der Wand zur Küche stand, ist ähnlich strukturiert wie der Raum: Nach innen versetzte durchgehende Stahlstützen tragen das Möbel (Farbabb. 3 und 4). Alle Möbel waren hervorragend gearbeitet; trotz der durch die Emigration bedingten Übersiedlungen und der damit verbundenen Klimaschwankungen sind Schiebetüren und Schubladen bis heute voll beweglich.

Für die Auswahl der Farben und Stoffe war im wesentlichen die Architektin Lilly Reich verantwortlich, die langjährige Mitarbeiterin von Mies. Meine Mutter erzählte mir, daß Mies und Lilly Reich stundenlang unterschiedliche Stoff- und Farbmuster im Raum ausprobiert hätten. Über die Sorgfalt, mit der Lilly Reich gearbeitet hat, gibt u.a. ein ausführlicher Briefverkehr zwischen ihr und Alen Müller-Hellwig Auskunft, die für das Weben des weißen und braunen Teppichs aus Naturschafwolle verantwortlich war (Abb. 31).[1] In mehreren Briefen werden die extra angefertigten Probestücke auf Struktur, Farbnuance und Dichte des Gewebes diskutiert.

Abb. 29: Haus Tugendhat, Wohnraum, Schreibtisch

Abb. 30: Haus Tugendhat, Wohnraum, Bibliothek

Abb. 31: Haus Tugendhat, Hanna und Ernst auf dem handgewebten Wollteppich im Wohnraum

Abb. 32:
Haus Tugendhat,
Eßzimmertisch,
zweimal vergrößert

Abb. 33:
Haus Tugendhat,
Eßzimmertisch

Mein Vater war tagsüber in der Tuchfabrik. Meine Mutter ging fast jeden
Vormittag in das Büro der Liga für
Menschenrechte, das seit 1933 Hilfe
für die Flüchtlinge aus Deutschland
organisierte. Sie gehörte zum Vorstand und ermöglichte den Emigranten auf einem von Moritz Eisler
im Schreibwald zur Verfügung gestellten Grundstück den Bau von Wohn-
baracken und den Anbau von Obst
und Gemüse als Einnahmequelle. Zu
Mittag kamen die Eltern nach Hause;
gemeinsam mit den drei Kindern und
der Kinderschwester Irene wurde am
runden Eßzimmertisch gegessen.
Dieser Tisch hatte nur eine einzige
Stahlstütze, die in den Boden versenkt
war, er konnte zweimal vergrößert
werden, ohne seine runde Form zu
verlieren, so daß schließlich 24 Leute
an diesem Tisch Platz hatten.
Mein Vater hat später in unserem
Haus in St. Gallen einen ähnlichen
Tisch nachkonstruieren lassen: Nur an
runden Tischen ist die Kommunikation zwischen vielen Menschen gleichzeitig möglich. Nach dem gemeinsamen Mittagessen wurde oft Musik
gehört und mit den Kindern getanzt.
Mein Bruder Ernst erinnert sich daran,
daß zur Strafe für „Vergehen" beim
Mittagessen der Tanz an diesem Tag
ausgesetzt wurde.

Abends waren die Eltern allein in dem großen Raum; die Kinder aßen mit der Kinderschwester im Zimmer von Hanna.

Meine Eltern lebten eher zurückgezogen. Zu Besuch kamen Mitglieder der Familie und wenige enge Freunde. Große Feste wurden selten veranstaltet. Einmal jährlich wurde zugunsten der Liga für Menschenrechte ein Bridgeturnier mit 80–100 Personen organisiert. Als Einlage spielten die Kinder einen auf das Bridgeturnier bezogenen Sketch, der von meinem Vater gedichtet worden war. Einmal erschien zum Beispiel ein von vier „Rössern" gezogener Streitwagen, auf dem mein Bruder Herbert stand und die Gäste begrüßte: *„Fürchtet Euch nicht, liebe Leute, ich bin der Bridge-gott von heute."*

Mein Vater war ein Amateurfilmer, er machte auch Experimente mit Farbfotos. Im Keller war eine große Dunkelkammer, in der er zusammen mit dem Chauffeur seine Fotos und Filme entwickelte. Im Wohnraum befindet sich links neben dem Eingang eine Tür zu einem kleinen Raum, dessen Funktion erst meine Mutter bei der internationalen Konferenz zur Erhaltung des Hauses 1969 aufklären konnte (Abb. 34). Hier stand die „Lokomotive", der 16 mm-Filmprojektor. Eine riesige Leinwand wurde vor die Glasfront gehängt und der Kinosaal war perfekt. Beim ersten Bridgeturnier in dem neu gebauten Haus fanden die Gäste den Zugang von der Stiege zum Wohnraum durch ein Seil versperrt. Mit versteckter Kamera filmte mein Vater die perplexe Reaktion der einzelnen Besucher, entwickelte im Laufe des Abends den Film, um ihn den erstaunten Gästen am Ende des Abends vorzuspielen. Am Ende des Films wurde gezeigt, wie der als „Türke vom fliegenden Teppich" verkleidete Herbert elegant über das Hindernis flog – ein filmischer Trick. Der Lieblingsfilm der Kinder war allerdings ein älterer Film, den mein Vater noch als Junggeselle mit seinen Geschwistern gedreht hatte, eine Räuber- und Detektivgeschichte. Leider hat mein Vater vor der Emigration die

Abb. 34:
Haus Tugendhat,
Wohnraum,
Blick von der
Bibliothek
zum Eingang

Abb. 35:
Haus Tugendhat,
Weihnachten
im Wohnraum

Abb. 36:
Haus Tugendhat,
Schlafzimmer
von Grete Tugendhat

Abb. 37:
Haus Tugendhat,
Schlafzimmer
von Fritz Tugendhat

Filme zum Umkopieren auf 8 mm ausgerechnet nach Berlin geschickt. Sie
kamen nicht wieder zurück.

Soweit ich weiß, waren die meisten
Juden in Brünn, jedenfalls die aus
dem Bekanntenkreis meiner Eltern,
längst assimiliert, verkehrten jedoch
nur untereinander. Die deutsche Min-
derheit war, was die gesellschaftlichen
Beziehungen betrifft, in eine jüdische
und eine nichtjüdische gespalten.
Meine Eltern feierten keine jüdischen
Feiertage, hingegen Weihnachten
(Abb. 35).

Im oberen Stockwerk liegen die beiden Zimmer der Eltern, die Kinderzimmer und das Zimmer für die
Kinderschwester Irene, das als künfti-
ges drittes Kinderzimmer geplant war.
Das Zimmer meiner Mutter war der
großbürgerlichen Wohntypologie entsprechend als reines „Damenzimmer"

Abb. 38:
Haus Tugendhat,
Grete Tugendhat,
lesend im
Zimmer ihres Mannes

konzipiert (Abb. 36). Neben Bett, Nachtkasten, weißem Lammfellteppich, Frisierkonsole mit Spiegel gab es nur einen kleinen Glastisch mit kirschrot bezogenem Brno-Sessel, der heute bei meiner Schwägerin in Caracas steht (Farbabb. 5,6,8). Im Zimmer meiner Mutter hingen ihre liebsten Bilder: eine Ölskizze einer Frau mit aufgestütztem Kopf von Renoir, ein Bild mit einem ländlichen Sujet von Troyon und ein fälschlicherweise van Gogh zugeschriebenes Blumenbild. Meine Mutter verbrachte – wenn sie nicht mit den Kindern beschäftigt war – viel Zeit mit Lesen. Da Mies für das Zimmer der Dame bezeichnenderweise keinen Schreibtisch vorgesehen hatte, saß sie sehr oft im Zimmer meines Vaters und las (Abb. 37 und 38; Farbabb. 9–13. Den großen Schreibtisch im Wohnraum benützte sie selten. Mit meinem Vater zusammen lernte sie bei einem Lehrer Tsche-

Abb. 39:
Haus Tugendhat,
Kinderzimmer von
Ernst und Herbert

chisch und dann – im Hinblick auf eine mögliche Emigration nach Israel – auch Neuhebräisch.

Das Zimmer der beiden Buben Ernst und Herbert war mit Kindermöbeln ausgestattet, die nicht von Mies stammten, im Gegensatz zum Zimmer der älteren Schwester Hanna (Abb. 39 und 40). Der Tisch in ihrem Zimmer diente zum Spielen, Aufgaben machen und abends als gemeinsamer Eßtisch, was wohl einen erheblichen Grad an Ordnung und Sauberkeit voraussetzt. Das Essen kam per Aufzug von der Küche. Das zweite Bett in dem Zimmer wurde von Irene Kalkofen in Anspruch genommen, wenn ihr Zimmer einem Hausgast zur Verfügung gestellt wurde.

Die Kinder verfügten über ein eigenes Badezimmer. Irene erzählt, daß sie besonders von der Unterteilung des Waschbeckens, dessen kleinerer Teil zum Zähneputzen diente, fasziniert gewesen sei.

Die Fliesen in Bad und Küche sowie der Waschtisch mit den Originalarmaturen wurden im Laufe der Renovierung Mitte der achtziger Jahre demontiert.

Abb. 40:
Haus Tugendhat,
Zimmer von Hanna

Abb. 41:
Haus Tugendhat,
Ernst im
Badezimmer der Kinder

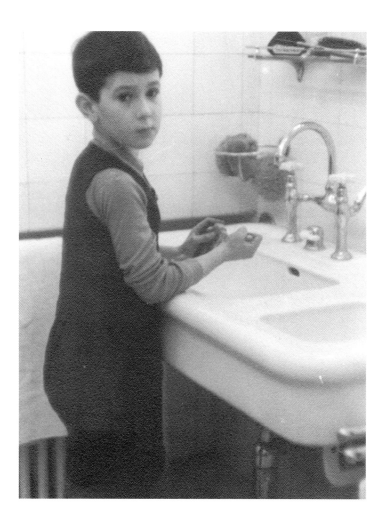

Abb. 42:
Haus Tugendhat,
Badezimmer der Eltern

Abb. 43:
Haus Tugendhat,
Zimmer der
Kinderschwester

Abb. 44:
Haus Tugendhat,
Küche

In das Zimmer von Schwester Irene wurde das alte Klavier meiner Mutter gestellt (Abb. 43). Irene erzählte mir von der Panik meiner Eltern bei der Ankündigung eines Besuchs von Mies. Es war klar: das Klavier, ein Möbel, das von Mies nicht vorgesehen war, mußte weg. Man beschloß, es im Keller zu verstecken, was aber auf Grund der schmalen Treppe mit großen Schwierigkeiten verbunden gewesen wäre. Zum Glück sagte Mies seinen Besuch ab.

In dem Haus lebte ebensoviel Personal wie Familienmitglieder: Abgesehen von der Kinderschwester, die in die Familie integriert und bei allen Urlauben mit dabei war, war dies der Chauffeur Lössl mit seiner Frau, die in den Räumen neben der Garage wohnten, zwei Stubenmädchen, die sich zusammen ein Zimmer teilen mußten, und die Köchin.

Im Keller war neben der Waschküche und der Dunkelkammer ein ausgeklügeltes Air Condition-System: eine Kombination von Heizung, Belüftung und Befeuchtung. Obwohl man damals mit solchen Anlagen in Privathäusern keine Erfahrung hatte, funktionierte sie einwandfrei. Meine Mutter hat später immer die trockene Luft in Heizzeiten bemängelt und von der guten Luft im Brünner Haus geschwärmt. Mies war nicht nur ein Ästhet, sondern ein guter Ingenieur, dem die technischen Funktionen innerhalb des Hauses wichtig waren.

1938 emigrierte die Familie in die Schweiz, von dort im Januar 1941 nach Venezuela. Viele Mitglieder der Familie erkannten die Gefahr zu spät, wie die Mutter sowie die Schwester meines Vaters, die mit ihrem Mann und ihren beiden Kindern nach Theresienstadt und dann in ein Vernichtungslager verschickt wurden. Der Vater meiner Mutter ist auf der Flucht unter ungeklärten Umständen umgekommen.

Einen Teil der Möbel nahmen die Eltern mit; sie befinden sich noch im Besitz der Familie bzw. im New Yorker Museum of Modern Art, dem mein

Bruder Herbert einen Tugendhat-Sessel überlassen hatte (siehe Katalog). In Caracas baute mein Vater eine Wolltuchfabrik auf.

1950 sind meine Eltern mit mir und meiner ebenfalls in Venezuela geborenen Schwester Ruth nach St. Gallen zurückgekehrt. 1957 ließen sie sich dort wieder ein Haus bauen, in dem wesentliche Bauideen vom Brünner Haus wiederaufgenommen wurden (Abb. 45). Eines der grundlegenden Elemente des Hauses war die Durchlässigkeit von innen und außen. Das Haus war um einen Patio gebaut, eine große Fensterfront öffnete den Wohnraum nach draußen auf eine Wiese, auf der im Sommer die Kühe weideten. Im Innenraum bestimmten Pflanzen den Raumeindruck. Das Haus in St. Gallen, 28 Jahre nach dem Haus in Brno gebaut und verglichen damit ein einfaches Haus, stieß bei vielen Schweizern auf helles Entsetzen. Im St. Galler Heimatblatt wurde es als Mischung zwischen einem Schweinestall und einer indischen Moschee beschrieben. In der Schule haben Kinder hinter mir hergerufen: das ist die aus dem Schweinestall. Meine Mutter hat mir nie von solchen Reaktionen aus Brünn erzählt. Brünn war in der Zwischenkriegszeit ein kulturelles Zentrum mit einer hervorragenden Avantgardearchitektur. Erinnert sei an Architekten wie Bohuslav Fuchs, Arnošt Wiesner, Otto Eisler, Jindřich Kumpošt und das großartige Messegelände (Farbabb. 15).

Das Tugendhat-Haus war dort keine singuläre Erscheinung. Es dürfte heute wenige Städte in Europa geben, die über eine solche Dichte an bedeutender Architektur aus den 20er und frühen 30er Jahren verfügen. Die moderne Architektur war in Brünn nicht wie in anderen Städten Angelegenheit einer kleinen Oberschicht, sondern wurde auch von weiten Kreisen der Mittelschicht getragen. Dies hing mit dem Aufschwung zusammen, den die 1918 neu gegründete Tschechoslowakei und insbesondere die Hauptstadt von Mähren in dieser Zeit erlebten.

Abb. 45:
Haus der
Familie Tugendhat
in St. Gallen

Abb. 46:
Haus Tugendhat,
Mies van der Rohe
im Wohnraum

Daß das Tugendhat-Haus in dieser
Form realisiert werden konnte, ist
nicht nur einem großen Architekten zu
verdanken. Lilly Reich hat wesentlich
zur Inneneinrichtung beigetragen und
Grete Roder zur Gartenarchitektur.
Ohne den hohen Standard des Brünner Handwerks hätten die Möbel in
dieser Perfektion nicht gebaut werden
können. Grete und Fritz Tugendhat
waren kongeniale Bauherren, die Mies
weitgehende Freiheit ließen, das
Haus nach seinen Intentionen umset-
zen zu können. Das Haus stand in
einer großbürgerlichen Kulturtradition
in Deutschland und in der Tschechoslowakei, einer Kultur, die die Nationalsozialisten weitgehend zerstört haben.

Daniela Hammer-Tugendhat

„Kann man im Haus Tugendhat wohnen?"

Wenige Wochen nach der Vorstellung des Hauses in der Werkbundzeitschrift
Die Form vom 15. September 1931 durch den Herausgeber Walter Riezler
entbrannte eine Debatte um das Haus, die von dem Archtekturkritiker Justus
Bier mit seiner berühmt gewordenen Formulierung *„Kann man im Haus
Tugendhat wohnen?"* eingeleitet worden war. Zu diesem Streitgespräch zwischen den Architekturkritikern Walter Riezler und Justus Bier und dem Architekten Ludwig Hilberseimer nahmen auch meine Eltern Stellung. Parallel zu
dieser Diskussion lief in der *Form* eine Grundsatzdiskussion über Ursachen
und Ziele moderner Architektur, ebenfalls ausgehend vom Tugendhat-Haus.
Geführt wurde dieses Gespräch von Riezler und dem marxistischen Architekturkritiker Roger Ginsburger.[2]

In dieser Debatte, die nicht zufällig ausgerechnet am Beispiel des Tugendhat-
Hauses geführt wurde, kristallisieren sich grundlegende Pobleme des modernen Wohnbaus. Bier kritisierte die vermeintliche Übertragung der Baugedan-
ken Mies van der Rohes von dem Repräsentationsbau des Barcelona-Pavillons
auf ein Wohnhaus. Vor allem irritierte ihn die Verbindung unterschiedlicher
Wohnfunktionen wie Essen, Arbeiten am Schreibtisch, Bibliothek und Sitzecke
in einem einzigen Raum: *„Aber ist das Wohnen in diesem Einheitsraum nicht
ebenso ein Paradewohnen wie in der Flucht der alten Gesellschaftsräume, mit
starrer Fixierung aller Funktionen im Raum, mit einem gemaserten Parade-
schreibtisch, der sich allenfalls benutzen läßt, wenn alles entflohen ist, mit
einer so stilvollen Einheitlichkeit des Mobiliars, daß man nicht wagen dürfte,
irgendein neues oder altes Stück in diese ‚fertigen' Räume hereinzutragen,
mit Wänden, die kein Bild zu hängen gestatten, weil die Zeichnung des
Marmors, die Maserung der Hölzer an die Stelle der Kunst getreten ist. Man
wird Riezler zustimmen, daß man sich in diesen Räumen dem Eindruck ‚einer
besonderen Geistigkeit sehr hohen Grades' nicht entziehen kann, wird aber
zugleich fragen, ob die Bewohner die großartige Pathetik dieser Räume dauernd ertragen werden, ohne innerlich zu rebellieren. Ist dieser herrlich reine,
aber zugleich in seiner Strenge und inneren Monumentalität als ständige
Umgebung unerträgliche Stil des Hauses Tugendhat nicht im eigentlichsten
Sinn ein Repräsentationsstil, für Empfangsräume wie bei dem Pavillon von
Barcelona [...] geeignet [...] – nicht aber für die Wohnräume, ohne die Bewohner zu einem Ausstellungswohnen zu zwingen, das ihr persönliches Leben
erdrückt."* Riezler verteidigt im gleichen Heft die Bewohnbarkeit des Hauses.
Einerseits betont er die Funktionalität des Hauses: daß die Verbindung von
Eß- und Wohnraum keine unangenehmen Gerüche verursache und daß die
einzelnen Raumteile durchaus durch Vorhänge abschließbar seien. Inter-
essanter aber ist sein zweiter Argumentationsstrang, der auf die prinzipielle
Einschätzung der Bedeutung und Funktion von moderner Architektur hinzielt.
Riezler meint, daß die individuelle Behaglichkeit, der Wohnkomfort, wie sie
insbesondere durch das englische Haus entwickelt worden waren, einem
neuen, geistigen Bedürfnis gewichen seien. Riezler sieht einen neuen Geist,
ja eine neue Menschheit im Entstehen. Ginsburger wiederum kritisierte außer
der Tatsache des „unmoralischen Luxus" eben diese Wirkung der „Heiligkeit"
des großen Raumes: *„Dies Staunen, dies Benommensein aber ist ein Gefühl
genau derselben Art wie dasjenige, das uns beim Betreten einer Kirche
oder eines Palastes erfaßt. [...] Aber das Ziel ist dasselbe: den Eindruck des
Reichtums geben, des Besonderen, des nie Erlebten. Es gibt ein sehr einfaches Kriterium für die Wohnlichkeit, d.h. den funktionellen Wert eines
Wohnraumes. Man stellt sich vor, daß man in dem Raum leben muß, daß man
müde nach Hause kommt und sich ganz unzeremoniös in einen Sessel setzt,
mit überschlagenen Beinen, daß man Freunde empfängt, Grammofon spielt,
alle Möbel in eine Ecke rückt und tanzt, daß man einen großen Tisch aufstellt*

Abb. 47:
Haus Tugendhat,
Wohnraum
mit Torso von
Wilhelm Lehmbruck

*und Ping-Pong spielt. Kann man das in diesem Raum, kann man überhaupt
noch gehen darin und muß man nicht schreiten, kann man den Tisch aus dem
Zentrum der halbkreisförmigen Eßnische herausnehmen oder den Teppich
vor der Onyxwand wegnehmen ohne eine Heiligtumsschändung zu begehen,
ohne daß die Stimmung zerrissen ist? Nein, man kann es nicht. Ich gebe
gerne zu, daß die Stoffe der Onyx- oder Edelholzwand erstaunlich schöne
Dinge sind, so schön und aus demselben Grunde schön wie eine Felswand in
den Alpen, aus deren Schichtungen und Furchen wir das Wirken der Natur-
gewalten herauslesen [...]. Aber man stellt sich solche Dinge nicht ins Zimmer,
um sie immer wieder zu genießen, schon weil dieser Genuß sehr schnell ab-
gestumpft wird und vor allem, weil man andere Dinge zu tun hat als Onyx-
wände und Edelholzfurniere zu betrachten.*"[3]

Im Eindruck, den der große Raum auslöst, sind sich die unterschiedlichen
Kritiker also offensichtlich ziemlich einig; uneinig sind sie sich in der Bewer-
tung dieser Wirkung von „Geistigkeit" oder gar „Heiligkeit" in einem
Wohnbau beziehungsweise der Konzeption des Wohnbaus als Kunstwerk.[4]

Zur Frage der Bewohnbarkeit des Hauses nahmen nun auch meine Eltern
Stellung. Sie identifizierten sich mit der Architektur von Mies. Es war einer der
seltenen Glücksfälle einer harmonischen Zusammenarbeit zwischen den Ideen
eines Architekten und denen der Auftraggeber. Diese Koinzidenz hat auch
der Architekturtheoretiker Julius Posener hervorgehoben, der meine Mutter
auf der Tagung in Brno 1969 kennengelernt hatte. Mies hatte – und das
schmerzte meine Mutter sehr – die Legende in die Welt gesetzt, daß sich
mein Vater anfänglich den Plänen widersetzt habe. Er habe sich insbesondere gegen die Möbel gewehrt, die ihm Mies buchstäblich aufgezwungen

hätte.[5] Julius Posener schrieb in einem Brief an meine Mutter vom 16.9.69, er könne sich diese Legende nur durch die *„schnöde Haltung von Mies dem Bauherrn allgemein gegenüber"* erklären. Posener schließt mit den Worten: *„Bei aller Verehrung für den grossen Architekten und Menschen!, der von uns gegangen ist: Vielleicht sind Sie bessere Bauherrn gewesen, als er verdient hat."*[6] Die Stellungnahme meines Vaters in der *Form* ist ein sprechendes Zeugnis für seine Zustimmung.

In der deutsch-tschechischen Architekturzeitschrift *Was gibt Ihnen der Architekt?*[7] schrieb meine Mutter einen Artikel „Architekt und Bauherr", in dem sie die produktive Zusammenarbeit von Bauherrn und Architekt beschreibt, wobei sie die Notwendigkeit betont, daß Bauherr und Architekt das *„gleiche Daseinsgrundgefühl"* haben müssen, daß sie im Prinzipiellen, im Menschlichen, eine gemeinsame Basis haben müßten. Es wäre sicher lohnend, die Übereinstimmungen der Weltanschauung von Mies und meinen Eltern beziehungsweise die entsprechenden Quellen genauer zu analysieren. Meine Eltern, insbesondere meine Mutter, haben sich intensiv mit der Philosophie Heideggers beschäftigt. Die beiden engsten Freundinnen meiner Mutter waren Heidegger-Schülerinnen; über sie gelangte sie zu Heideggers Vorlesungen, noch bevor *Sein und Zeit* 1927 publiziert wurde. Bei Mies van der Rohe ist um 1926 eine Abkehr von der bedingungslosen Bejahung der Technik, Zweckhaftigkeit und Rationalisierung als Ziel der Architektur zu beobachten. Seine katholische Herkunft machte sich wieder bemerkbar; in seinen Vorträgen zitierte er Augustin und Thomas von Aquin.[8] Mies beschäftigte sich mit philosophischen Schriften, insbesondere mit dem katholischen Religionsphilosophen Romano Guardini, der seit 1923 an der Theologischen Fakultät der Universität Berlin lehrte und den Mies auch persönlich kennengelernt hatte.[9] Guardini strebte eine Erneuerung des Glaubens nach dem Nietzscheanischen „Gott ist tot" an, ebenso eine Erneuerung des platonischen Denkens nach Kant.[10] Die Mächte des technischen Fortschritts sollten in ihre Grenzen verwiesen werden, um „dem Leben" seinen notwendigen Raum zu sichern. Guardini zielte auf ein neues „Einheitsbewußtsein", auf eine Totalität, die den neuzeitlichen Subjektivismus überwinden sollte, eine Ganzheit, die weder durch das Rationale noch durch das Intuitive allein begriffen werden könne. Mies hat in seinem Vortrag „Die Voraussetzungen baukünstlerischen Schaffens", den er 1928 in der Staatlichen Kunstbibliothek Berlin hielt, Guardini teilweise wörtlich zitiert.[11] Die entscheidende Aufgabe für den Architekten ist nach Mies nicht praktischer, technischer oder formaler Art, sondern philosophischer Natur. Mies geht es um das Wesen der Baukunst, um das Geistige, um die Wahrheit. Was dieses Geistige sein soll, was unter Wahrheit verstanden werden soll, wird nie konkretisiert.

Diese Evokation einer Wahrheit, die sich in der Kunst offenbaren soll, findet sich ähnlich bei Heidegger. Sein Vortrag „Der Ursprung des Kunstwerks" wurde zwar erst 1935 gehalten. Die Übereinstimmungen im Grundsätzlichen sind aber, wie ich meine, frappant.[12] Für Heidegger ist *„das Wesen der Kunst [...] das Sich-ins-Werk-Setzen der Wahrheit des Seienden."*[13] *„Im Dastehen des Tempels geschieht die Wahrheit. Dies meint nicht, hier werde etwas richtig dargestellt und wiedergegeben, sondern das Seiende im Ganzen wird in die Unverborgenheit gebracht und in ihr gehalten."*[14] Ähnlich hat für Mies der Begriff „Bauen" eine metaphysische Qualität und verweist auf Wahrheit. Schönheit ist für beide Resultat von Wahrheit. Heidegger schreibt: *„Das ins Werk gefügte Scheinen ist das Schöne. Schönheit ist eine Weise, wie Wahrheit als Unverborgenheit west."*[15] Der Schlußsatz in Mies' Antrittsrede im Armour Institute of Technology in Chicago 1938 lautet mit Berufung auf Augustinus: *„Das Schöne ist der Glanz des Wahren."*[16] Mein Vater beschreibt seine Empfindung des großen Wohnraums ebenfalls als Erfahrung von „Wahrheit": *„Das ist Schönheit – das ist Wahrheit. Wahrheit – man kann ver-*

schiedene Anschauungen haben, aber jeder, der diese Räume sieht, wird früher oder später zu der Erkenntnis kommen, daß hier wahre Kunst ist." Sehr verwandt ist auch die Konzeption des Künstlers bei Heidegger und Mies. Der Künstler wird nicht als individuelles Genie aufgefaßt, sondern als Mittler, durch den sich gleichsam die „objektive Wahrheit" kundtut. Bei Heidegger lesen wir: „In der großen Kunst – und allein von ihr soll die Rede sein – bleibt der Künstler dem Werk gegenüber etwas Gleichgültiges, fast wie ein im Schaffen sich selbst vernichtender Durchgang für den Hervorgang des Werkes."[17] Jede Zeit soll „ihre Wahrheit" haben. Für Mies war es eine moralische Frage, in der Architektur „den Zeitgeist" zu repräsentieren.[18] Angesichts der künstlerischen und philosophischen Kontroversen der Zeit, ganz zu schweigen von den weltanschaulichen und politischen Antagonismen, kann diese Sehnsucht nach der einen Wahrheit einer Zeit nicht nur illusionär, sondern in ihrem Totalitätsanspruch auch höchst prekär erscheinen.

Mir erscheint dieses Haus wie ein Kleid, wie die Architektur-gewordene Verfaßtheit meiner Eltern, so wie ich sie, mit allen Ambivalenzen, erlebt und wahrgenommen habe: das bewundernswerte Streben nach „Geistigkeit" und „Wahrheit", das aber zugleich auch eine große Strenge und einen fast unmenschlich hohen Anspruch impliziert.
Die Frage von Justus Bier „Kann man im Haus Tugendhat wohnen?" läßt sich vielleicht so beantworten: Meine Eltern konnten es.

1 Die Briefe liegen im Alen Müller Hellwig-Archiv; sie sind auszugsweise veröffentlicht in: Susanne Harth, Erinnerungen an eine Zeit des Aufbruchs – Alen Müller und ihr Weg in die Moderne, in: Jahrbuch des Museums für Kunst und Gewerbe Hamburg, Bd. 9/10, 1990/91, S. 195–232, hier S. 215f. Ich danke Herrn Wilhelm Hornbostel herzlichst für den Hinweis auf diesen Aufsatz.

2 Justus Bier, Kann man im Haus Tugendhat wohnen? In: Die Form, 15. Oktober 1931 6. Jg. Heft 10, S. 392f; Antwort von Riezler ebda S. 393f; Zweckhaftigkeit und geistige Haltung. Eine Diskussion zwischen Roger Ginsburger und Walter Riezler, in: Die Form, 15. November 1931, 6. Jg. Heft 11, S. 431–437; Die Bewohner des Hauses Tugendhat äußern sich, in: ebda., S. 437–438; Die Stellungnahme von Ludwig Hilberseimer ebda., S. 438f.

3 Die Form 15.11.1931, S. 433.

4 Die fließende Verbindung von gebautem Raum und Natur und die Vorstellung von Freiheit scheinen offensichtlich nur in einem Privathaus für die Elite oder in dem zweckfreien, als Kunstobjekt projektierten Repräsentationsbau des Barcelona-Pavillons möglich gewesen zu sein, nicht aber für alle Menschen der Gesellschaft zu verwirklichen. Städtebauliche Entwürfe aus der gleichen Zeit stehen dazu in einem auffallenden Gegensatz, wie z. B. die Planung des Alexanderplatzes durch die Verabsolutierung monumentaler Ordnung und der rigiden Abgrenzung der einzelnen Gebäudeblöcke. Vielleicht waren es diese Bauten, die einem Teil der Nationalsozialisten anfänglich durchaus imponierten. Zum Gegensatz zwischen Pavillon und Block siehe: Fritz Neumeyer, Block versus Pavilion, in: Mies van der Rohe. Critical Essays, hrsg. von Franz Schulze, The Museum of Modern Art, New York 1989, S. 148–171. Neumeyer konstatiert diesen Gegensatz lediglich als zwei Möglichkeiten in dem Werk von Mies. Zum Verhältnis von Mies zum Nationalsozialismus siehe: Richard Pommer, Mies van der Rohe and the Political Ideology of the Modern Movement in Architecture, in: ebda. S. 96–147.

5 Siehe dazu Wolf Tegethoff (1981, S. 90 Anm. 11): "Diese Behauptung findet sich in dem erwähnten Artikel von G. Nelson (Architects of Europe Today. 7– Van der Rohe, Germany. In: Pencil Points, 16. Jg., Nr. 9, Sept. 1935, S.453– 460), der auf einem persönlichen Gespräch mit Mies basiert. Inwieweit dabei Nelson aus dem Zusammenhang gerissene Bemerkungen durch eigene Ausführungen ,bereicherte', sei hier dahingestellt."

6 Zum Tode meiner Mutter schrieb mir Julius Posener u.a.: "Wir werden ihresgleichen nicht mehr sehen. Als ich ihr im vorigen Jahr in Brünn begegnete, empfand ich beides: dass sie eine Menschenart vertrat, die einer bestimmten Zeit angehört: sie wird selten; und dass sie einzig war."

7 Herausgegeben von der Architekten-Interessengemeinschaft, Brünn (1934), S.10f

8 Mies hat sich selbst auf Thomas von Aquin bezogen. Von seinem Assistenten Hirz wurde bestätigt, daß er viel Thomas von Aquin gelesen habe. Siehe dazu: Franz Schulze, Mies van der Rohe. Leben und Werk, Berlin 1986, S. 180, Anm. 43.

9 Zu Mies' weltanschaulischen Grundlagen siehe: Fritz Neumeyer, Mies van der Rohe. Das kunstlose Wort. Gedanken zur Baukunst, Berlin 1986. Neumeyer hat die Bibliothek von Mies studiert und gibt eine sehr genaue Analyse von dessen ideologischen Grundlagen. Dort sind auch alle Vorträge sowie unpublizierte Notizen von Mies veröffentlicht.

10 Ebda., S. 254.

11 Der Vortragstext ist abgedruckt ebda., S. 362–365.

12 Ich hatte vor vielen Jahren ein Gespräch mit Franz Verspohl, der damals an einer Studie arbeitete, die sich u.a. mit der Villa Tugendhat befaßte und leider bisher noch nicht veröffentlicht ist. Er wußte nichts vom philosophischen Interesse meiner Mutter. Unabhängig davon erkannte er einen Zusammenhang zwischen der Konzeption des Hauses und der Philosophie Heideggers.

13 Martin Heidegger, Der Ursprung des Kunstwerks, Stuttgart 1992, S. 30.

14 Ebda., S. 54.

15 Ebda., S. 55.

16 Die Antrittsrede ist abgedruckt bei Neumeyer (Anm. 9), S. 380–381.

17 Heidegger (Anm. 13), S. 35.

18 Siehe u. a.: Mies in America. An Interview with James Ingo Freed, conducted by Franz Schulze, in: Schulze, Critical Essays, (Anm. 4), S. 172–199, insbesondere S. 194.

Abb. 48:
Weiblicher Torso
von Wilhelm Lehmbruck,
Blick zum Wintergarten

Die Bewohner des Hauses Tugendhat äußern sich

Grete Tugendhat

Herr Riezler sagt in seiner Antwort auf die Frage: "Kann man im Haus Tugendhat wohnen?", daß eigentlich die Bewohner dazu Stellung nehmen müßten. Es ist mir wirklich ein Bedürfnis, dies zu tun. – Ich will vorausschicken, daß auch ich der Ansicht bin, daß ein Privathaus nicht der beste und richtigste Ort zur Gestaltung der Miesschen Raumideen ist, und zwar schon deshalb nicht, weil echte Kunst – und die ist im Miesschen Bauen intendiert – im Gegensatz zum Kunstgewerbe – nie für den einzelnen geschaffen worden ist oder werden kann. Das hat aber mit der Frage, ob man in unserem Haus wohnen kann, nicht viel zu tun. Denn wenn Herr Bier meint, man sollte Mies Aufgaben stellen, die seine „für die höchsten Aufgaben der Baukunst gerüstete Kraft an der richtigen Stelle einsetzen, dort, wo dem Geist ein Haus zu bauen ist, nicht, wo die Notdurft des Wohnens, Schlafens, Essens eine stillere, gedämpftere Sprache verlangt", so ist gerade dies der Sinn der Miesschen Arbeit, gegenüber der Notdurft, den primär geistigen Sinn des Lebens jedes einzelnen von uns wieder in sein Recht einzusetzen – wieweit das für alle in ihrem Heim und nicht „dort, wo dem Geist ein Haus zu bauen ist", richtig und möglich ist, ist eine soziale Frage, die Herr Mies nicht lösen kann. – Der Kernpunkt der Kritik des Herrn Bier scheint mir die Behauptung, daß die Pathetik dieser Räume zu einem Ausstellungswohnen zwingt und persönliches Leben erdrückt. Ob es an der „Abstumpfung" liegt – wie Herr Riezler meint – oder nicht – jedenfalls habe ich die Räume nie als pathetisch empfunden, wohl aber als streng und groß – jedoch in einem Sinn, der nicht erdrückt, sondern befreit.

Diese Strenge verbietet ein nur auf „Ausruhen" und Sich-Gehen-Lassen gerichtetes Die-Zeit-Verbringen – und gerade dieses Zwingen zu etwas anderem hat der vom Beruf ermüdete und dabei leergelassene Mensch heute nötig und empfindet es als Befreiung. Denn wie man in diesem Raum jede Blume ganz anders sieht als sonst und auch jedes Kunstwerk stärker spricht – (z. B. eine vor der Onyxwand stehende Plastik) –, so heben sich auch der Mensch für sich und die anderen klarer aus seiner Umwelt heraus. Es ist auch absolut nicht so, wie Herr Bier meint – daß die Räume ganz fertig sind und man sich ängstlich hüten müßte, irgend etwas zu verändern –, solange man nicht die Gliederung des Ganzen stört, sind Änderungen, wie es sich gezeigt hat, wohl möglich. Der Rhythmus des Raumes ist so stark, daß kleine Veränderungen unwesentlich bleiben. Was nun diesen Rhythmus anbelangt, so kann ich Herrn Riezler nicht zustimmen, daß er „seine Lösung erst im Einswerden mit dem Allraum der Natur findet" – so wichtig auch die Verbundenheit von drinnen und draußen ist, so ist der Raum doch ganz geschlossen und ruht in sich –, die Glaswand wirkt in diesem Sinn vollkommen als Begrenzung. Wenn es anders wäre, glaube ich selbst, daß man ein Gefühl der Unruhe und Ungeborgenheit hätte. So aber hat der Raum – gerade durch seinen Rhythmus – eine ganz besondere Ruhe, wie sie ein geschlossenes Zimmer gar nicht haben kann.

Was das Praktische anbelangt, so haben wir uns auch während der Planung Sorgen gemacht, ob die Abtrennung des Eßzimmers genügen wird. Tatsächlich war vom Speisendunst noch nie etwas zu bemerken. Der Samtvorhang schließt den Eßraum genügend ab, so daß auch die Geräusche des Auf- und Abdeckens nicht störend sind.

Was nun die Isolierungsmöglichkeit betrifft, so muß ich zugeben, daß diese Frage definitiv erst später beantwortet werden kann, wenn die Kinder erwachsen sein werden – vorläufig konnten wir bei Besuchen und auch größeren Gesellschaften feststellen, daß es sehr gut möglich ist, die einzelnen Gruppen in ausreichender Weise trennen zu können, so daß eine gegenseitige Störung das gewohnte Maß nicht überschreitet.

Wir rechnen allerdings für später damit, daß die oberen Zimmer – die schon von vornherein nicht als ausgesprochene Schlafräume eingerichtet sind – teilweise auch als Wohnzimmer dienen werden.

Wir wohnen sehr gern in diesem Haus, so gern, daß wir uns nur schwer zu einer Reise entschließen können und uns befreit fühlen, wenn wir aus engen Zimmern wieder in unsere weiten, beruhigenden Räume kommen.

Fritz Tugendhat

„Kann man im Hause Tugendhat wohnen?"

Diese Frage, ob überhaupt berechtigt oder nicht, kann wirklich nur von den Bewohnern beantwortet werden.

Herr B. geht von der falschen Voraussetzung aus, daß wir „einem" Architekten einfach „einen" Bauauftrag gegeben haben, und da konnte Herr Mies van der Rohe dann „das Prototyp eines Wohnhauses" in vollster Freiheit schaffen.

Es war aber so: Wir sahen unter vielen anderen Abbildungen auch solche von Bauprojekten des Architekten Mies van der Rohe – und da wir eine unbestimmte Vorstellung von Licht, Luft, Klarheit und Wahrheit hatten – gingen wir zu Herrn Mies und übergaben ihm nach kurzer Bekanntschaft die Aufgabe. Eine Aufgabe, die hinsichtlich der Wohntechnik genau umrissen war.

Nun sind unsere Wünsche in einem solchen Maße erfüllt worden, daß ich oft glaube, dieses Haus schon vor der Erschaffung durch den Baumeister gesehen zu haben – und doch ist dieses Haus eine „reine Lösung". – Darin sehe ich die größte Kunst des Architekten.

Herr Bier, der vermutlich das Haus nur von einigen flachen Fotografien kennt – die nur einen ganz unzulänglichen Begriff des Werkes geben können, Herr B. spricht nur von dem großen Hauptraum – ohne zu bedenken, daß dieser doch ein Teil des Hausorganismus ist. Es wird die mangelhafte Differenzierung dieses Hauptraumes kritisiert, das „Nur-Offensein" gegen den Freiraum, das Fehlen eines abgeschlossenen Arbeitsraumes, und es wird von „Paradewohnen und Ausstellungswohnen" gesprochen.

Besonders die letztgenannte Behauptung ist erstaunlich und von Grund aus neu für die Bewohner.

Die einzelnen „Plätze" des Hauptraumes sind durch schwere Vorhänge hinreichend in „geschlossene Räume" zu verwandeln, ebenso gelingt es – zumindest in der Bibliothek – sich gegen den Freiraum Natur vollkommen abzuschließen, wenn das Bedürfnis hierzu bestehen sollte – allerdings ziehe ich den weiten Horizont bei geistiger Konzentration dem einengenden Druck naher Wände vor. Einzelne Gesellschaftsgruppen stören sich nicht mehr als in den zimmergeteilten alten Häusern. Sollte ein geschlossenes Arbeitszimmer für den „Herrn des Hauses" wirklich ein Bedürfnis sein? Ich wenigstens legte großen Wert darauf, kein Arbeitszimmer in diesem „Zuhause" zu haben – meine Arbeitsstätte lasse ich, ebenso wie den Berufsmenschen, draußen –, gewiß ein Luxus. Im übrigen kann das „Schlafzimmer des Herrn" ebensogut als Arbeitszimmer benutzt werden, ohne daß man in den Verdacht „eingeschränkter Lebensführung" kommen müßte.

Daß das Haus in technischer Hinsicht alles besitzt, was der moderne Mensch nur wünschen kann, das darf ich nach fast einjährigem Wohnen hier mit voller Gewißheit bejahen. Im Winter ist das Haus leichter zu heizen als ein Haus mit dicken Mauern und doppelten Kleinfenstern. Die Sonne scheint infolge der vom Fußboden bis zur Decke reichenden Glaswand und wegen der hohen Lage des Hauses tief in den Raum hinein. Bei klarem Frostwetter kann man bei herabgelassenen Scheiben in der warmen Sonne sitzen und auf schneebedeckte Landschaft schauen, wie in Davos. Im Sommer sorgen Sonnenplachen und elektrische Luftkühlung für angenehme Temperatur. Speisegerüche aus der halbrunden Speisenische sind nie aufgetreten – wenn gelüftet werden soll, dann geschieht dies in wenigen Sekunden durch Verschwindenlassen der Glaswand. Abends werden die Glaswände durch leichte Seidenvorhänge verdeckt, welche das Spiegeln verhindern.

Es ist richtig, man kann in dem Hauptraum keine Bilder aufhängen, ebensowenig kann man wagen, irgendein, die stilvolle Einheitlichkeit des Mobiliars störendes Stück hineinzutragen – wird aber deswegen „das persönliche Leben erdrückt"? Die unvergleichliche Zeichnung des Marmors, die natürliche Maserung des Holzes sind nicht an die Stelle der Kunst getreten, sie treten in der Kunst auf, im Raum, der hier Kunst ist. Übrigens darf die „Kunst" durch eine edle Lehmbruck-Plastik in ungewohnter Weise zur Geltung kommen – und auch das persönliche Leben – in freierer Weise als je. Und wenn ich die Blätter und Blüten betrachte, die wie Solitäre von gemäßen Hintergründen sich leuchtend abheben, wenn ich diese Räume und alles, was darin ist, auf mich als Ganzes einwirken lasse, dann empfinde ich deutlich: Das ist Schönheit – das ist Wahrheit. Wahrheit – man kann verschiedene Anschauungen haben, aber jeder, der diese Räume sieht, wird früher oder später zu der Erkenntnis kommen, daß hier wahre Kunst ist.

Dies danken wir Herrn Mies van der Rohe.

In: *Die Form. Zeitschrift für gestaltende Arbeit*, Heft 11, 6. Jahr, Berlin, 15.11.1931, 437f.

Grete Tugendhat
Architekt und Bauherr

Die meisten Architekten betrachten den Bauherrn als leider heute noch not-
wendiges Übel. Er ist der Laie, der sich in alles hineinmischt, ihnen ihre Pläne
zerstört, sie nichts Neues versuchen läßt usw. Aber bestand nicht zu allen
Zeiten diese Bindung der schöpferischen Freiheit, nicht nur durch Stoff und
Technik, sondern auch durch den Menschen, für den geschaffen wurde?
Entsteht nicht Kunst allererst in dieser Wechselwirkung? In früheren Zeiten –
Renaissance und Barock z.B. – waren auch die freien Künste, Malerei und
Plastik, in sehr starkem Maß von ihrem Auftraggeber abhängig. Wenn dieser
Zustand in jedem Einzelfall auch mit vielen Nachteilen verbunden war, so ist
er wahrscheinlich immer noch besser als das heutige „In der Luft-Schweben"
dieser Künste, das sich daraus ergibt, daß die Frage nach dem „für wen" des
Schaffens entweder überhaupt nicht gestellt wird oder unbeantwortbar ist.
Ein großer Teil der Architekten ist überdies der Überzeugung, daß es Architektur als Kunst heute nicht mehr gibt oder geben sollte, daß das Praktische
auch schon das Schöne sei, daß sich die richtigen Raumverhältnisse und An-
ordnungen rechnerisch ein für allemal festlegen lassen und alles andere nur
eine Frage der Technik sei. In diesem Falle allerdings hätte der Bauherr nichts
mehr zu sagen – aber auch der Architekt würde überflüssig.

Im Gegensatz dazu glaube ich, daß die Wohnbedürfnisse der Menschen,
sowohl in praktischer wie in ästhetischer Hinsicht, nicht nur von der sozialen
Lebensform, sondern auch von der Individualität und Lebensauffassung des
Einzelnen bedingt sind und somit immer verschieden sein werden. Und daß
andererseits auch das Schöne – im Hausbau wie anderswo – niemals
errechenbar ist, sondern immer neuer schöpferischer Leistung entspringen
muß. (In diesem Zusammenhang möchte ich hier nur kurz darauf hinweisen,
daß die Psychoanalyse behauptet, daß die Vorliebe der Menschen entweder
für enge und geschlossene Räume, oder für möglichst offene, der Natur zu-
gewandte, sich auf Erlebnisse bei der Geburt und in der unmittelbar darauf
folgenden Zeit gründet.)

Aus dem Vorhergesagten ergeben sich zwei wesentliche Punkte: individuelles
Wohnbedürfnis und künstlerische Leistung, die beide, wie mir scheint, als
zwangsläufige Komponenten der Zusammenarbeit zwischen Bauherrn und
Architekten auch dann bestehen bleiben, wenn der Bauherr nicht mehr ein
Einzelner, sondern eine Gemeinschaft ist. Soll diese Zusammenarbeit frucht-
bar sein, so ist gegenseitiges Vertrauen, Sachlichkeit bei der Arbeit ohne persönliche Eitelkeit und Empfindlichkeit nötig. Nichts ist fataler, als wenn der
Architekt von vornherein fürchtet, der Bauherr störe ihm wegen kleinlicher
Einzelwünsche die Einheitlichkeit des Projektes, der Bauherr hingegen be-
sorgt ist, dem Architekten sei es nur um die Unantastbarkeit seines Planes zu
tun und er wolle seinen individuellen Wünschen keine Rechnung tragen.
Damit vertrauensvolle Zusammenarbeit und gegenseitiges Nachgeben an der
richtigen Stelle möglich sind, ist das Allerwesentlichste in jedem einzelnen
Falle die Wahl des für den betreffenden Bauherrn geeigneten Architekten. Es
ist unbedingt wichtig, daß Bauherr und Architekt das gleiche Daseinsgrundgefühl haben, daß sie im Prinzipiellen, im Menschlichen, eine gemeinsame
Basis haben. Man kann nicht einen Menschen, der seiner Natur nach enge,
vollgefüllte Räume liebt, der einen horror vacui hat, bestimmen, sich in weiten, freien Räumen wohl zu fühlen, man kann Menschen, die ihr Gesicht
immer dem Licht entziehen, nicht zwingen, gern in Räumen zu leben, wo das
vor lauter hereinflutender Sonne nicht mehr möglich ist.

Ist aber die Übereinstimmung im Großen da, wird der Architekt den Bauherrn
sehr wohl und zu dessen eigenen Vorteil bestimmen können, der neuen

Wohnform zuliebe, alte Gewohnheiten und Traditionen aufzugeben, ohne ihm aber etwas aufzuoktroyieren, was seiner Grundhaltung widerspricht. Wenn der Architekt gewählt ist, hat sich vor allem Planen schon die Möglichkeit oder Unmöglichkeit einer fruchtbaren Zusammenarbeit entschieden.

Es ist nun notwendig, daß der Bauherr dem Architekten alle seine Wünsche und Bedürfnisse, was Wohnstandard, Umfang, Kosten usw. betrifft, bis ins Einzelne darlegt und der Architekt diese wirklich berücksichtigt und auf diesen Angaben seinen Plan aufbaut. Es wird fast immer möglich sein, sie im Wesentlichen zu erfüllen, wenn es auch mehr Anstrengung und Erfindungsgabe erfordert, als wenn der Architekt einen Allerweltsplan macht, der ihm für alle Menschen geeignet erscheint. Gerade dadurch, daß die Bedingungen und Anforderungen immer andere sind und der Architekt gezwungen wird, immer neue Lösungen zu finden, bleibt er fruchtbarer Künstler und wird nicht zum langweiligen Routinier.

Besteht der Plan und ist der Bauherr im Großen damit einverstanden, wird er gut tun, im Einzelnen nicht zu viel zu ändern, da der Laie oft wirklich nicht beurteilen kann, wie eine, ihm geringfügig erscheinende Veränderung die Einheitlichkeit des Baues gefährdet. Wenn alle diese Voraussetzungen zutreffen, wird meiner Überzeugung nach die Zusammenarbeit zwischen Bauherrn und Architekten wirklich fruchtbar sein können, eine Zusammenarbeit, bei der beide Teile gewinnen, die vor allem dem Werk zum wirklichen Vorteil gereichen wird.

Aus: *Was gibt Ihnen der Architekt?*, hrsg. von der Architekten-Interessengemeinschaft, Brünn (1934), S.10f.

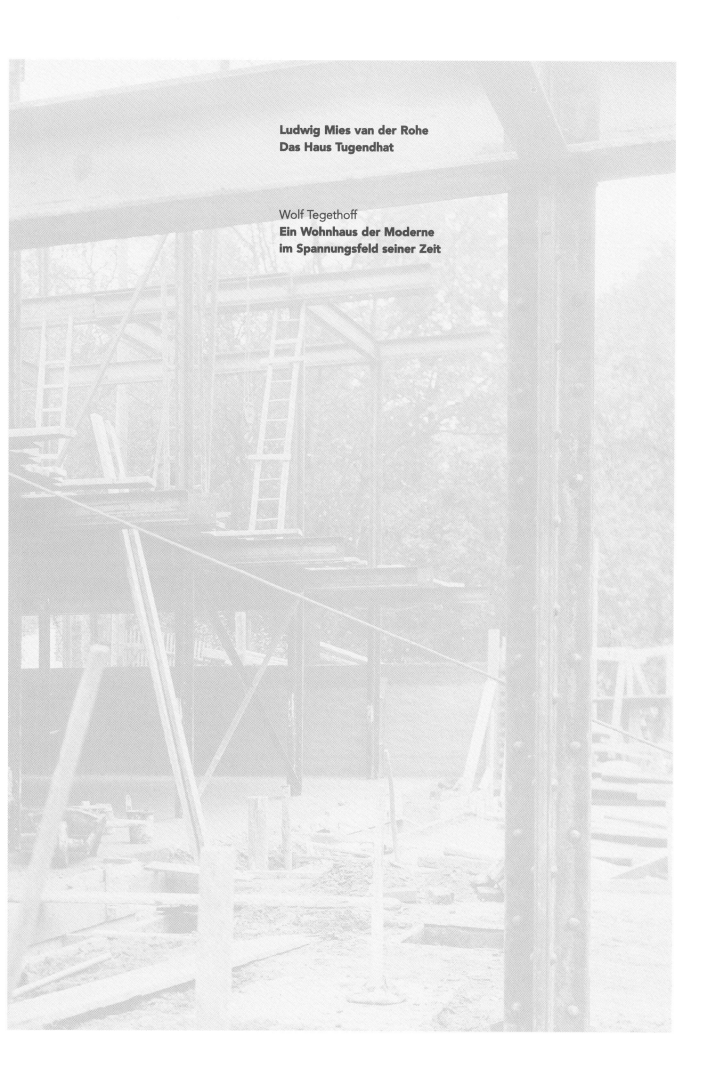

Ludwig Mies van der Rohe
Das Haus Tugendhat

Wolf Tegethoff
Ein Wohnhaus der Moderne
im Spannungsfeld seiner Zeit

„Die Probleme der Neuen Wohnung wurzeln in der veränderten materiellen, sozialen und geistigen Struktur unserer Zeit; nur von hier aus sind diese Probleme zu begreifen. [...] Das Problem der Rationalisierung und Typisierung ist nur ein Teilproblem. Rationalisierung und Typisierung sind nur Mittel, dürfen niemals Ziel sein. Das Problem der Neuen Wohnung ist im Grunde ein geistiges Problem und der Kampf um die Neue Wohnung nur ein Glied in dem großen Kampf um neue Lebensformen."
(1927)

„Baukunst ist nicht Gegenstand geistreicher Spekulation, sie ist in Wahrheit nur als Lebensvorgang zu begreifen, sie ist der Ausdruck dafür, wie sich der Mensch gegenüber der Umwelt behauptet und wie er sie zu meistern versteht. Die Kenntnis der Zeit, ihrer Aufgaben und Mittel sind notwendige Voraussetzungen baukünstlerischen Schaffens, Baukunst ist immer der räumliche Ausdruck geistiger Entscheidung."
(1928)

„Die Wohnung unserer Zeit gibt es noch nicht. Die veränderten Lebensverhältnisse aber fordern ihre Realisierung. Voraussetzung dieser Realisierung ist das klare Herausarbeiten der wirklichen Wohnbedürfnisse. Die heute bestehende Diskrepanz zwischen wirklichem Wohnbedürfnis und falschem Wohnanspruch, zwischen notwendigem Bedarf und unzulänglichem Angebot zu überwinden ist eine brennende wirtschaftliche Forderung und eine Voraussetzung für den kulturellen Aufbau ..."
(1931)

Ludwig Mies van der Rohe[1]

Wolf Tegethoff

Die „Villa" Tugendhat: Ein Wohnhaus der Moderne im Spannungsfeld seiner Zeit

Sommer 1938: Zeitgeschichte als Epilog

Im Frühjahr 1938 hatten Hitlers Truppen, von weiten Teilen der einheimischen Bevölkerung jubelnd begrüßt, den Anschluß Österreichs an das Deutsche Reich vollzogen. Die in den Friedensverträgen von Versailles und Saint-Germain-en-Laye dekretierte Neuordnung Europas war erstmals ernsthaft in Frage gestellt. Für das Regime bedeutete dies den entscheidenden Testfall, an dem sich der Widerstandswille der einstigen Siegermächte ermessen ließ. Die Reaktion blieb aus, kapitulierte kleinlaut vor dem politisch instrumentalisierten „Volkswillen", der die Vereinigung lautstark gefordert hatte.

Auch in der jungen Tschechoslowakischen Republik, wie Österreich aus der 1918 zusammengebrochenen Donaumonarchie hervorgegangen, gärte es nun allenthalben. Die westlichen, tschechisch dominierten Landesteile mit den Kernbereichen Böhmens und Mährens zählten zu den hochindustrialisierten Regionen Europas. Bei vergleichsweise kleinem Binnenmarkt waren sie in großem Maße vom Export abhängig. Nach einer kurzen Blütephase in der zweiten Hälfte der zwanziger Jahre war daher das Land von der Weltwirtschaftskrise ungleich härter und anhaltender betroffen als andere Industrienationen. Die bei allen äußeren Gegensätzen engen Handelsbeziehungen zum Deutschen Reich, das nach 1933 eine strikte Autarkiepolitik betrieb, verhinderten einen raschen Wiederaufschwung in den mittleren dreißiger Jahren, was die Integrationskraft des jungen Staates weiter unterminierte. Als letztlich fatal erwies sich jedoch das anfangs bewußt ignorierte Nationalitätenproblem, wobei der slowakische, agrarisch geprägte Ostteil des Staates hier außer acht bleiben darf. Die eigentliche Sprengkraft entwickelte sich in den von hoher Arbeitslosigkeit betroffenen westlichen und nördlichen Randgebieten Böhmens und Mährens, deren mehrheitlich deutschsprachige Bevölkerung sich bei einem Anteil von 22,5 Prozent an der Gesamtbevölkerung (1930) in den demokratischen Institutionen der Republik nur unzureichend vertreten sah. Bestärkt durch die Ereignisse vom 13. März 1938 in Österreich, dem Datum des „Anschlusses", und ungeachtet einer nunmehr weitreichenden Konzessionsbereitschaft der Prager Regierung, plädierte die Sudetendeutsche Partei unter ihrem Führer Konrad Henlein nun offen auf Abtrennung der deutschen Siedlungsgebiete und ihre Angliederung an das Reich. Die von der nationalsozialistischen Propaganda geschürte „Sudetenkrise" ließ in den Monaten bis zum Münchner Abkommen vom 30. September 1938 die Gefahr einer gewaltsamen Lösung des Konflikts zunehmend wahrscheinlicher erscheinen.

Zumal in der jüdischen Bevölkerungsgruppe, die sich traditionell dem deutschen Kulturkreis zugehörig fühlte, wuchs die Unruhe von Tag zu Tag. Brünn hatte sich neben Prag zu einem Zentrum der Emigration aus Deutschland entwickelt. Nach dem März 1938 folgte eine neue Flüchtlingswelle aus Österreich und dem nahen Wien. An Informationen aus erster Hand über das Geschehen im Reich herrschte somit kaum Mangel. Das Ausmaß der antisemitischen Verfolgung lag offen zutage und ließ an den wahren Zielen des Nationalsozialismus keinen Zweifel mehr bestehen. Für die Juden in der Tschechoslowakei schien die Lage zunehmend prekärer, da im Falle eines deutschen Einmarsches ihre persönliche Sicherheit unmittelbar gefährdet war.

Abb. 49:
Hanna mit ihren Brüdern Ernst
und Herbert vor Hannas Abreise
nach England im März 1938

Wie viele ihrer jüdischen Mitbürger nahmen die Tugendhats aktiv Anteil am Schicksal der zahlreichen politisch und rassistisch verfolgten Flüchtlinge in Brünn. Grete Tugendhat engagierte sich im örtlichen Vorstand der Liga für Menschenrechte, einer bereits 1898 unter dem Eindruck der Dreyfus-Affäre entstandenen internationalen Hilfsorganisation, die in Brünn ein Zweigbüro unterhielt. Wohltätigkeitsveranstaltungen zur Unterstützung der zumeist mittellosen Emigranten suchten die größte Not zu lindern. Daniela Hammer-Tugendhat beschreibt ein solches gesellschaftliches Ereignis im Hause ihrer Eltern, das in ruhigeren Zeiten nur selten Besucher außerhalb des engsten Familien- und Freundeskreises gesehen hatte.

Der Gedanke an Flucht und Auswanderung wird im Krisenjahr 1938 viele Juden in der Tschechoslowakei bewegt haben. Auf Drängen seiner Frau nutzte Fritz Tugendhat seine geschäftlichen Verbindungen, den Umzug der Familie in die Schweiz vorzubereiten. Hanna, Gretes Tochter aus erster Ehe, wurde im März 1938 zu ihrem Vater Hans Weiss nach England in Sicherheit gebracht, der bereits 1934 aus Deutschland emigriert war (Abb. 49). Kurz darauf verließ auch Grete Tugendhat mit den beiden Söhnen Brünn. Sie bezogen zunächst einmal in Lugano Quartier, wo wenige Tage später, am 1. April 1938, Irene Kalkofen zu ihnen stieß, die als Kinderschwester sieben Jahre hindurch das Leben mit ihnen im Haus geteilt hatte. Ihre Ausreise erfolgte aus freiem Entschluß, doch bekam sie als Nichtjüdin keinen Flüchtlingsstatus zugebilligt und mußte die Schweiz nach Ablauf von sechs Wochen wieder verlassen. Bis zu ihrer endgültigen Emigration nach England im Juli 1938 kehrte sie daher für kurze Zeit in das Haus in der Schwarzfeldgasse zurück. Fritz Tugendhat war noch in Brünn geblieben, um die geschäftlichen Angelegenheiten zu regeln. Wie die Abwicklung einer Firma in diesen Tagen vonstatten ging, wo für den jüdischen Inhaber allenfalls wenig oder nichts zur Verhandlung anstand, darf aus vergleichbaren und nicht nur deutschen Fällen geschlossen werden. Immerhin ist es seinem Ausharren zu verdanken, daß wenigstens ein kleiner Teil der ursprünglichen Möblierung des Hauses gerettet werden konnte und sich heute noch im Besitz seiner Kinder befindet. Einige Monate später – ob vor oder nach der Annexion der sudetendeutschen Gebiete Anfang Oktober, ist nicht mehr zu eruieren – folgte auch Fritz Tugendhat seiner Familie ins Schweizer Exil, dem sich drei Jahre später die abermalige Flucht nach Venezuela anschließen sollte.

Irene Kalkofen lebt heute (1998) 89jährig in London. Sie ist, abgesehen von
dem damals gerade erst achtjährigen Sohn Ernst, die letzte Augenzeugin, die
noch eine persönliche Erinnerung mit dem Haus an der Schwarzfeldgasse ver-
bindet (Abb. 50).[2]

Im August 1938 kehrte auch Ludwig Mies van der Rohe, der Architekt des
Tugendhat-Hauses, Deutschland für immer den Rücken. Anders als bei seinen
ehemaligen Auftraggebern verlief allerdings seine Abreise nach Chicago, wo
er am Armour Institute, dem heutigen Illinois Institute of Technology (IIT), die
Leitung der Architekturabteilung übernehmen sollte, unter entschieden
undramatischeren Vorzeichen, wie immer er selbst die Begleitumstände empfunden haben mochte. Seine Frau Ada, von der er seit den frühen zwanziger
Jahren getrennt lebte, blieb mit den drei gemeinsamen, inzwischen erwach-
senen Töchtern in Berlin zurück, auf deren Unterstützung sie nun weitgehend
angewiesen war. Zurück blieb auch Lilly Reich, die langjährige Gefährtin
und Mitarbeiterin Mies van der Rohes, die an der Innenausstattung des
Tugendhat-Hauses einen gewichtigen Anteil gehabt hatte. Als selbständige
Frau, die sich in einem von Männern beherrschten Metier die Anerkennung
immer wieder erst mühsam erkämpfen mußte, nicht ohne Härte im persönlichen Umgang, war sie Mies in der entscheidenden Phase des Aufstiegs und,
mehr noch, in den schwierigen dreißiger Jahren eine unverzichtbare Stütze
gewesen. Im Herbst 1939 sollte sie ihn in Chicago ein letztes Mal wiederse-
hen. Bereits auf der Rückfahrt nach Deutschland – Mies hatte sie mit keinem
Wort zum Bleiben aufgefordert – wurde sie auf der „Bremen" vom Kriegsaus-
bruch überrascht. Sie verstarb im Dezember 1947 mit 67 Jahren in Berlin.

Mies war kein Emigrant im strengen Sinne des Wortes, obgleich für ihn eine
dauerhafte Rückkehr ins nationalsozialistische Deutschland wohl außer Frage
gestanden haben dürfte. Die Entscheidung zur Übersiedlung war im Grunde
schon gegen Ende seines ersten Aufenthaltes in den Vereinigten Staaten
(August 1937 bis März 1938) gefallen, als die Verhandlungen mit dem Armour
Institute in Chicago konkrete Gestalt anzunehmen begannen. Die wenigen
noch verbliebenen Monate in Berlin waren mit Behördengängen und der
Regelung der dringlichsten persönlichen Angelegenheiten ausgefüllt. Sein
Atelier in der Straße Am Karlsbad 24, unweit der Potsdamer Brücke und
vom Ort der heutigen Neuen Nationalgalerie, dem einzigen verwirklichten
Projekt Mies van der Rohes im Nachkriegsdeutschland, firmierte indes,
von Lilly Reich gewissenhaft betreut, auch weiterhin unter seinem alten

Briefkopf, ehe schließlich das gesamte Areal dem Luftkrieg zum Opfer fiel. Wie viele Künstler und Intellektuelle des bürgerlichen Lagers in der Weimarer Republik stand Mies der nationalsozialistischen Ideologie innerlich wohl distanziert gegenüber, was ihn jedoch nicht daran hindern sollte, auch mit den neuen Machthabern sein Auskommen zu suchen. Zweifellos hatte er 1933 wie mancher andere zunächst der Illusion angehangen, daß es sich bei den Ausschreitungen und ersten Verhaftungswellen um unkontrollierte Auswüchse handele und sich die Zustände schon schrittweise wieder normalisieren würden. Von einer antisemitischen Einstellung ist nichts bekannt; sein zumeist gutes Verhältnis zu ehemaligen Auftraggebern schloß auch etliche jüdische Klienten mit ein, darunter Hugo Perls, Maximilian Kempner, Eduard Fuchs und Grete und Fritz Tugendhat. Im engsten, persönlichen Umfeld dominierte dagegen das rheinländische Element, vertreten durch einige wenige Jugendfreunde, die es wie ihn aus der alten Heimat in die preußische Hauptstadt verschlagen hatte. Privat verkehrten Juden und Nichtjuden wie in fast allen europäischen Ländern weitgehend unter sich. Der jahrhundertealte Antisemitismus war tief in den Köpfen verwurzelt; die Folgen waren auch dort noch spürbar, wo man sich im geschäftlichen Umgang miteinander liberal und weltoffen zu geben pflegte.

Abb. 51:
Ludwig Mies van der Rohe
(Foto um 1930)

Politisch vollkommen desinteressiert und nicht von rassistischer oder ideologischer Verfolgung bedroht, suchte Mies sich mit den Verhältnissen schlecht und recht zu arrangieren, ja gab sich sogar zeitweise der trügerischen Hoffnung hin, seine architektonischen Zielvorstellungen auch unter den neuen Machthabern unvermindert verwirklichen zu können. In Georg von Schnitzler, dem mächtigen Vorstandsmitglied des I.G.-Farben-Konzerns, und dessen Frau besaß er zudem gewichtige Fürsprecher, die über beste Kontakte zu den Spitzen von Partei und Wirtschaft verfügten. In dieser Hinsicht waren aber selbst von Schnitzlers Einflüssen deutliche Grenzen gesetzt. Als schließlich auch den wenigen noch verbliebenen Privataufträgen durch behördlichen Einspruch die Ausführung versagt blieb, während zugleich die laufenden Einkünfte aus den Möbelpatenten ab der Mitte der dreißiger Jahre mehr und mehr versiegten, schien die Zeit der Entscheidung gekommen. Und dennoch bedurfte es eines mehrfachen Anstoßes von außen, nachdem erste Stellenangebote aus den Vereinigten Staaten nicht zuletzt an der phlegmatischen Haltung Mies van der Rohes und seinen mangelnden Englischkenntnissen gescheitert waren. Erst auf nachdrückliches Zuraten von seiten der engsten Freunde und ehemaligen Mitarbeiter gelang es, Mies endlich zum Handeln zu bewegen.

Die politische Grundeinstellung Mies van der Rohes läßt sich am Ende kaum treffender charakterisieren als mit den eigenen einleitenden Worten, die er 1930, drei Jahre vor der nationalsozialistischen Machtübernahme, seinem Vortrag auf der Wiener Werkbundtagung voranstellte: *„Die neue Zeit ist eine Tatsache, sie existiert ganz unabhängig davon, ob wir „ja" oder „nein" zu ihr sagen. Aber sie ist weder besser noch schlechter als irgendeine andere Zeit. Sie ist eine pure Gegebenheit und an sich wertindifferent."* – Mies, der Stoiker oder, je nach Weltanschauung, doch nichts weiter als ein simpler Fatalist? Angesichts der politischen Wirklichkeit unter dem Nationalsozialismus jedenfalls, die keineswegs dem übermächtigen Treiben eines jeder menschlichen Kontrolle entzogenen „Zeitgeistes" entsprungen war, kann eine solche Einstellung im Rückblick nur mehr als naiv bezeichnet werden. In den Augen der damaligen Machthaber aber mußte sie ihn im hohen Grade suspekt erscheinen lassen, da hier eine latente Verweigerungshaltung gegenüber „den gestaltenden Kräften der Geschichte" angedeutet schien, die eine Mitwirkung an den „großen Aufgaben der völkischen Bewegung" von vornherein ausschloß. Die Frage nach der Korrumpierbarkeit des Menschen Mies van der Rohe, so ihm denn die insgeheim erhofften Staatsaufträge jemals zuteil geworden wären, ist müßig und unter historischen Gesichtspunkten per se unzulässig. Festzuhalten bleibt hier allein die Tatsache, daß Mies im Hinblick auf seine architektonischen Grundüberzeugungen keine Kompromisse einzugehen bereit war und daher zumindest in dieser Hinsicht Rückgrat bewies.[3]

Dem tschechoslowakischen Rumpfstaat, für dessen Fortbestand und Integrität die Unterzeichnermächte des Münchner Abkommens garantiert hatten, verblieben nur wenige Monate bis zum Ende. Das große Haus an der Schwarzfeldgasse stand inzwischen verwaist, wenn auch gewiß nicht völlig unbewohnt. Der Chauffeur und seine Frau, die ansonsten kaum in Erscheinung getreten waren, mochten geblieben sein; Fritz Tugendhat hatte ganz gegen seine Art zu ihm ein gewisses persönliches Verhältnis entwickelt und ihn an seiner privaten Leidenschaft, der Fotografie, bereitwillig teilnehmen lassen. Zudem liebten ihn die Kinder, für die er neben Irene Kalkofen, die gleichsam schon zur Familie gehörte, eine weitere wichtige Bezugsperson bedeutete, während man zum übrigen Hauspersonal eher auf Distanz hielt. Daß der Chauffeur sich mittlerweile offen zum Nationalsozialismus bekannte, wie Frau Kalkofen heute noch erinnert, mochte zwar schmerzen, konnte sich aber für den Fall eines deutschen Einmarsches als nützlich erweisen, um möglichen schlimmeren Schaden vom Hause abzuwenden. Ob Fritz Tugendhat in jenen einsamen Monaten vor seinem endgültigen Abschied von Brünn einen Verkauf ernsthaft in Erwägung zog, bleibt ungewiß, zumal in diesen unsicheren Zeiten die Interessenten gewiß nicht Schlange standen. Auch war trotz allem nicht gänzlich auszuschließen, daß die Expansionsgelüste des Dritten Reiches durch die Intervention der Garantiemächte doch noch rechtzeitig gebremst werden konnten, was den Gedanken an eine spätere Rückkehr wachgehalten haben mochte.[4]

Die Hoffnung sollte sich indes als trügerisch erweisen. Am 15. März 1939 wehten auch über Brünn die Hakenkreuzfahnen. Unter Bruch der Münchner Vereinbarungen wurde die „Rest-Tschechei" als „Reichsprotektorat Böhmen und Mähren" dem nationalsozialistischen Machtbereich einverleibt. Jüdisches Eigentum, zumal wenn die Besitzer im Ausland weilten, galt nun als herrenlos und verfiel dem Staat. Die Beschlagnahmung des Tugendhat-Hauses durch die Gestapo erfolgte am 4. Oktober 1939. Am 12. Januar 1942 wurde die Liegenschaft im Grundbuch der Stadt Brünn offiziell auf das Deutsche Reich übertragen. In der schwiegerelterlichen Villa Löw-Beer am unteren Ende des Grundstücks hatten SS-Mannschaften Quartier bezogen. Über Mies van der Rohes Idealkonzept eines Wohnhauses im Geiste der Moderne senkte sich der Schatten einer ganz anderen „neuen" Zeit, wie sie zehn Jahre zuvor weder von ihm noch von den Auftraggebern vorhergesehen werden konnte.[5]

Berlin im Sommer 1928: Der Auftrag

Eduard Fuchs, „der Sammler und der Historiker" (so der Titel eines in diesem Kontext häufig zitierten, für unsere Fragestellung jedoch vollkommen unergiebigen Aufsatzes von Walter Benjamin), führte in Zehlendorf, einem Villenvorort im Westen Berlins, ein offenes Haus. 1870 als Sohn eines mittelständischen jüdischen Unternehmers in Göppingen geboren, hatte er sich schon früh für die Sache des Sozialismus engagiert. Mit Franz Mehring war er befreundet gewesen; freundschaftliche Beziehungen bestanden ferner zu Karl Liebknecht, Rosa Luxemburg und Clara Zetkin. Zur offiziellen Linie der KPD, der er seit ihrer Gründung 1919 angehörte, geriet er nach der „stalinistischen" Wende zunehmend in Opposition, nachdem er noch Mitte der zwanziger Jahre zum engeren Berliner Führungskreis gerechnet werden durfte, ohne jedoch jemals ein regelrechtes Parteiamt bekleidet zu haben. Seinen Ruf als Kunstschriftsteller – trotz der häufig anzutreffenden Bezeichnung als „Kunsthistoriker" hatte er außer einer gründlichen kaufmännischen Schulung und einer langjährigen journalistischen Praxis keinerlei berufsspezifische Ausbildung erfahren – verdankte er einer beachtlichen Reihe von Buchveröffentlichungen. Neben der schon kurz nach der Jahrhundertwende erschienenen *Karikatur der europäischen Völker* (Berlin 1901–03) war es vor allem die mit Supplementen schließlich 6 Bände umfassende *Illustrierte Sittengeschichte vom Mittelalter bis zur Gegenwart* (München 1909–12) sowie die dreibändige *Geschichte der erotischen Kunst* (München 1908–26), die ihm schon bald einen hohen Bekanntheitsgrad verschafft und ihm als „Sitten-Fuchs" zu einer gewissen, wenn auch in den Augen der damaligen gutbürgerlichen Gesellschaft leicht anrüchigen Popularität verholfen hatten. Daß dies in erster Linie auf das in den beiden letztgenannten Werken versammelte Bildmaterial zurückzuführen war, kann indes die wissenschaftliche und kulturgeschichtliche Bedeutung seiner Arbeiten in keiner Weise schmälern, die bis heute Anerkennung verdienen. Hinter all dem stand der leidenschaftliche Sammler Fuchs, der in seinem Haus in der Zehlendorfer Hermannstraße 14 unter anderem ein Graphikkabinett von beträchtlichem Umfang unterhielt und sich dabei insbesondere als Daumier-Kenner einen Namen erworben hatte.[6]

Dieses Haus nun war ein frühes Werk von Ludwig Mies (den Geburtsnamen seiner Mutter mit dem Zusatz „van der" fügte er erst Anfang der zwanziger Jahre seinem eigentlichen bürgerlichen Namen hinzu). Erbaut worden war es im Laufe des Jahres 1911 für den späteren Kunsthändler Hugo Perls, auch er jüdischer Herkunft, der damals noch das Amt eines Referendars im Auswärtigen Amt bekleidete. Mies hatte sich soeben ein erstes Mal von Peter Behrens getrennt und sich als selbständiger Architekt zu behaupten versucht – über eine mögliche Partnerschaft mit einem Architekten namens Goebbels, dessen Unterschrift auf einigen der wenigen erhaltenen Pläne erscheint, ist nichts Näheres bekannt. Nach dem Haus Riehl in Babelsberg bei Potsdam (1907; möglicherweise nicht vor 1910 fertiggestellt) war dies sein zweiter privater Auftrag. Perls muß das Haus schon kurze Zeit später an Eduard Fuchs weiterveräußert haben und nicht erst Anfang der zwanziger Jahre, wie in der Literatur immer wieder behauptet wird. Seiner Autobiographie zufolge bezogen er und seine Frau schon Anfang 1914 eine neue Mietwohnung im Zentrum Berlins. An gleicher Stelle findet sich auch der Hinweis, daß der Handel im Tausch gegen fünf Liebermann-Gemälde bestanden habe, deren Wiederverkaufsgewinn, wie Perls nicht ohne klammheimlichen Stolz berichtet, den damaligen Marktwert des Hauses deutlich überstieg. Laut Fritz Neumeyer war Perls sowohl mit dem Philosophieprofessor und Nietzscheaner Alois Riehl wie auch mit dem damaligen SPD-Abgeordneten im preußischen Landtag Karl Liebknecht befreundet gewesen, womit das Grundmuster eines Geflechtes von persönlichen Beziehungen angedeutet ist, innerhalb dessen Mies van der Rohe zu seinen Auftraggebern fand und in das schließlich auch Grete Löw-Beer, geschiedene Weiss und spätere Frau Tugendhat, im Sommer 1928 hineinwachsen sollte.[7]

Riehl, Perls, Fuchs, Mies und – vermittelnd zwischen den beiden Letztgenannten – vielleicht der Kunsthistoriker Paul Westheim, der 1926 in dem von ihm herausgegebenen Kunstblatt einen Artikel über den Sammler Eduard Fuchs und sein Haus veröffentlichte und ein Jahr später einen ersten zusammenfassenden Bericht über die architektonische Entwicklung Mies van der Rohes verfaßte: dies ist auch ein Beleg für die Enge der Kreise, denen die Berliner Moderne in jenen frühen Jahren ihren Rückhalt verdankte. Kontakte zwischen Fuchs und Mies reichten zumindest bis in die zweite Hälfte des Jahres 1925 zurück, als man Mies während einer lockeren Gesprächsrunde im Hause Fuchs den Planungsauftrag und schließlich auch die Ausführung des geplan-

Abb. 52:
Mies van der Rohe,
Haus Fuchs
in Berlin-Zehlendorf (1911),
rechts im Bild
der Galerieanbau
von 1928

ten „Denkmals für die Gefallenen der Novemberrevolution" – kurz
„Liebknecht-Luxemburg-Denkmal" – übertrug. Es wurde am 13. Juni 1926
enthüllt und vier Wochen später feierlich eingeweiht. Fuchs, durch seine persönliche Bekanntschaft mit Karl Liebknecht und Rosa Luxemburg in den
Augen der kommunistischen Parteiführung nobilitiert und zudem als Kenner
der zeitgenössischen Kunstszene ausgewiesen, dürfte hier in erster Linie als
künstlerischer Berater gewirkt haben; über eine gelegentlich behauptete
Funktion als Schatzmeister der KPD findet sich in der maßgeblichen
Biographie nicht der geringste Hinweis. Mies dagegen hatte allein der Zufall
zu diesem Auftrag verholfen, der ihm nach 1933 unter den neuen
Machthabern noch mancherlei Schwierigkeiten eintragen sollte.[8]

Das Haus in Zehlendorf (Abb. 52) mußte sich für die ständig anwachsenden
Sammlungsbestände bald als zu klein erwiesen haben, so daß sich Fuchs mit
dem Gedanken an einen Galerieanbau ein weiteres Mal an Mies van der
Rohe wandte. Den erhaltenen, datierten Entwürfen zufolge fiel die Hauptplanungsphase in die Zeit zwischen Dezember 1927 und Februar 1928.
Danach erfolgte eine abermalige Überarbeitung der Pläne, die Mitte Mai als
Nachtragsgesuch eingereicht wurden. Der Anbau kann damit kaum vor dem
Spätherbst des Jahres, wenn nicht gar erst im Frühjahr 1929 bezugsfertig
gewesen sein, als das Brünner Projekt bereits konkret Gestalt anzunehmen
begann. Für die Auftragserteilung dürfte er damit keine entscheidende Rolle
mehr gespielt haben, obwohl er ohne Zweifel den Anlaß geliefert hatte, der
die Tugendhats mit Mies van der Rohe zusammenführte. Der neue, in Gesamtanlage und Raumaufteilung durchaus „moderne" Flügel fügt sich auf der
der Hauptblickrichtung abgewandten Seite verhältnismäßig unauffällig an
den blockhaft geschlossenen Altbau an, so daß die streng symmetrisch ge-
gliederte Gartenfront mit der zentralen Loggia keine nennenswerte Beein-
trächtigung erfährt. Auch in der Massendisposition und in den hochrechtecki-
gen Fensterformaten sucht er sich den neoklassizistischen Proportionen des
Wohnhauses unterzuordnen. Dies war wohl nicht zuletzt einer der Haupt-
gründe für die im Mai erfolgte Planänderung, die eine Angleichung in den
Stockwerkshöhen zum Ziele hatte.[9]

Es bleibt demnach die Frage, welche anderen Bauten und Projekte Mies van
der Rohes die Tugendhats in ihrer Wahl bestärkt haben könnten. In ihrem
Vortrag von 1969 erwähnt Grete Tugendhat die Stuttgarter Weißenhof-
siedlung, die auf sie damals großen Eindruck gemacht habe, wobei aber
offen bleibt, ob sie sich auf einen tatsächlichen Besuch bezieht oder lediglich
Photos oder Publikationen der Werkbundausstellung kannte (Abb. 53).
Lebhaft in Erinnerung war ihr noch das Haus Wolf in Guben, das sie sich auf
Anraten von Mies gemeinsam angesehen hatten. Ort und Name zweier wei-
terer besichtigter Häuser waren ihr damals entfallen. Auf Nachfrage von
František Kalivoda schließt sie in einem Brief vom Februar 1969 die beiden
Krefelder Häuser ausdrücklich aus, *„weil diese gleichzeitig mit [dem] unseren
gebaut wurden. Ich glaube, dass die Namen Mossler und Kemten sind."* Ihr
Besuch dürfte demnach dem 1922 vollendeten Haus Kempner in Berlin-
Charlottenburg und dem 1924/25 errichteten Haus Mosler in Babelsberg
(heute Potsdam-Neubabelsberg) gegolten haben, was schon aufgrund ihrer
leichten Erreichbarkeit nahe lag. Die beiden architektonisch eher konventionellen Bankiersvillen zählten zu den lukrativen, doch wenig spektakulären
Auftragsarbeiten aus der ersten Hälfte der zwanziger Jahre, an die Mies später nicht mehr gerne erinnert werden wollte. Sie waren 1969 so gut wie vergessen, wodurch eine Verwechselung ziemlich ausgeschlossen ist. So wird es
am Ende also doch vor allem *„jene neoklassizistische Villa von 1911"* gewesen sein, die, neben dem guten Zuraten von Ernst Fuchs, den Blick der
Tugendhats auf Mies van der Rohe gelenkt hatte.[10]

Abb. 53:
Weißenhofsiedlung
in Stuttgart
mit Apartmentblock von
Mies van der Rohe
(1925–27)

Grete Löw-Beer (1903–1970) und Fritz Tugendhat (1895–1958) kannten sich seit früher Jugend. Beide entstammten großbürgerlichen jüdischen Verhältnissen. Der Großvater und Firmengründer Hermann Tugendhat war 1864 aus dem oberschlesischen Bielitz, heute Bielsko-Biala, nach Brünn übersiedelt. Die jeweiligen Familienunternehmen besaßen ihren Schwerpunkt in der Textilbranche, der die Stadt im 19. Jahrhundert ihren Aufstieg zu einem der wichtigsten Industriezentren der Donaumonarchie verdankt hatte. Grete Löw-Beer und Fritz Tugendhat, der inzwischen die Geschäftsleitung der väterlichen Firma übernommen hatte, wurden am 30. Juni 1928 im Standesamt von Berlin-Wilmersdorf getraut. Kurz zuvor muß durch die Vermittlung von Eduard Fuchs bereits eine erste Begegnung mit Mies van der Rohe stattgefunden haben.[11]

Im September des Jahres reiste Mies ein erstes Mal nach Brünn, um den Bauplatz des zukünftigen Hauses in Augenschein zu nehmen. Vereinzelte Hinweise an anderer Stelle – zum Projekt selbst sind keinerlei schriftliche Unterlagen erhalten – lassen vermuten, daß sich sein Mitarbeiter Hermann John in den folgenden Monaten noch mehrfach dort aufhielt, was auf Vermessungsarbeiten hindeuten dürfte. Bis zur Jahreswende waren die Entwürfe immerhin so weit gediehen, um als Grundlage für ein entscheidendes Gespräch mit den Bauherrn zu dienen. Die Begegnung wurde auf den letzten Tag des Jahres 1928 angesetzt und fand im Berliner Atelier Mies van der Rohes statt. Sie zog sich, wie Grete Tugendhat später noch deutlich erinnerte, bis spät in den Silvesterabend hin und brachte einige wesentliche Änderungswünsche an den ursprünglichen Vorschlägen, die Mies auch anstandslos akzeptieren sollte. Hierauf wird im folgenden noch einzugehen sein. Im April des nächsten Jahres wurden zwei Alternativprojekte zur Einleitung des Baugenehmigungsverfahrens vorbereitet, allem Anschein nach jedoch beide wieder verworfen. Diese Entscheidung dürfte nicht leichtgefallen sein, da sie wegen des damit zwangsläufig verzögerten Baubeginns die Fertigstellung des Hauses um mehr als ein halbes Jahr verzögern mußte. Zur Ausführung kam schließlich ein drittes Projekt, das jedoch in allen konstruktiven Details auf dem zweiten Alternativentwurf basierte. Es ist daher nicht gänzlich auszuschließen, daß dieser doch zur Vorlage bei den örtlichen Baubehörden gedient hatte, zumal Einreichepläne für das Ausführungsprojekt sich weder in den Brünner Bauakten noch im New Yorker Nachlaß des Architekten erhalten haben. Die Einweihung des notdürftig fertiggestellten Deutschen Pavillons in Barcelona (Abb. 54) am 27. Mai 1929 durch den spanischen König Alfons XIII., an der auch Mies teilgenommen hatte, sowie der große Zeitdruck in den Wochen davor, wird alle Kräfte des Berliner Ateliers beansprucht haben, so daß an eine Weiterbearbeitung der Brünner Pläne vor Ende Mai wohl kaum zu denken war. Zwar hatte Mies die Durchführung inzwischen seinem Mitarbeiter Friedrich Hirz übertragen, doch entsprach es nicht seinen Gepflogenheiten, bei einem derart wichtigen Projekt die endgültigen Entscheidungen aus der Hand zu geben. Offenkundig wurde im Juli mit den Ausschachtungsarbeiten begonnen. Ende Oktober, also kurz vor der Winterpause, standen große Teile des Stahlskeletts, doch waren weder Decken eingezogen, noch war mit der Ausfachung der Wände begonnen worden.[12]

Vorgaben und Vorentscheidungen:
Der Bauplatz und die Struktur des Hauses

Das Schwarzfeldviertel im Nordosten der Brünner Altstadt, in unmittelbarer Nachbarschaft des noch unter Joseph II. angelegten „Augartens", wurde im Laufe des 19. Jahrhunderts erschlossen und entwickelte sich rasch zu einer bevorzugten Wohngegend des aufstrebenden städtischen Bürgertums. Hier,

Abb. 54:
Mies van der Rohe,
Deutscher Pavillon
auf der
Internationalen
Ausstellung
Barcelona 1929
Foto: The Museum
of Modern Art,
New York

Abb. 55:
Haus Tugendhat,
Gartenansicht von
Süden

in der Parkstraße am Ostrand des Augartens, hatten Marianne und Alfred
Löw-Beer, die Eltern von Grete Tugendhat, kurz nach der Jahrhundertwende
ihre im gemäßigten Wiener Sezessionsstil errichtete Villa bezogen (vgl.
Abb. 6). Hinter dem Haus erstreckte sich ein weitläufiger Garten hangaufwärts
bis zur Schwarzfeldgasse. Aus Anlaß der bevorstehenden Heirat mit Fritz
Tugendhat hatten die Löw-Beers ihrer Tochter den oberen Teil dieses Grundstücks als Bauplatz in Aussicht gestellt. Die Übertragung ist unter dem Datum
des 15. März 1929 im städtischen Kataster vermerkt. Laut Schenkungsvertrag
handelte es sich um eine Parzelle von 1968 Quadratmetern im Schätzwert von
59.040 tschechischen Kronen. Nach heutigen, in etwa das Zwanzigfache be-
tragenden Marktpreisen gerechnet – die Krone stand seit 1921 in einem
festen Wechselkursverhältnis zum US-Dollar von 4 zu 1, was in etwa demjeni-
gen der Mark (1931: 4,2 zu 1) entsprach – sind dafür rund 1,2 Millionen DM
oder 600 DM für den Quadratmeter zu veranschlagen.[13]

Die Situation ähnelt vordergründig derjenigen, die Mies van der Rohe einige
Jahre zuvor in Guben vorgefunden hatte. Während sich jedoch das Haus Wolf
(1925–27; 1945 zerstört), das die Tugendhats auf Anraten von Mies im Sommer 1928 besichtigt hatten, unmittelbar auf dem Hügelrücken des rechten
Neißeufers erhob, legte die durchgehende Hanglage des Grundstücks an der
Schwarzfeldgasse eine andere Lösung nahe: Der tief in das Gelände einge-
schnittene Baukörper erhebt sich nur talseitig zu seiner vollen Höhe (zwei
Vollgeschosse über einem als Sockelzone fungierenden Kellergeschoß), erscheint aber von der Schwarzfeldgasse aus betrachtet, wo nur das Obergeschoß sichtbar wird, als langgestreckter, flacher Riegel (Abb. 55, vgl.
Abb. 74). Probleme bereiteten die Bodenverhältnisse, die aufwendige Grün-
dungsarbeiten erforderlich machten: Die von zahlreichen Wasseradern durch-

zogenen Ton- und Lehmschichten drohten nach starken und anhaltenden Regenfällen den Hang ins Rutschen zu bringen, so daß die Fundamente bis weit unter den Grundwasserspiegel abgesenkt werden mußten. Im vorderen Bereich der unteren Eßzimmerterrasse war dies wohl aus Kostengründen unterblieben, woraufhin hier nach der Neuterrassierung des Gartens im Zuge der in den achtziger Jahren abgeschlossenen Restaurierungsmaßnahmen erhebliche Setzungsschäden auftraten.[14]

Die Ausrichtung des Baukörpers parallel zur Schwarzfeldgasse, von wo aus auch der Zugang erfolgt (Abb. 56), nutzt die natürlichen Gegebenheiten des Terrains. Auf eine Einfriedung gegen das schwiegerelterliche Grundstück wurde verzichtet, so daß der nach Südwesten abfallende Hang parkähnliche Dimensionen bewahrt. Die Bebauung der unteren Parkstraße bleibt hinter dichtem, altem Baumbestand verborgen. Über den Wipfeln weitet sich der Blick auf das Altstadtpanorama von Brünn mit Domhügel und Spielberg als den beiden beherrschenden Dominanten. Unmittelbar vor dem projektierten Bauplatz erhob sich eine mächtige Trauerweide, was Mies offenbar bei der Baumassengruppierung sorgsam berücksichtigte, und die daher einen integralen Bestandteil seines Ausgangskonzeptes darstellte. Sie fiel leider 1944 einem der wenigen Bombenangriffe auf Brünn zum Opfer.

Die Entscheidung zugunsten einer Stahlskelettkonstruktion scheint früh gefallen zu sein. Jedenfalls stand sie in der Erinnerung Grete Tugendhats vor dem erwähnten Gespräch am Silvesterabend 1928 bereits fest. Bei größeren Geschäfts- und Industriebauten schon im ausgehenden 19. Jahrhundert erfolgreich eingeführt, kam dieses Verfahren im Wohnhausbau erst spät und nur vereinzelt zur Anwendung, was nicht zuletzt, von den Kosten abgesehen, an dem erforderlichen hohen Planungsaufwand gelegen haben dürfte. Nicht anders verhält es sich mit der von Le Corbusier bevorzugten Eisenbetonrahmenkonstruktion, die ähnlich freie Grundrißlösungen gestattete. Ein signifikantes Vergleichsbeispiel hierfür aus dem Deutschland der frühen zwanziger Jahre ist Max Tauts Berliner Verwaltungsgebäude des Allgemeinen Deutschen Gewerkschaftsbundes (ADGB; errichtet 1919–24). Dagegen beruhte das von Mies im Frühjahr 1923 vorgestellte Projekt zu einem „Landhaus in Eisenbeton" (vgl. Abb. 85) auf einer Mischkonstruktion, bei der die Außenwände zum Teil noch tragende Funktion besitzen. In seinem späteren Oeuvre hat er nur mehr selten Eisenbeton verwendet. Die Ausnahme bilden die unmittelbar nach Kriegsende (1946–49) entstandenen Promontory Apartments in Chicago und das nach Castros Machtübernahme nicht mehr zur Ausführung gelangte Bacardi-Verwaltungsgebäude für Santiago de Cuba, ein Entwurf von 1957. In beiden Fällen hatte die jeweils vorherrschende Stahlknappheit – und nicht die ästhetische Entscheidung des Architekten – die Materialwahl bestimmt.

Seinen eigenen radikalen Forderungen aus den frühen zwanziger Jahren zum Trotz bewegte sich Mies in konstruktiver Hinsicht bei seinen vor 1928, dem Planungsbeginn des Tugendhat-Hauses, entstandenen Wohnhausbauten noch durchaus im Rahmen der Konvention. Beim Haus Wolf wie bei den Krefelder Häusern Lange und Esters (Abb. 57), mit deren Ausführung erst im Oktober 1928 begonnen worden war, handelt es sich um herkömmliche Massivbauten in Ziegelbauweise, wobei allerdings, zumal in den letztgenannten, bereits Eisenträger in großem Umfang Verwendung fanden. Wie in Krefeld war übrigens auch für Brünn zunächst eine Klinkerverblendung vorgesehen, wovon Mies jedoch bald wieder Abstand nahm – angeblich, weil vor Ort weder entsprechend geschulte Fachkräfte noch Material von ausreichender Qualität zur Verfügung standen. Stahlskelettkonstruktionen finden sich bei ihm erstmals in den visionären Hochhausentwürfen von 1921/22, doch mußten weitere fünf Jahre vergehen, ehe er – im Rahmen der Stuttgarter Werkbundausstellung 1927 – von den darin enthaltenen Möglichkeiten tat-

Abb. 56:
Haus Tugendhat, Eingangsbereich,
gebogene Glaswand

Abb. 57:
Mies van der Rohe,
Haus Esters in Krefeld (1927–30),
Eingangssituation
Foto: Volker Döhne (1981)

sächlich auch Gebrauch machen sollte. Sein Mietshausblock in der Mustersiedlung am Weißenhof (vgl. Abb. 53) mit seinen frei disponiblen Woh-
nungsgrundrissen bildete sozusagen den Prototyp, der im Haus Tugendhat
wie im Deutschen Pavillon für die Internationale Ausstellung in Barcelona eine
konsequente Weiterentwicklung erfuhr. Beide Projekte müssen dabei mehr
oder weniger gleichzeitig entstanden sein. Die Hauptplanungsphase für
Barcelona fällt in die Jahreswende 1928/29 und war im Februar weitgehend
abgeschlossen, was die Behauptung, der schon im Juli des Jahres eröffnete
Pavillon habe dem Brünner Entwurf als Grundlage gedient, klar widerlegt.
Beide gehen vielmehr im Kern auf den ebenfalls auf der Stuttgarter Ausstellung gezeigten „Glasraum" des „Vereins Deutscher Spiegelglas-Fabriken"
zurück, dessen Raumdisposition sowohl dem Pavillon als auch dem Haupt-
wohnbereich des Tugendhat-Hauses zugrunde liegt. Die im Falle des
Pavillons erhaltenen Vorentwürfe sind jedoch auch für Brünn insofern aufschlußreich, als sie Licht auf die Vorgehensweise Mies van der Rohes werfen:
Zwar lag dem Konzept des Pavillons vermutlich von Anfang an eine Skelettkonstruktion zugrunde, die aber zunächst noch keineswegs ausformuliert war
und erst im nachhinein einer bereits weit fortgeschrittenen Grundrißlösung
angepaßt wurde. Ähnlich zeigen auch die ansonsten durchaus ausgereiften
Wettbewerbsentwürfe zum Haus Gericke von 1932, die in vieler Hinsicht eine
Weiterentwicklung des Brünner Konzeptes beinhalten, noch kein systematisch
durchgebildetes Stahlskelett, was die dienende und damit der Raumwirkung
letztlich untergeordnete Rolle der Konstruktion im Planungsprozeß bestätigt.
Diese Aussage allerdings besitzt nur für das europäische Werk Mies van der
Rohes Gültigkeit; wie in so vieler Beziehung sollte auch hier die Konfrontation
mit den so vollkommen anderen Verhältnissen in Chicago einen grundsätzlichen Wandel herbeiführen.[15]

Abb. 58:
Haus Tugendhat,
Montage
des Eisenskeletts
(Aufnahme vom
18. Okt. 1929)

Beim Tugendhat-Haus fiel die Entscheidung schließlich zugunsten eines Stahlskeletts, das von der Berliner Firma Gossen geliefert wurde (Abb. 58). Das Rastermaß beträgt 4,90 mal 5,50 Meter, wobei die Breite des Stützenabstands im Wirtschaftstrakt auf 6 Meter gestreckt ist. Wie in Barcelona (6,96 x 7,70 m) weichen damit die „Joch"-Maße deutlich, für das bloße Auge allerdings kaum wahrnehmbar, vom quadratischen Grundmuster ab. Die Dehnung erfolgt jeweils gegenläufig zur Hauptrichtung des Raumes und ist allem Anschein nach weder konstruktiv noch durch Materialvorgaben bedingt. Die Stützen selbst bestehen aus einfachen, zur Kreuzform vernieteten Winkeleisen, die in Brünn über die gesamte Höhe des Hauses durchlaufen. Die Decken ruhen auf ebenfalls angenieteten Doppel-T-Trägern, die auf der Ostseite geringfügig, auf der zum Garten gelegenen Südseite indes deutlich über die äußere Stützenstellung vorkragen. Mit Ausnahme der beiden vorderen Terrassenstützen, die lediglich auf einfachen Betonfüßen stehen, erfolgte die Gründung durch Caissons oder auch Senkbrunnen genannte, in Röhren gegossene Betonpfeiler, die, wie erwähnt, bis unter den Grundwasserspiegel abgesenkt sind. Diagonalverstrebungen zwischen einzelnen Stützen im Kellerbereich dienen der zusätzlichen Aussteifung.

Das System erlaubt eine vollkommen offene Grundrißlösung, wie auch eine weitgehend voneinander unabhängige Gestaltung der einzelnen Stockwerke, innerhalb derer die Stützen die einzigen konstruktiven Fixpunkte bilden. Die Anordnung der Wände – sei es, daß sie dem äußeren Raumabschluß oder auch nur der Binnenraumgliederung dienen – ist somit praktisch an keinerlei statische Vorgaben geknüpft. Sie orientiert sich partiell (und unter Einbeziehung der Stützen, die dann unsichtbar in der Wand verborgen bleiben) an dem durch das Stahlskelett vorgegebenen Raster, ist aber grundsätzlich nicht an dieses gebunden, so daß einige Stützen frei im Raum stehen. Diese sind im Wohn- und Außenbereich mit jeweils vier U-förmigen Blechen ummantelt, die über einen verdeckten, äußerst präzise gearbeiteten Bajonettververschluß ineinanderhaken. Die Stützenverkleidungen im Inneren des Hauses erhielten wie schon in Barcelona eine Hochglanzverchromung, während die äußeren einer unbestätigten Quelle zufolge aus Bronze bestehen[16], heute aber einen durchgehend grauen Anstrich aufweisen. Im Kellergeschoß und in den Wirtschaftsräumen – die Stützen in Küche und Anrichte sind dabei versenkt genietet und weiß gestrichen (vgl. Abb. 110) – wurde auf eine Verkleidung verzichtet, wodurch nur hier das konstruktive Gerüst des Baus auch wirklich sichtbar zutage tritt. Dagegen erzeugt die stark spiegelnde Verchromung im Wohnbereich in Verbindung mit der kreuzförmigen, „fleischlosen" Grundform der Stützen einen insgesamt eher dematerialisierenden Effekt, der ihre statische Funktion weitestgehend negiert. „Die Kunst der Struktur" wurde für Mies erst in den amerikanischen Jahren zum Thema; hier hatte sich die Konstruktion noch ganz den räumlichen Effekten unterzuordnen.

Das Haus: Anlage und Raumdisposition

Das Haus verfügt über zwei Vollgeschosse und ist durchgehend unterkellert. Der Zugang erfolgt von der Schwarzfeldgasse über einen Vorplatz unmittelbar ins Obergeschoß, das, abgesehen von der Eingangshalle, den Privaträumen der Bewohner vorbehalten ist (Abb. 59). In dem rechter Hand gelegenen und quer zur Hauptrichtung des Hauses orientierten Wirtschaftstrakt wurde auf dieser Ebene neben der Garage auch die Chauffeurswohnung untergebracht. Der Zugang liegt hier auf der abgewandten Westseite und wird über eine balkonartig auskragende Galerie erschlossen. Zum Vorplatz hin findet sich lediglich eine unauffällige Stahltür als Nebeneingang, durch den man zugleich auch in die Garage gelangt. Wohn- und Wirtschaftstrakt werden von einer gemeinsamen Dachplatte überfangen; dazwischen verbleibt ein breiter Durchgang zur vorderen Terrasse, der ursprünglich durch ein Geländer abgeteilt und zusätzlich durch eine Lichtschranke gesichert war (vgl. Abb. 80).

Die Schlafzimmer der Eltern und Kinder mit den zugehörigen Bädern und Nebenräumen sind jeweils zu Blöcken zusammengefaßt. Hintereinander gestaffelt und seitlich gegeneinander verschoben, werden die im Grundriß vollkommen eigenständigen Trakte nur durch die vorgelagerte Eingangshalle verklammert. Diese ist durch den Travertinboden und die raumhohe Milchglaswand als Übergangsbereich zwischen außen und innen gekennzeichnet, was noch deutlicher hervorgetreten wäre, wenn auch die obere Terrasse, wie zunächst vorgesehen, eine Eindeckung mit Travertin und nicht mit Kunststeinplatten erhalten hätte.[17] Dem entspricht die bewußt unterkühlte Atmosphäre der Halle, die allein durch die paneelierte, Palisander-furnierte Holzwand zum östlich angrenzenden Kindertrakt ein wenig gemildert wird (Abb. 60, vgl. Abb. 81). Das rechte Paneel ist dabei als Tür ausgebildet, was aufgrund der einheitlichen Proportionierung der Wandfelder zunächst kaum ins Auge fällt. Dahinter verbirgt sich ein kleiner Zwischenflur mit Ausgang zur Terrasse, der zugleich als Querverbindung zwischen den Eltern- und Kinderzimmern dient.[18] Damit stand den Bewohnern unter Umgehung des „halböffentlichen" Eingangsbereichs ein zweites, internes Wegesystem zur Verfügung, das eine ungestörte Kommunikation zwischen den Privaträumen im Obergeschoß erlaubte. Ganz dem Familienleben vorbehalten war auch der vordere Teil der Dachterrasse, der vor allem von den Kindern als Spielplatz genutzt wurde, für die Mies unter der pflanzenberankten Pergola eine Sandkiste und ein Planschbecken vorgesehen hatte.

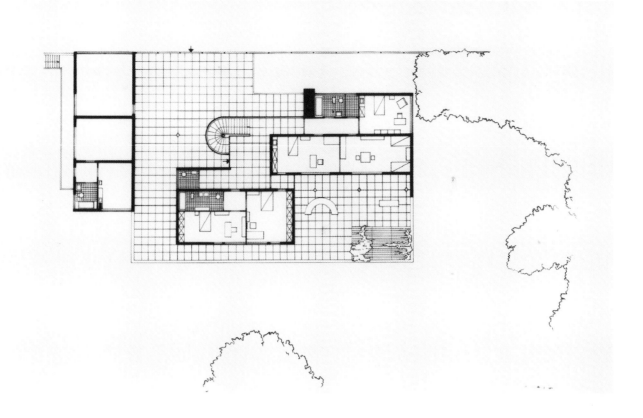

Abb. 59:
Haus Tugendhat,
Grundriß des
Obergeschosses
(Publikationsplan, um 1930/31)

Im Stockwerk darunter und dem Blick von der Straße aus gänzlich entzogen liegt das eigentliche Hauptgeschoß mit dem zentralen Wohnbereich, der sich in seiner ganzen Frontbreite gegen den Garten hin öffnet (Abb. 61). Die Ostseite ist ebenfalls nahezu vollständig verglast, doch durch den sich über die Tiefe des Hauses erstreckenden Wintergarten zusätzlich abgeschirmt. Der Zugang von der oberen Eingangshalle über die im Halbkreis geführte Wendeltreppe mündet in der Nordwestecke des Raumes. Von hier aus bietet

Abb. 60:
Haus Tugendhat,
Eingangshalle

sich die beste Übersicht über die Aufteilung und Anordnung der einzelnen Funktionsbereiche, doch sind die Gesamtdimensionen von keiner Stelle aus wirklich zu erfassen und daher allein anhand eines Grundrisses zu ermessen: Hinter der gläsernen Zwischentür fällt der Blick über den Flügel und die große Glasvitrine hinweg auf den „Arbeitsplatz des Hausherrn", an den sich linker Hand und zunächst noch hinter dem Rücksprung verborgen die Bibliotheksnische anschließt (Abb. 62). Noch vor dem Flügel führt eine normalhohe, weiß gestrichene Tür zum „Projektionsraum" und zum Gäste-WC. Vor oder, vom Eingang aus betrachtet, eher hinter der freistehenden Onyx-Wand, die den Arbeitsplatz vom vorderen Teil des Wohnraums trennt, ist gerade noch eine Ecke der Sitzgruppe auszumachen. Wiederum weiter rechts öffnet sich zwischen Onyx-Wand und halbrund geschlossener Eßnische durch die große Glasfront hindurch die Aussicht ins Freie. Der Raum zwischen Eingangsbereich und Eßnische wird durch eine von hinten beleuchtbare Milchglasscheibe abgeteilt, vor der ein Tischchen und vier Stühle zu einer weiteren Sitzgruppe zusammengestellt sind (vgl. Abb. 111). Die nicht mehr im Original erhaltene Eßnische selbst ist zum Garten orientiert und daher von hier aus nicht einsehbar. Die leicht U-förmig verlängerte, Makassar-furnierte Holzwand umschloß einen runden Tisch, der sich durch anschiebbare Kreissegmente zweifach erweitern ließ und im Bedarfsfalle bis zu 24 Personen Platz bot. Die fest im Boden eingelassene Mittelstütze hatte wie die Stützen des Stahlskeletts einen kreuzförmigen Querschnitt und war mit Chromblech ummantelt (Abb. 63). Zwischen der Nische und der westlichen Außenwand befindet sich der Durchgang zur Anrichte; die Verbindungstür war wohl ursprünglich auch mit Milchglasscheiben verglast, da gleich davor der Ausgang zur Eßzimmerterrasse liegt, die westlich an den Wohnbereich anschließt. Die Terrasse springt um die Breite der Freitreppe vor die Gartenfront vor. Plattenbelag und Treppenstufen sind aus Travertin (heute erneuert),

Abb. 61:
Haus Tugendhat, Grundriß des Hauptgeschosses
(Publikationsplan, um 1930/31)

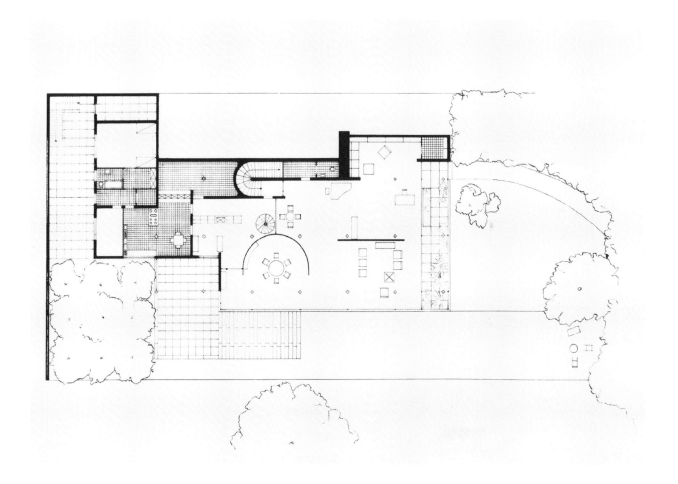

ebenso der bündig in die Außenwand eingelassene Spritzsockel, die Sohlbank der Fensterfront und die Brüstungsabdeckungen, Sockelleisten und äußeren Türstufen im Obergeschoß. Eine raumhohe Scheibe aus Milchglas in der Nordwand der unteren Terrasse belichtet die Anrichte. Gegenüber unliebsamen Einblicken von Westen und gegen das Fenster der benachbarten Küche schützt eine weitere Milchglasscheibe (heute mit Klarglas erneuert), deren Rahmen zwischen Decke, Wand und Terrassenboden verspannt ist (Abb. 64).

Abb. 62:
Haus Tugendhat,
Wohnbereich,
Blick von der
Zwischentür am
unteren Treppenabsatz

Abb. 63:
Haus Tugendhat,
Eßnische und Ausgang
zur Eßzimmerterrasse

Anrichte und angrenzende Küche mit der dahinter gelegenen Speisekammer verklammern den Wohnbereich mit dem Wirtschaftstrakt. Hier befinden sich die Räume des übrigen Hauspersonals: ein Zimmer für die Köchin und ein weiteres für die beiden Dienstmädchen, dazwischen die Diele und ein als Schrankraum genutzter Flur. Wie die Chauffeurswohnung im Obergeschoß verfügen auch sie über ein eigenes gemeinsames Bad und einen separaten Zugang, der über eine Außentreppe an der Westseite des Gebäudes zu erreichen ist. Die Spindeltreppe in der Anrichte bildet die einzige interne Verbindung zum Kellergeschoß, wo sich weitere Wirtschaftsräume befinden. Neben dem Geräteraum, der nahezu die gesamte vordere Fläche des Wohnbereichs einnimmt, zählen dazu Waschküche, Bügel- und Trockenkammer – letztere wie auch der Geräteraum mit direktem Ausgang zum Garten –, ein Obst- und ein Vorratskeller und schließlich sogar eine nicht mehr genau zu lokalisierende Dunkelkammer und ein mottensicherer Pelztresor. Obst- und Mottenkammer verfügten über ein natürliches Lüftungssystem in der Ostwand des Wirtschaftstrakts, was die merkwürdigen Lochreihen in Kniehöhe des oberen Durchgangs erklärt (vgl. Abb. 80).

Auch die übrige technische Ausstattung des Hauses entsprach dem absolut neuesten Kenntnisstand der Zeit und übertraf in mancher Hinsicht selbst den gehoben heutigen Standard. Der Kohlenbunker der zentralen Heizungsanlage – er war wie die meisten Kellerräume bis unter die Decke weiß gefliest! – konnte über eine Rutsche im Sockel des Straßenzauns direkt vom Gehweg aus beschickt werden; ein Schlackenaufzug beförderte die unverbrennbaren Reste wieder nach oben. Während die meisten Räume mit Radiatoren oder Heizrohren ausgestattet waren, verfügte der große Wohnbereich über eine zusätzliche Warmluftheizung, die an heißen Sommertagen auch zur Kühlung benutzt werden konnte. Der Ansaugschacht befindet sich unterhalb des Vorplatzes, wo das Niveau nach Osten zu um etwa anderthalb Meter abgesenkt ist. Ein kompliziertes Filtersystem reinigte und befeuchtete die angesaugte Luft, ehe sie zu den beiden Auslässen im Wohnraum weitergeleitet wurde. Zwei der riesigen Fenster zum Garten ließen sich hydraulisch im Boden versenken. Das gewaltige Gewicht der rund 15 Quadratmeter messenden Spiegelglasscheiben in den schweren Bronzerahmen – alle anderen Rahmenelemente bestehen aus einfachen Stahlprofilen – erforderte ein Höchstmaß an Präzision in Planung und Ausführung, da schon die leichteste Verkantung den Mechanismus unweigerlich blockiert hätte. Die Lichtschranke im Durchgang zum vorderen Teil der Dachterrasse, für damalige Verhältnisse

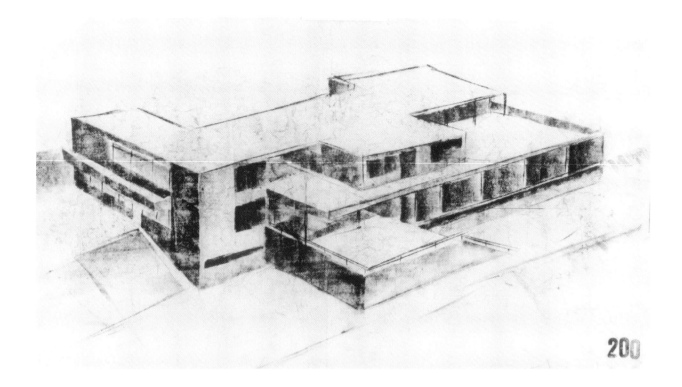

200

gewiß eine unerhörte Neuerung, wurde bereits erwähnt. Ein elektrischer
Speisenaufzug in der Anrichte versorgte die Räume im Obergeschoß, da die
Kinder ihre Mahlzeiten mit dem Kindermädchen zumeist in ihren Zimmern
einnahmen und nur zum gemeinsamen Mittagessen nach unten kamen. Die
Sorgfalt der Bauausführung entsprach trotz einzelner notwendiger Nachbes-
serungen, die bei innovativen Bauten wohl letztlich nie zu vermeiden sind,
den höchsten Qualitätsansprüchen und steht in krassem Gegensatz zur noto-
rischen Schadensanfälligkeit vieler moderner Bauten jener Jahre. Man denke
zum Vergleich nur an Le Corbusiers Villa Savoy, die schon vor Einzug der
Besitzer eine Grunderneuerung erforderlich machte und bereits nach wenigen Jahren wegen Unbewohnbarkeit endgültig wieder aufgegeben werden
mußte. Türen und feste Ausstattungsteile im Tugendhat-Haus, soweit sie
noch im Original erhalten sind, funktionieren in technischer Hinsicht immer
noch einwandfrei. Die verchromten Stützenummantelungen sind selbst nach
68 Jahren noch nahezu makellos erhalten, während man bei der erst jüngst
erfolgten Rekonstruktion des Barcelona Pavillons bezeichnenderweise auf
Edelstahl zurückgreifen mußte, da alle Versuche einer Verchromung an der
Größe der Teile gescheitert waren. Desungeachtet sind auch beim Haus
Tugendhat heute gravierende Bauschäden zu beklagen, die jedoch zu einem
nicht geringen Teil erst durch die Restaurierungskampagne der achtziger
Jahre verursacht wurden.

Von der Idee zur Ausführung: Die Planungs- und Baugeschichte

Aus der Frühphase der Planung, die zwischen dem ersten Besuch Mies van
der Rohes in Brünn im September und der Besprechung am Silvesterabend
1928 anzusetzen ist, haben sich keinerlei Unterlagen erhalten. Mies pflegte
Grundriß- und Massendisposition eines neuen Projekts zunächst in unzähligen, rasch hingeworfenen Bleistiftskizzen zu durchdenken. Dazu dienten ihm
Stapel von billigem Durchschlagpapier, wie man sie zur Anfertigung von
Schreibmaschinenkopien bis noch vor wenigen Jahren verwendete. Hunderte
solcher Skizzen – für das Haus Hubbe und das Resor House-Projekt (1935 bzw.

1937–39) sind solche in dieser Größenordnung bis heute erhalten – waren nach der Erinnerung seines Mitarbeiters Friedrich Hirz auch hier den ersten Reinzeichnungen vorausgegangen, ohne daß auch nur eine einzige davon auf uns gekommen wäre.[19] Die auf Arthur Drexler zurückgehende Zuordnung des freihändig in Kohle angelegten Grundrisses (MoMA 3232.2.1) zum Tugendhat-Projekt entbehrt der Vergleichsgrundlage. Gesamtanlage und Raumverteilung zeigen nicht die geringste Gemeinsamkeit; auch fehlt ein konkreter Hinweis auf die topographische Besonderheit der Hangsituation, wie sie für das Grundstück an der Schwarzfeldgasse charakteristisch ist. Zwei kleine Grund-rißskizzen auf einfachem DIN A4-Papier (MoMA 3232.2.381 und 2.382) enthal-ten dagegen schon alle wesentlichen Elemente des endgültigen Ausfüh-rungsentwurfs und dürften daher zu Demonstrationszwecken erst post factum entstanden sein.

Entgegen meiner eigenen früheren Annahme können auch die großen Präsentationszeichnungen nicht vor den auf den April 1929 datierten Einreicheplänen entstanden sein: Bei den in Kohle ausgeführten Ansichten, zwei davon in Vogelperspektive, handelt es sich teils um Varianten, teils um Alternativvorschläge, die bereits eine deutliche Weiterentwicklung im Sinne des Ausführungsprojekts erkennen lassen (Abb. 65). Die den Bauherren am 31. Dezember 1928 unterbreiteten Entwürfe sind somit ebenfalls verschollen, doch gibt der von Grete Tugendhat im Januar 1969 gehaltene Brünner Vortrag immerhin Einblick in den damaligen Stand der Planung[20]:

„Der [vorgelegte] Plan gefiel uns aber sehr, wir baten Mies nur um drei Dinge, die er alle zusagte. Erstens, die Eisenstützen im oberen Stockwerk, also in den Schlafzimmern, sollten nicht, wie er geplant hatte, frei im Raum stehen, sondern in die Wände gelegt werden, weil wir Angst hatten, man würde sich in den kleinen Räumen an ihnen stoßen. Zweitens, das Badezimmer, das frei-liegend zwischen unseren beiden Schlafzimmern geplant war, so daß unsere Zimmer einen ungetrennten Raum bildeten – so wie es später in der Woh-nung auf der Berliner Bauausstellung verwirklicht war –, sollte abgetrennt und durch einen kleinen Vorraum zugänglich werden. Drittens sollten alle Fenster einen ausreichenden Sonnenschutz bekommen, da wir Angst hatten, die Räume würden sonst im Sommer zu heiß sein.

Auf alle diese Forderungen ging Mies, wie gesagt, ohne weiteres ein. Als hin-gegen mein Mann bei einer späteren Unterredung sich dagegen wandte, daß alle Türen vom Boden bis zur Decke reichen sollten, weil sogenannte Fach-leute ihm eingeredet hatten, diese Türen würden sich werfen, entgegnete Mies: ‚Dann baue ich nicht.' Hier war ein wesentliches Prinzip des Bauens in Frage gestellt, und da ließ er nicht mit sich sprechen."

Aus den Änderungswünschen der Auftraggeber darf geschlossen werden, daß wesentliche Elemente des Entwurfs zum damaligen Zeitpunkt bereits festgestanden haben: Vor allem betrifft dies das Stahlskelett und die Grund-disposition der Raumaufteilung mit den Schlafzimmern im Obergeschoß und den eigentlichen Wohnräumen im Hauptgeschoß darunter. Offenbar hatte Mies dabei zunächst auch für den Privatbereich der Familie eine groß-zügigere Anordnung ins Auge gefaßt, was aber den Vorstellungen der Tugendhats widersprach, die hier eine intimere Lösung wünschten. Wie noch zu zeigen sein wird, war das Bedürfnis nach Abgrenzung Auslöser für weitere wichtige Änderungen, die uns im folgenden noch näher beschäftigen werden.

Die frühesten überkommenen Entwürfe datieren von Anfang April 1929 und sind mit den für Einreichepläne üblichen Titulierungen versehen, wie sie nach erfolgter Gegenzeichnung durch Architekt und Auftraggeber zur Einleitung des Baugenehmigungsverfahrens erforderlich sind. Das Fehlen der Unter-

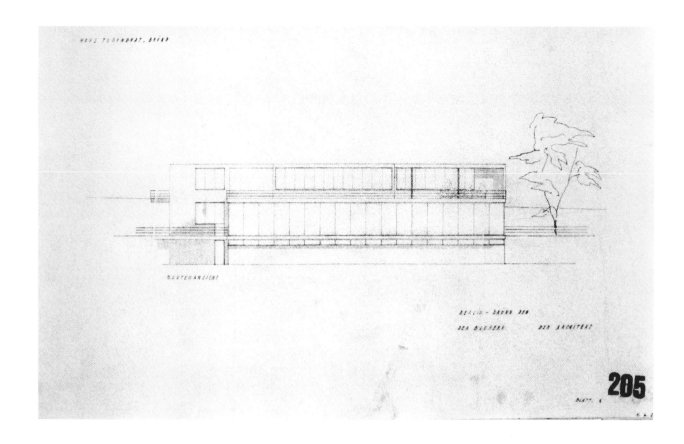

Abb. 66:
Haus Tugendhat,
Aufriß der
Gartenfassade
(Vorprojekt A,
dat. 6. April 1929)
The Museum
of Modern Art,
New York,
Inv.-Nr. 3232.2.334

schriften von Architekt und Auftraggeber besagt dabei an sich noch nichts, da es sich in sämtlichen Fällen um die im Atelier verbliebenen Mutterpläne handelt. Einzelne Exemplare sind von Hirz signiert, der damit als der verantwortliche Mitarbeiter Mies van der Rohes ausgewiesen ist. Die oben erwähnten Korrekturen am Grundriß des Obergeschosses haben hier bereits ihren Niederschlag gefunden. So sind die zuvor noch ineinander übergehenden Schlafzimmer von Grete und Fritz Tugendhat nun durch einen gemeinsamen Vorraum getrennt und die ursprünglich frei im Raum stehenden Stützen des Stahlskeletts in die Umfassungswände integriert.

Die erhaltenen Pläne aus dieser Phase lassen sich zwei Alternativentwürfen zuordnen, die in charakteristischen Punkten voneinander abweichen und die daher hier als Vorprojekt A und B bezeichnet werden, ohne daß damit schon eine eindeutige Abfolge unterstellt werden sollte. Ihre allem Anschein nach weitgehend parallele Bearbeitung im Berliner Atelier ist ganz und gar ungewöhnlich und mag mit der zeitweiligen Abwesenheit oder Überbeanspruchung Mies van der Rohes zusammenhängen, für den in diesen Tagen die Fertigstellung des Barcelona Pavillons zweifelsohne absoluten Vorrang genoß. Hirz' Auftrag könnte darin bestanden haben, auf Grundlage konkreter Vorgaben zwei alternative Projekte bis zur Entscheidungsreife vorzubereiten. Beiden gemeinsam ist neben der funktionalen Anordnung der Räume im Obergeschoß die Erschließung und Raumdisposition des zentralen Wohnbereichs, die mit geringen Abwandlungen auch dem Ausführungsentwurf zugrunde liegt. Die bestätigt, daß Mies seinen Bau in der Tat vom Grundriß her, also von innen nach außen konzipierte, wie es ja nicht zuletzt einer zentralen Forderung der Moderne entsprach.

Nicht rundweg auszuschließen ist aber, daß auch der Ausführungsentwurf als gleichsam dritte Alternative noch im April 1929 dem Bauherrn zur Entscheidung vorgelegen hat. Dagegen sprechen allerdings die dahin abzielenden Korrekturen in einzelnen Blättern des zweiten Entwurfs (vgl. Abb. 70), die auf eine nachträgliche, spätere Planänderung schließen lassen. Mit den Aushubarbeiten scheint jedenfalls nicht vor Sommeranfang begonnen worden zu sein: Die erhaltene, jedoch leider ohne Eintrag verbliebene Bauzeittafel (Brno 441/30) trägt das Datum des 22. Juli 1929. Zudem datieren die wahrscheinlich aus der ausführenden Baufirma Moritz und Artur Eisler stammenden und heute ebenfalls im Städtischen Spielberg-Museum aufbewahrten Lichtpausen der Fundament- und Konstruktionspläne überwiegend erst vom August des Jahres. Die durch den Planwechsel bedingte und dabei offenbar bewußt in Kauf genommene Verzögerung des Baubeginns um mehrere Monate unterstreicht, wie sehr noch kurz zuvor um eine optimale Lösung gerungen wurde.

Vorprojekt A besteht aus einem kompletten Plansatz von drei Grundrissen nebst den Aufrissen der Straßen- und Gartenfront (MoMA 3232.2.331–2.335; zwei davon mit Signatur von Hirz). Die angegebene Datierung zwischen dem 3. und 6. April 1929 spräche für ein vergleichsweise früheres Planungsstadium, doch sind die ebenfalls von Hirz gezeichneten Grundrisse des Alternativprojekts B fast auf den Tag genau (5. April) gleichzeitig entstanden.

Der Straßenfront fehlt der Kamin und damit der vertikale Akzent. Der zur Linken vorspringende Schlaftrakt der Kinder ist hier vollkommen geschlossen, da so das Fenster des zugehörigen Badezimmers zum Vorplatz hin orientiert werden konnte. Der Hauptzugang erfolgt axial von Norden über einem dem rückwärtigen Teil des Vestibüls rechts vorgelagerten Windfang, der die Stelle der heutigen Garderobe einnimmt. Der verglaste Eingang ist daher demonstrativ zur Straße orientiert und noch nicht durch die um das Treppenhaus halbrund auslaufende Vestibülwand verdeckt.

Das in voller Höhe und Breite verglaste Hauptgeschoß kragt auf der nach Süden orientierten Gartenseite etwa zwei Meter über die Sockelzone aus (Abb. 66). Ein unmittelbar unter dem Vorsprung verlaufendes schmales Fensterband belichtet die dahinter gelegenen Kellerräume. Es fehlt die vorgelagerte „Eßzimmerterrasse" und die Außentreppe, die einen direkten Zugang vom Wohnbereich zum Garten ermöglicht hätte. Eltern- und Kindertrakt im Obergeschoß öffnen sich gleichfalls in breiter Front nach Süden, wobei hier die Fenster nicht bis zum Boden reichen, sondern erst über einer Brüstung ansetzen. Sämtliche Fensterflächen sind vertikal unterteilt und folgen dabei einem einheitlichen Proportionsschema von etwa 1:2,2 (ungefähre Maße im Hauptgeschoß 1,5 : 3,4 m, im Obergeschoß und Wirtschaftstrakt 1 : 2,2 m; das Vestibül auf der Nordseite zeigt dagegen mit einem Scheibenformat von etwa 1 : 1,9 m geringfügig gedrungenere Proportionen). Die obere Terrasse schließt mit einem filigranen Geländer anstelle einer massiven Brüstung, was den Baukörper noch transparenter erscheinen läßt. Der Wirtschaftstrakt ist weiter nach Norden zurückversetzt und daher von entsprechend geringerer Gesamttiefe. Der Zugang zu den Personalräumen im Hauptgeschoß erfolgt von Süden über eine um Westseite und Gartenfront herumgeführte Galerie. Die Küche greift nicht in den Personalflügel über; sie liegt an der Westseite des Haupttrakts und empfängt auch von dort her ihr Licht.

Das Elternbad im Obergeschoß liegt zwischen den Schlafzimmern der Eheleute und wird mit diesen über einen gemeinsamen Vorraum erschlossen. Die beiden Kinderzimmer sind nur durch eine doppelte Schrankzeile abgeteilt, wobei zur Terrasse hin ein Durchgang verbleibt. Der Verbindungsflur zwischen Eltern- und Kindertrakt ist gegen das Vestibül hin ebenfalls offen und erlaubt von dort her einen freien Durchblick durch die äußere Glastür zur oberen Terrasse. Die Aufteilung im unteren Wohngeschoß entspricht im großen und ganzen der ausgeführten Lösung. Signifikante Abweichungen finden sich le-

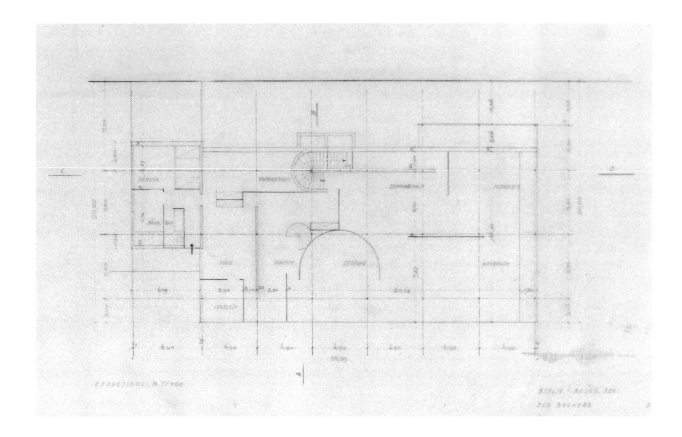

Abb. 67:
Haus Tugendhat,
Grundriß
des Hauptgeschosses
(Vorprojekt A,
dat. 3. April 1929).
The Museum
of Modern Art,
New York,
Inv.-Nr. 3232.2.332

diglich im südwestlichen Teil des Haupttraktes (Abb. 67): Seitlich der halbrunden Eßzimmernische stößt der Durchgang zwischen Küche und Anrichte bis zur Gartenfront vor. Im Anschluß daran ist ein „Leutezimmer" als Aufenthaltsraum für das Personal vorgesehen. Die Bibliothek, hier noch bezeichnenderweise als „Herrenzimmer" deklariert, ist gegen den vorgelagerten „Empfangsraum" hin durch eine einseitig freistehende Wand abgeschirmt.

Die beiden Kohlezeichnungen MoMA 3232.2.192 und 2.328 (Abb. 68), zwei Aufrißskizzen der Gartenfront und eine perspektivische Ansicht von Südwesten, sind ihrem Charakter nach reine Präsentationsblätter und daher innerhalb des Planungsprozesses von vergleichsweise geringerem Gewicht. Sie lassen sich im Prinzip dem Vorprojekt A zuordnen, müssen jedoch aufgrund einiger entscheidender Abweichungen als eine erste Variante bezeichnet werden. So ist anstelle des „Leutezimmers" und des Durchgangs zwischen Anrichte und Küche nun eine überdeckte Außenterrasse getreten, die allerdings noch über keinen eigenen Treppenabgang zum Garten verfügt (MoMA 3232.2.192 deutet einen etwas schmaleren Freiplatz an, der nicht über die Breite des ehemaligen „Leutezimmers" hinausgeht).

Der Planbestand zum zweiten, hier als Vorprojekt B bezeichneten Entwurf und seinen Varianten ist ungleich umfangreicher und umfaßt nun erstmals auch Lichtpausen aus dem Brünner Baubüro (u. a. Brno 441/ A8 – A10), was seine unzweifelhaft größere Nähe zum Ausführungsentwurf bestätigt. Die Grundrisse von Keller-, Haupt- und Obergeschoß (MoMA 3232.2.337 – 2.339, nur letzterer ist signiert), tragen das Datum des 5. April 1929, während die zugehörigen und ebenfalls von Hirz verfertigten Aufrisse (MoMA 3232.2.7, 2.8 und 2.176) auf den 16. und 17. April datiert sind. Die Mittelstellung im Ver-

gleich zum Ausführungsentwurf zeigt sich nicht zuletzt an den konstruktiven Grundelementen des Stahlskeletts, die praktisch unverändert übernommen werden. Unterschiede bestehen vor allem in der Raumdisposition des Obergeschosses, der lichten Höhe der Stockwerke sowie in der Außengestaltung der Gartenfront.

Eingangslösung und Raumeinteilung im Obergeschoß entsprechen mit wenigen Änderungen dem Vorschlag des Alternativprojekts (A). Das Bad im Elterntrakt wurde um 90 Grad gedreht und kommt nun zwischen Windfang und „Schlafzimmer des Herrn" mit der Schmalseite zur westlichen Außenwand zu liegen. Die Belichtung dürfte hier bereits über eine Dachlaterne vorgesehen sein, wie sie dann später auch ausgeführt werden sollte. Grete Tugendhats Zimmer bleibt zum Garten hin fensterlos und öffnet sich in ganzer Breite zur Terrasse nach Osten. Die Außenwand des rechten Kinderzimmers wurde um 1,80 Meter nach Westen verschoben, so daß ein schmaler Durchgang vom Zimmer des Kindermädchens zur Terrasse verbleibt (in der Lichtpause Brno 441/ 104 ausgekreuzt). Auf der Straßenseite schließt der Schlaftrakt der Kinder gegen das Vestibül mit einem die Dachsilhouette überragenden Kaminblock ab, der jedoch nicht über die nördliche Außenwand vorspringt. Das Bad des Kindertraktes und die angrenzende Wäschekammer werden von Norden her über ein schmales, hochliegendes Fensterband belichtet. Der vollverglaste Hauseingang liegt wie zuvor noch seitlich versetzt hinter dem Vestibül und ist also auch hier zur Straße orientiert.

Die lichte Raumhöhe beträgt im Kellergeschoß 2,50, im Hauptgeschoß 3,50 und im Obergeschoß 3,00 Meter (Schnitt MoMA 3232.2.237 und zugehörige Lichtpause Brno 441/ A33). Sie liegt demnach im Wohnbereich deutlich über

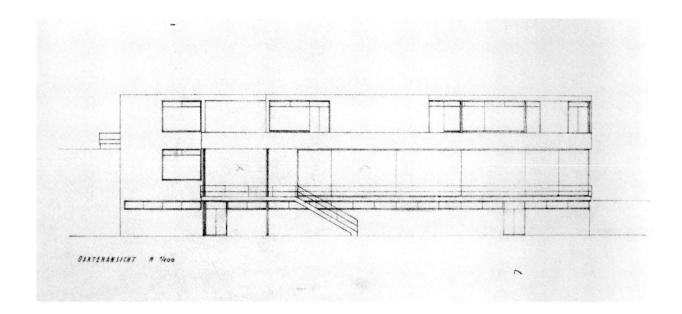

GARTENANSICHT M 1/100

Abb. 69:
Haus Tugendhat,
Aufriß der Gartenfassade
(Vorprojekt B),
sign. u. dat. Hirz,
17. April 1929
The Museum
of Modern Art,
New York,
Inv.-Nr. 3232.2.190

dem heutigen Maß von 3,175, während sie für die oberen Schlafräume unverändert beibehalten wurde.

Dem Wohnbereich ist an der Südwestecke eine teilweise überdeckte Terrasse
vorgelagert, die 4,50 Meter über die Gartenfront auskragt und von vier
Stützen im Raster des Stahlskeletts getragen wird (Abb. 69). Die drei äußeren
Stützen stehen dabei vollkommen frei, die innere ist in die Außenwand der
Sockelzone einbezogen. Über eine freitragend ausgebildete Treppe besteht
ein direkter Zugang von der Terrasse zum Garten. Die Sockelzone liegt
gegenüber dem Hauptgeschoß um 1,80 Meter zurückversetzt und springt
auch auf der Westseite der Terrasse entsprechend ein. Ein unmittelbar unter
der Auskragung über die gesamte Breite verlaufendes schmales Fensterband
versorgt die Kellerräume mit Tageslicht. Waschküche und Geräteraum verfügen zudem über eigene Ausgänge zum Garten. Die Fenstereinteilung im
Hauptgeschoß folgt der Stützenstellung im Inneren des Wohnraums und
kommt damit der ausgeführten Lösung nahe. Ein außen dicht vor der Fensterfront verlaufendes Geländer bietet vor allem optischen Halt, ist aber
ansonsten ohne erkennbare Funktion. Die obere Terrasse hat nun eine massiv
gemauerte Brüstung erhalten, was die lagernde Wirkung der Baumassen stärker zum Tragen bringt.

Küche und Anrichte im Hauptgeschoß sind bis auf Höhe des Westflügels
zurückgesetzt, um Platz für die Eßzimmerterrasse zu schaffen. Der durch das
Hinübergreifen der Küche in den Wirtschaftstrakt verlorengegangene Raum
bedingt eine Verlängerung dieses Flügels nach Norden, so daß nun das
„Mädchenzimmer" unter den vorderen Teil der Garage zu liegen kommt.
Davon abgesehen ist der hangseitige Teil des Hauses lediglich im Bereich
des Heizungskellers an der Nordostecke unterkellert.

Eine erste Variante zum Vorprojekt B zeigen zwei nahezu identische, von Hirz
gezeichnete und auf den 15. April 1929 datierte Querschnitte des Hauses
(MoMA 3232.2.15 und 2.336). Zugehörig sind die zeitlich nicht näher spezifi-
zierten Grundrisse MoMA 3232.2.324 bis 2.326, aber auch die erst vom 6. Juli
des Jahres stammenden Fundamentpläne MoMA 3232.2.211 und 2.212.
Verwandt, doch mit dem übrigen Befund nur schwer zu vereinbaren ist
schließlich ein mit dem Namenskürzel von Hermann John und dem Datum
des 4. April versehener Längsschnitt, der unzweifelhaft dem gleichen Kontext
zugewiesen werden muß.

Die wesentliche Änderung betrifft die Orientierung des Zimmers von Grete Tugendhat, das sich nun wieder zum Garten hin öffnet, während die Ostwand zur Terrasse fensterlos bleibt. Die Terrassentüren sämtlicher Schlafräume im Obergeschoß sind zudem gegen die Fenster durch gemauerte Pfeiler abgesetzt, in denen mitunter, doch keineswegs immer, die kreuzförmigen Stützen verlaufen. Der Durchgang vor der Schrankzeile zwischen den beiden Kinderzimmern ist nun durch eine Schiebetür abgeteilt. Ein Speiseaufzug bedient von der Anrichte aus alle Geschosse des Hauses. Die Raumhöhe fällt im Hauptgeschoß mit 3,40 Meter geringfügig niedriger aus.

Eine Reihe der zum Vorprojekt B und seiner Variante gehörenden Pläne enthält nachträgliche Korrekturen im Sinne des Ausführungsentwurfs (Abb. 70). Dies scheint die hier vertretene Ansicht zu bestätigen, daß Projekt B insgesamt als Zwischenstadium anzusehen ist, wogegen Projekt A wohl Mitte April schon wieder verworfen wurde. Dafür spricht auch der Umstand, daß der neuerliche Planwechsel ohne nennenswerte Eingriffe in das durch Projekt B vorgegebene Konstruktionssystem vonstatten ging, das demnach zumal im Fundamentbereich fast unverändert übernommen werden konnte. Die Umarbeitung zum Ausführungsentwurf erfolgte daher möglicherweise erst nach Beginn der Ausschachtungsarbeiten, zumindest aber in einem bereits weit fortgeschrittenen Planungsstadium. Immerhin verläuft auf den erwähnten Fundamentplänen vom 6. Juli 1929 die Fundierung für die Außenwand des Sockelgeschosses immer noch auf Höhe der vorderen Stützenreihe, womit ein Datum post quem für den endgültigen Planwechsel gegeben wäre. Korrekturen im angeführten Sinne finden sich unter anderem auf folgenden Zeichnungen und Plänen: Brno 441/ ohne Kennziffer (Verbreiterung der Gartentreppe einskizziert); MoMA 3232.2.324 und 2.237 nebst zugehöriger Lichtpause Brno 441/ A33 (Sockelgeschoß bis auf Fluchtlinie Hauptgeschoß vorgezogen).
Die Konsequenzen dieser neuerlichen Überarbeitung des Ausgangskonzepts sind an der großen Kohlezeichnung ablesbar, die das Haus in Vogelperspektive aus südwestlicher Richtung zeigt (MoMA 3232.2.330, vgl. Abb. 65; 2.329 präsentiert eine kaum ernstzunehmende weitere Variante mit vollstän-

Abb. 70:
Haus Tugendhat,
Grundriß des Hauptgeschosses
(Vorprojekt B)
Lichtpause mit Bleistift-
korrekturen, im Original
dat. 5. April 1929
Städtisches Museum Spielberg,
Brno, Inv.-Nr. 441

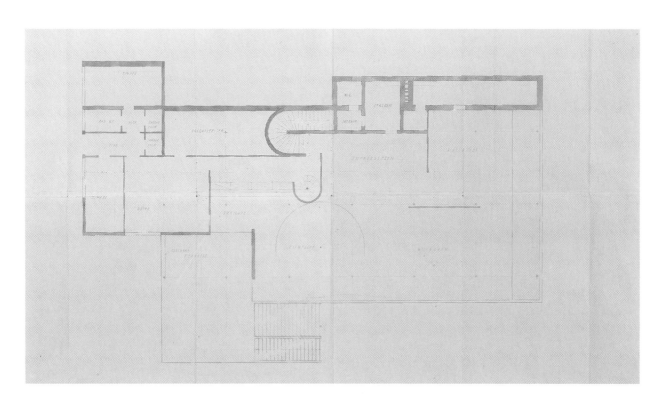

dig überdachter oberer Terrasse, die die beiden Kinderzimmer in dunkle Löcher verwandelt hätte). Das bis auf Höhe der Fensterfront vorgezogene Kellergeschoß wie auch der massive Unterbau der Eßzimmerterrasse verleihen dem Baukörper jetzt ein blockhaft geschlossenes Erscheinungsbild, das in scharfem Kontrast zu der scheinbar schwerelosen Konstruktion der frühen Vorentwürfe steht. Noch allerdings verfügt das Kellergeschoß über ein durchgehendes Oberlichtband, was eine Vorrichtung zur Absenkung der riesigen Fensterflächen im oberen Hauptgeschoß ausschließt. Das früheste greifbare Zeugnis hierfür findet sich in einer auf den 13. August 1929 datierten Lichtpause (Brno 441/ 10), ein Fundamentschnitt auf Höhe der südlichen Außenwand, der unter anderem den Schacht zur Aufnahme der 4,90 Meter breiten und 3,17 Meter hohen Scheibe wiedergibt.

Der endgültige Ausführungsentwurf kann demnach eindeutig erst kurz nach Beginn der Bauarbeiten im Juli entstanden sein und muß bis spätestens Mitte August in Brünn vorgelegen haben. Der zugehörige und darauf aufbauende Planbestand, der charakteristischerweise überwiegend Detailzeichnungen und keine vollständigen Sätze an Grund- und Aufrissen oder Schnitten mehr umfaßt, weicht immer noch in einigen Einzelheiten von der schließlich verwirklichten Lösung ab. So hat die Bibliotheksnische nach wie vor nur die halbe Tiefenausdehnung. Nördlich daran angrenzend verläuft vor der äußeren Stützmauer noch ein schlauchartiger Raum, der um den Kamin herum vom „Projektionsraum" her erschlossen wird und wohl als Archiv oder Abstellkammer dienen sollte. Anstelle der späteren Leuchtwand zwischen „Empfangsraum" und Anrichte ist nur eine einfache Mattglasscheibe vorgesehen. Die freistehende Wand im Wohnbereich mißt 6 statt 6,20 Meter in der Länge; ein falsch abgelegter Brief der Firma Köstner & Gottschalk vom 19. September 1929, der sich in den Abrechnungsunterlagen zum Barcelona Pavillon befand, bestätigt aber, daß Mies damals schon eine Ausführung in Onyx ins Auge gefaßt hatte[21]:

„Zu meinem Bedauern höre ich soeben, dass der Onyx doré Block, den ich mir in Wandsbek reservieren lassen wollte, damit Sie ihn besichtigen können, inzwischen verkauft worden ist. Er war, wie ich erst nachträglich erfuhr, bereits anderweitig für eine Arbeit angeboten. Ich habe aber angegeben, dass ein anderer grösserer Block bestellt wird und erhalte noch Nachricht. Da die Sache ja selbst noch nicht so dringend ist, und der Block an sich etwas schmal war, wird dies nicht schaden."

Dringlich war die Sache in der Tat noch nicht, zumal es offenkundig erst erheblicher Überzeugungsarbeit bedurfte, die ansonsten durchaus nicht kleinlichen Bauherren vom Sinn einer solch gewaltigen Ausgabe zu überzeugen: Die Kosten für den in etwa gleich großen Block in Barcelona (Abb. 71) können mit annähernd 60.000 Mark veranschlagt werden, was damals ungefähr dem Gegenwert eines gehobenen Einfamilienhauses entsprach. Die zunächst zögerliche Haltung Fritz Tugendhats, für die wir allerdings nur das späte Wort Mies van der Rohes haben, scheint vor diesem Hintergrund durchaus verständlich[22]:

„Als die Frage der geplanten Onyx-Wand aufkam, sprach mich der Bauherr persönlich an, um diese teuerste aller Wände durch etwas Billigeres zu ersetzen. Ich sagte ihm daraufhin: ‚Sehen Sie, Herr Tugendhat, manche Leute können heute Geld haben oder Onyx-Aschenbecher, aber niemand hat eine Onyx-Wand.' Daraufhin wurde die Wand gebaut. Ich habe einen drei Meter hohen Onyx-Block aus dem Atlasgebirge gefunden, der uns zugleich die Bauhöhe vorgab, etwa in der Farbe junger Mädchenhaare, honiggelb mit weissen Strähnen."

Lange Zeit offen blieb die Anlage der westlichen Außentreppe am Wirt-schaftstrakt, die zunächst gegenläufig parallel zur straßenseitigen Stützmauer geplant war. Auch die große Gartentreppe fällt anfangs kürzer und steiler aus, wobei sie zudem leicht in die Eßzimmerterrasse einschneidet. Die beiden öst-lichen Fensterachsen des Vestibüls sollten oben schmale Lüftungsflügel auf-weisen; die Südfenster des Wirtschaftstrakts sind noch dreiteilig angelegt, die an der Westseite mit Rolladenkästen ausgestattet, doch ohne Oberlichter. Schließlich zeigt eine auf den 30. März 1930 datierte Konstruktionszeichnung der Firma Alexander Herman in Berlin (MoMA 3232.2.268) zwei Alternativ-entwürfe für die Stützenummantelung, die im Prinzip der für Barcelona gewählten Lösung entsprechen: an den Kanten umgefalzte Winkelbleche, die durch aufgeschraubte Blechstreifen an den Stirnseiten mit der Stütze verbun-den werden. Die Rundung der Kreuzarme ist mit Bleistift einskizziert, doch haben sich weder Profil- noch Montagezeichnungen erhalten.

Viele Entscheidungen müssen erst im Zuge der Ausführung gefallen sein – so auch der Entschluß, die Ostwand des Kindertraktes als Windschutz für die Terrasse bis zur Vorderkante des Dachüberstands vorzuziehen (vgl. Abb. 84). Dieses Detail, das im korrigierten Aufriß MoMA 3232.2.315 nur nachträglich und zaghaft durch einen dünnen Bleistiftstrich angedeutet ist, wird lediglich in den Bepflanzungs- und Publikationsplänen korrekt wiedergegeben, fehlt aber selbst in der veröffentlichten Ansicht der Südfassade, was auf einen Übertragungsfehler bei der Reinzeichnung zurückzuführen sein dürfte.

Die Ziele des Architekten:
Mies van der Rohe und die Ästhetik der Transparenz

Der hier rekonstruierte Planungsverlauf unterstellt eine konsequente Entwick-lungslinie vom Vorprojekt zum Ausführungsentwurf, die jedoch nicht notwen-dig auch der tatsächlichen Abfolge entsprochen haben muß. Dagegen wären nicht zuletzt die zeitlichen Überschneidungen bei den datierten Zeichnungen vorzubringen, die für eine unabhängige Weiterentwicklung der beiden Alter-nativentwürfe sprechen. Projekt B scheint dabei in der Planung etwas weiter gediehen zu sein, da bereits Anfang April erste Konstruktionszeichnungen

Abb. 72:
Le Corbusier,
Villa Stein-de Monzie
in Garches
(1926-28),
Gartenfassade

vorgelegen haben (MoMA 3232.2.337 – 2.339, jeweils mit Angabe der Dek-
kenträgerlagen in Tusche, die jedoch aufgrund des mit der Ausführung identi-
schen Konstruktionssystems auch nachträglich noch erfolgt sein könnte).
Andererseits ist nicht rundweg auszuschließen, daß die entsprechenden Be-
rechnungen zu Projekt A frühzeitig ausgesondert wurden, da sich für sie im
späteren Planungsverlauf keine weitere Verwendung mehr fand. Wo also liegen die Vorzüge und Schwächen der einzelnen Entwürfe, die die Entscheidungen im einen oder anderen Sinne beeinflußt haben mögen?

Projekt A weist vordergründig den schwerwiegenden Nachteil auf, daß das
Hauptgeschoß weder über einen eigenen Außenbereich noch über einen
direkten Zugang zum Garten verfügt. Dieser ist vielmehr nur auf dem Umweg
durch den Wintergarten zu erreichen, was mit der durchaus repräsentativen
Gesamtkonzeption nur schwer in Einklang zu bringen ist. Durch die Lage des
sogenannten Leutezimmers nebst Durchgang zwischen Küche und Anrichte
im unmittelbaren Anschluß an den Wohnbereich ist ferner das gesamte
Gartenareal ständig den Blicken des Hauspersonals ausgesetzt, was im
Ausführungsentwurf mit geradezu auffälliger Sorgfalt vermieden wurde.
Offenbar fand auch die großzügige Verglasung der Schlafzimmer im Obergeschoß keine Zustimmung. Ähnliche Bedenken gegen eine allzu große
Offenheit hatten zuvor schon bei den Häusern Lange und Esters in Krefeld
eine Planänderung zur Folge gehabt, die schließlich in einer deutlich konven-
tionelleren Lösung mündete.[23] Die zugehörige Variante zielt auf eine
Beseitigung der angesprochenen Probleme, indem nun ein überdeckter
Freiplatz anstelle des Leutezimmers tritt. Nach wie vor aber fehlt ein unmittelbarer Zugang zum Garten. Der Umstand, daß dieses Entwurfsstadium nur in
zwei wohl als Präsentationszeichnungen zu deutenden Kohleskizzen überlie-

fert ist, gibt Anlaß zur Vermutung, daß zum Zeitpunkt ihrer Ausfertigung bereits das Alternativprojekt favorisiert wurde.

Vorprojekt B darf seinem Konkurrenten gegenüber in vieler Hinsicht als überlegen betrachtet werden. Nach rein formalästhetischen Kriterien übertrifft es sogar den Ausführungsentwurf, da durch das weit vorgezogene Hauptgeschoß und die beinahe schwebende Terrassenkonstruktion der Eindruck von Leichtigkeit und Transparenz insgesamt stärker zur Wirkung kommt. Am Ende dürften jedoch auch hier einige gewichtige Argumente gegen eine Verwirklichung gesprochen haben, wobei nicht zuletzt subjektive Beweggründe eine Rolle gespielt haben mögen: Die Übereinstimmung mit Le Corbusiers im Vorjahr vollendeter Villa Stein-de Monzie in Garches (Abb. 72, vgl. Abb. 69), auf die Mies angeblich durch seinen Mitarbeiter Hirz hingewiesen wurde, ist in der Tat frappierend und könnte zu einer nochmaligen Überarbeitung der Gartenfassade Anlaß gegeben haben.[24] Sie tritt am ausgeführten Bau nicht gar so deutlich in Erscheinung, obgleich auch hier die Anregung durch Le Corbusier letztendlich kaum zu übersehen ist. Dem persönlichen Bedürfnis der Bauherren nach Wahrung der eigenen Privatsphäre trägt die stärkere Abschottung der Räumlichkeit im Obergeschoß Rechnung. Der Eingang wird um 90 Grad gedreht und rückt hinter die gebogene Glaswand des Vestibüls. Der Durchblick von dort zur Dachterrasse entfällt; gestrichen wird auch der direkte Terrassenzugang vom Zimmer des Kindermädchens. Die Verglasung ganzer Außerwände ist zugunsten klar definierter Tür- und Fensereinschnitte zurückgenommen, wodurch in den Schlafzimmern der Charakter herkömmlicher Raumzellen gewahrt bleibt. Die eingreifendste Veränderung aber, die Aufsockelung des gesamten unteren Wohnbereichs unter Einbeziehung der Eßzimmerterrasse, folgte anscheinend rein pragmatischen Überlegungen: Die Absicht, zwei der großflächigen Gartenfenster versenkbar zu gestalten, bedingte eine entsprechende Unterkonstruktion des Hauptgeschosses und damit ein Vorziehen der Kellerwand bis auf Höhe der Fensterflucht. Die mit Kreuzen markierten Scheiben in MoMA 3232.2.190 zeigen den Stand der Planung zu dem Zeitpunkt, als der Gedanke offenbar erstmals Gestalt annahm. Weshalb auch die rückseitige Wand (oder Fensterscheibe?) der Eßzimmerterrasse in gleicher Weise gekennzeichnet ist, bedarf noch einer Antwort.

All dies klingt logisch und im großen Ganzen durchaus nachvollziehbar, vermag indes am Ende nicht so recht zu überzeugen: Mies, durch andere, zunächst wichtigere Projekte in Anspruch genommen, überträgt einem engen Mitarbeiter die Ausarbeitung seiner vorläufigen Skizzen, vorsichtshalber in zwei alternativen Entwürfen. Dann, den Kopf endlich wieder frei für neue Aufgaben, folgt die Prüfung. Planungsfehler springen sogleich ins Auge – es fehlt der Zugang zum Garten! Änderungen werden vorgenommen, Varianten entwickelt, schließlich beide Projekte verworfen und auf Grundlage der konstruktiven Vorgaben – die Zeit drängt – ein drittes Konzept entwickelt. Die Auftraggeber sucht man zwischenzeitlich recht und schlecht zu vertrösten: Gewiß, die zugesagte Fertigstellung der Pläne verzögere sich, der Baubeginn verschiebe sich voraussichtlich auf Juli und bestehende Kontrakte mit den örtlichen Firmen seien bis dahin erst einmal zu sistieren. Was vielleicht unausgesprochen blieb, dem Bauherrn allerdings ziemlich bald deutlich geworden sein dürfte: Mit einer Fertigstellung des Rohbaus vor Wintereinbruch konnte demnach kaum mehr gerechnet werden. Im Klartext aber hieß dies, der Innenausbau ließe sich frühestens in den Sommermonaten des Folgejahres in Angriff nehmen, so daß an einen Einzug vor Ende des Jahres 1930 nicht mehr zu denken war. So sollte es dann in der Tat auch eintreten.
Es wäre nicht das erste Mal gewesen, daß Mies seine Auftraggeber hätte aufsitzen lassen, und nicht alle unter ihnen waren willens und in der materiellen Lage, über seine Säumigkeit mit Großmut hinwegzusehen.[25] Daß die im Frühjahr 1929 anstehenden Entscheidungen, gegenüber denen die zitierten

Abb. 73:
Mies van der Rohe,
Musterhaus
auf der Berliner
Bauausstellung 1931,
freistehender
Badezimmerblock
im Schlaftrakt

Diskussionspunkte der voraufgegangenen Silvesterbesprechung doch eher wie Quisquilien erscheinen mußten, so gänzlich ohne Beteiligung der Bauherren getroffen worden wären, ist zudem mehr als unwahrscheinlich. Indessen findet sich dafür in den ansonsten sehr präzisen Erinnerungen Grete Tugendhats kein einziger Hinweis.

Die konventionelle Raumstruktur der Schlafzimmer im Obergeschoß entsprach zweifelsohne nicht den ursprünglichen Intentionen Mies van der Rohes, wie sich – von den Vorentwürfen abgesehen – nicht zuletzt an seinem Musterhaus auf der Berliner Bauausstellung von 1931 belegen läßt, auf das Grete Tugendhat in ihrem Vortrag von 1969 ja ausdrücklich Bezug nahm (Abb. 73). Einen vergleichbaren Ansatz verfolgte er in dem im darauffolgenden Jahr entstandenen Wettbewerbsprojekt zum Haus Gericke. Zwar zeigte er sich in dieser Frage durchaus kompromißbereit, doch hätte er wohl schwerlich von sich aus von der einmal projektierten Lösung wieder Abstand genommen. Es spricht somit alles für eine Intervention von seiten Fritz Tugendhats, der in der entscheidenden Phase die Verhandlungen in Berlin geführt haben muß und der im Gegenzug die dadurch zwangsläufig eintretenden Verzögerungen billigend in Kauf zu nehmen bereit gewesen war. Grete Tugendhat, die damals schon wieder in Brünn weilte, wird aus der Ferne die Situation vielleicht nicht ganz so dramatisch gesehen haben, womit sich ihr späteres Hinweggehen über diese Angelegenheit erklärt.

Weiterhin gilt zu bedenken: Ungeachtet des Erfolgs von Barcelona, der Mies den erhofften internationalen Durchbruch verschaffte, war hier eine Chance geboten, die vielleicht so schnell nicht wiederkommen mochte. Nur ein einziges Mal zuvor, beim Kröller-Müller-Projekt von 1912, hatte ein Auftrag von ähnlich großer Bedeutung schon greifbar nahe gelegen, nur um am Ende dann doch am vernichtenden Schiedsspruch des Gutachters zu scheitern.[26] Daß Mies unter diesen Umständen die Verantwortung vertrauensvoll in die Hände eines Mitarbeiters legte, um schließlich vielleicht allenfalls noch korrigierend einzugreifen, ist daher mehr als unwahrscheinlich. War dies nicht die Aufgabe, von der er all die Jahre geträumt hatte, und damit zugleich der Bauherr, der Ort und die Mittel, seine Idealvorstellung von einem „Wohnhaus unserer Zeit" nun endlich Wirklichkeit werden zu lassen? Dies alles legt die Vermutung nahe, daß Mies in keinem Stadium des Projektes die Kontrolle auch nur für einen Augenblick aus den Augen verlor.

Abb. 74:
Haus Tugendhat,
Straßenansicht von
Nordosten

Und schließlich Friedrich Hirz, neben Hermann John sein engster Mitarbeiter in den zwanziger Jahren: sollte ihm tatsächlich der Lapsus unterlaufen sein, die fehlende Verbindung zwischen Wohngeschoß und Garten schlechterdings nicht bedacht zu haben? Würde Mies ihn dann noch, angesichts eines derart eklatanten Anfängerfehlers, mit der örtlichen Bauleitung in Brünn betraut haben? Beides klingt wenig überzeugend und legt den Schluß nahe, daß das Konzept einer strikten physischen Trennung von Innen und Außen zum festen Bestandteil des ursprünglichen Programms gehörte, wofür wiederum allein Mies als Urheber in Frage kommt.[27]

Das Prinzip der Abgrenzung wird schon in der Frontansicht thematisiert: Zur Schwarzfeldgasse hin, auch heute noch eine ausgesprochen ruhige und kaum befahrene Anliegerstraße, zeigt sich der Baukörper hermetisch verschlossen (Abb. 74, vgl. Abb. 55). Die Milchglaswand der Eingangshalle verwehrt jeden Einblick ins Innere und verstellt zugleich die Sicht auf die Haustür, die hinter der Rundung des Treppenhauses verborgen liegt. Zwischen den gestaffelt zurücktretenden Wänden des Obergeschosses und dem bis zur Grundstücksgrenze vorgezogenen Querriegel des Garagen- und Wirtschaftstrakts öffnet sich der -– heute durch Baumbewuchs verdeckte – Ausblick auf den Spielberg, der sich jenseits der Brünner Altstadt erhebt. Das „wie absichtsvoll eingerahmte Bild des Stadtschlosses" (Riezler) gibt einen ersten Hinweis auf den ganz anders gearteten Charakter der Gartenfassade, deren großzügig verglaste Fensterfronten in scharfem Kontrast zur insgesamt eher abweisenden Wirkung der Eingangsseite stehen.[28] Der ursprünglich durch ein Geländer versperrte Durchgang war nicht passierbar, dient also lediglich der visuellen Verbindung. Die Rahmung wirkt als zusätzlich distanzierendes Element, so daß der Eindruck eines Bühnenprospekts entsteht, der deutlich gegen den Betrachterraum abgesetzt ist (Abb. 75).

Abb. 75:
Haus Tugendhat,
Durchgang
im Obergeschoß
mit Blick
auf den Spielberg

Die bildhafte Ästhetisierung des Ausblicks ist ein zentrales Motiv im Werk Mies van der Rohes, das bereits in den frühen Landhausprojekten von 1923/24 anklingt und von da ab konsequent weiterentwickelt wird. Die Gesamtdisposition des Tugendhat-Hauses zeigt sich weitgehend dadurch bestimmt. Dies gilt zum einen für die Dachterrasse und die Ausrichtung der Räume im Obergeschoß, zum anderen für den zentralen Wohnbereich auf der unteren Raumebene, der sich in seiner ganzen Frontbreite nach Süden hin öffnet. Zwei der riesigen Panoramascheiben lassen sich zudem vollständig im Boden versenken; so daß die Hauptsitzgruppe vor der Onyx-Wand und der halbrund eingefaßte Eßplatz bei schönem Wetter wie Loggien genutzt werden können. Neben den rahmenden Fensterprofilen wirken hier die vorderen, frei im Raum stehenden Stützen als zusätzliche seitliche Einfassung des Gesichtsfeldes. Durch den erhöhten Standpunkt über dem nach Süden abfallenden Gartengelände schweift dabei der Blick über den Mittelgrund hinweg, um erst wieder durch die Stadtsilhouette am Horizont aufgefangen zu werden (Abb. 76).

Der Eindruck eines sich bruchlos nach außen fortsetzenden Raumkontinuums, wie dies noch Walter Riezler in seiner Besprechung des Tugendhat-Hauses unterstellt hatte, wird dadurch bewußt vermieden. Der Betrachter steht nicht *in*, sondern *vor* der Landschaft oder, genauer gesagt, vor einem ins Bildhafte verfremdeten Landschaftsausschnitt, der ihm konfrontierend gegenübergestellt ist. Die strikte Trennung der Sphären entspricht einer im Theater seit langem geübten Praxis, und in der Tat bedient sich Mies bei ihrer räumlichen Inszenierung einer Reihe von Vorkehrungen, wie sie von der Bühnenarchitektur her bekannt sind. Auf der oberen offenen Dachterrasse ist die Ausrichtung weniger streng, doch ebenfalls auf frontale Prospektwirkung hin angelegt. Eine halbrunde Sitzbank, deren hohe Rückenlehne als Rankgerüst dient, gibt hier die Hauptblickrichtung vor, die durch die Ostwand des Elterntrakts und ein größeres, in späteren Aufnahmen vollständig überwuchertes Rankgerüst auf der gegenüberliegenden Südostecke der Terrasse seitlich begrenzt wird und sich erst unmittelbar vor der Terrassenbrüstung zum Panorama entfaltet (Abb. 77)[29].

Es spricht demnach einiges dafür, daß Mies zugunsten des angestrebten Effekts anfangs bewußt auf eine direkte Verbindung zum Garten verzichtet hatte und erst auf Drängen der Bauherren eine alternative Lösung ins Auge faßte. Besondere Bedeutung kommt dabei der Art der Wegführung zu, die unter funktionalen Gesichtspunkten betrachtet, umständlich und unnötig lang

Abb. 77:
Haus Tugendhat,
Blick von der
Dachterrasse
auf die Altstadt
von Brünn

erscheinen mag, als distanzierendes Element zwischen Innen- und Außenraum allerdings unverzichtbar ist: Der Ausgang zur Eßzimmerterrasse liegt an
der Schmalseite des Wohnbereichs, zwingt also erst einmal, den Blick vom
Garten abzuwenden, um sodann auf der Terrasse die Richtung abermals um
180 Grad zu ändern. Der Weg über die große Freitreppe verläuft nun parallel
zur Gartenfront und setzt sich anschließend auf dem gekiesten Parterre entlang der Sockelwand fort, da ein sich über die gesamte Breite des Hauses
erstreckendes Staudenbeet das Parterre von der sich davor ausbreitenden
Wiese trennt (Abb. 79). Erst jenseits der Südostecke des Hauses, wo ursprünglich eine Sitzbank die Achse abschließen sollte, geleitet ein Pfad in
den eigentlichen Garten.

Der Verzicht auf eine axiale, geradlinige Erschließung zugunsten einer
mäandrierenden Wegführung zwischen Innen und Außen ist ein Charakte-
ristikum der Architektur Mies van der Rohes. Sie findet sich ansatzweise schon
im Frühwerk – neben dem Haus Urbig von 1915 bis 1917 wäre hier vor allem
das Projekt zum „Landhaus in Eisenbeton" (1923, vgl. Abb. 85) zu nennen –
und gewinnt im Barcelona Pavillon geradezu programmatische Bedeutung.[30]
Sie steht vordergründig für eine dynamische Architekturauffassung, bei der
sich das Bauwerk dem Benutzer erst in der Bewegung und von ständig wech-
selnden Standpunkten aus erschließt. Vor allem aber, und darin besteht der
eigentliche Sinn, bewahrt der graduelle Übergang die Integrität und
Eigenständigkeit des Innenraums, der, wie Grete Tugendhat nachdrücklich
betonte, trotz weitgehender Transparenz eben nicht erst im „Allraum der
Natur" (Riezler) seine wahre Lösung findet:[31] „... so wichtig auch die Verbundenheit von drinnen und draußen ist, so ist der Raum doch ganz geschlossen
und ruht in sich –, die Glaswand wirkt in diesem Sinn vollkommen als Begrenzung. Wenn es anders wäre, glaube ich selbst, daß man ein Gefühl der Unruhe und Ungeborgenheit hätte. So aber hat der Raum – gerade durch seinen
Rhythmus – eine ganz besondere Ruhe, wie ein geschlossenes Zimmer sie gar
nicht haben kann." Transparenz ist nicht zwangsläufig gleichbedeutend mit
Offenheit auch in physischer Hinsicht, was den vermeintlichen Widerspruch
aufklärt: Die Umgebung des Hauses wird durch die großen Glaswände zwar
optisch mit einbezogen, bleibt aber räumlich ausgegrenzt. Die Trennung der
Sphären ist strikt durchgehalten; ein Hinüberwechseln von der einen in die
andere kann nur auf „Umwegen" erfolgen, wobei dann allerdings der
ursprünglich gegebene Bezug wieder verloren geht. Eine ähnlich enge Blick-
verbindung von außen ins Innere des Hauses kommt nicht zustande; auch

fehlt die Prospektwirkung, da hier die räumlich-plastischen Werte klar über-
wiegen. Vom Garten aus betrachtet, bewahrt der Baukörper daher einen eher
geschlossenen Gesamteindruck, den selbst die riesigen Glasflächen nicht auf-
zubrechen vermögen (Abb. 79).

Das „Einzelhaus für die gehobene persönliche Existenz" –
Eine überkommene Bauaufgabe im modernen Gewand?

*„Gerade ein Haus wie das, dem wir diese Betrachtung widmen, beweist, daß
es auch heute noch geistige Ideen gibt, die nach Gestaltung drängen. Damit
ist nicht gesagt, daß gerade die hier vorliegende Aufgabe, die eines Einzel-
hauses für die gehobene persönliche Existenz, diejenige Aufgabe ist, an der
sich die neuen geistigen Ideen am besten bewähren können. Vielleicht ist im
Gegenteil diese Aufgabe noch etwas im Sinne der zu Ende gehenden Epoche
gestellt. Aber das ist weniger wichtig als der hier gelungene Nachweis, daß es
überhaupt möglich ist, sich von dem Ausgangspunkt des bisherigen, rein rationalen und zweckgebundenen modernen Bauens aus in das Reich des Geistes
zu erheben."* (Riezler, „Das Haus Tugendhat in Brünn", 1931)[32]

Das *„Einzelhaus für die gehobene persönliche Existenz"*, von dem hier die
Rede ist, entspricht nach Lage, Größe und Ausstattung einem Gebäude, das
im allgemeinen Sprachgebrauch gewöhnlich als „Villa" bezeichnet wird. In
zeitgenössischen tschechischen und österreichischen Veröffentlichungen
heißt es dann auch schlicht und einfach die „Villa Tugendhat".[33] In Deutschland dagegen war dieser Begriff seit den Anfängen der Reformbewegung im

Abb. 79:
Haus Tugendhat,
Ansicht
vom Garten
(Aufnahme um 1930/31)

letzten Jahrzehnt des 19. Jahrhunderts negativ belegt und relativ bald durch das modischere Wort „Landhaus" ersetzt worden, worin sich die damalige Begeisterung für das englische „country house" niederschlug. Mit „Villa" assoziierte man nun vor allem die protzigen Land- und Vorstadtresidenzen der ausgehenden Gründerzeit, die mit ihrem repräsentativen Anspruch in vieler Beziehung das Gegenbild zu einem modernen, bequemen Wohnhaus darstellten und noch dazu, wie man zu bemerken glaubte, jeden Bezug zu ihrer natürlichen Umgebung vermissen ließen.[34] Alfred Krupps „Villa Hügel" in Essen und Richard Wagners „Villa Wahnfried" galten als typische Vertreter dieser Gattung, gegen die die Reformer sich abzusetzen suchten. In den zwanziger Jahren hatte aber auch das „Landhaus" schon ein ähnliches Schicksal ereilt. Die mit dem Begriff verbundenen Konnotationen der ländlichen Idylle, des Heimeligen und „Jugendstiligen", kurzum der ganzen scheinbar heilen Welt des spätwilhelminischen Bürgertums, waren mit einem die Errungenschaften des technischen Zeitalters bejahenden, sozial verantwortlichen und der Zukunft zugewandten Bauen nicht mehr so recht in Einklang zu bringen. Dies erklärt die jetzt allgemein üblich gewordene Bezeichnung „Haus" für Gebäude jeglicher Größenordnung und unterschiedlichen Anspruchs, die semantisch verbrämt, was idealiter zwar gewollt, doch faktisch weder damals noch heute gegeben war und ist: die kategoriale Gleichheit von Hütte und Palast. Riezlers umständlicher und fast schon wieder karikierender Umschreibung ist die Verlegenheit anzumerken, in den ihn diese Konvention im Angesicht des ganz und gar nicht konventionellen Tugendhat-Hauses gestürzt hatte.

Dieses „Haus" nun sprengt in der Tat sämtliche gewohnten Maßstäbe auch eines größeren Einfamilienhauses. Geplant für eine zunächst noch vierköpfige

Familie, verfügt es über eine Gesamtnutzfläche von annähernd 1250 Quadratmetern, wovon allein der zentrale Wohnbereich mit Wintergarten rund
280 Quadratmeter umfaßt. Die wahren Größenverhältnisse werden dabei
durch die Hanglage geschickt kaschiert, da der Hauptteil des Gebäudes von
der Straße her kaum einzusehen ist. Dem Haus vorgelagert ist ein ausgedehnter Vorplatz (Abb. 80); sein weiter zurückliegender, von der Dachplatte
überfangener Teil kann bei entsprechenden gesellschaftlichen Anlässen als
Vorfahrt genutzt werden. (Irene Kalkofen zufolge haben sich einige wenige
Male Besucher tatsächlich bis unter das Dach vorfahren lassen.) Der von den
Wohnräumen deutlich abgesetzte Wirtschaftstrakt erscheint hier als vollkommen eigenständiger Flügel, wie man dies allenfalls von sehr aufwendigen
englischen Landhausbauten des 19. Jahrhunderts her kannte.

Die Anlage der Eingangshalle mit ihrem bewußt unpersönlichen Charakter
orientiert sich ebenfalls an den damaligen gesellschaftlichen Gepflogenheiten, wie sie das aufstrebenden Bürgertum des 19. Jahrhunderts von der
adeligen Gesellschaft des Ancien Régime übernommen hatte. Zu bestimmter
Tageszeit war es durchaus üblich, auch unangemeldet Besuche abzustatten.
So pflegten etwa Anwälte und Ärzte, die sich „frisch" in der Stadt niedergelassen hatten, durchreisende Geschäftsleute auf der Suche nach neuen Kontakten oder jüngst zugezogene Nachbarn sich bei den „besseren" Familien
des Viertels vorzustellen. Der Besucher wurde vom Personal empfangen, das
von der Anrichte aus über einen direkten Zugang zum Treppenhaus verfügte.
Er trug in gebotener Kürze sein Anliegen vor, übergab seine Visitenkarte, um
dann je nach Verfügbarkeit und Laune der „Herrschaften" hereingebeten
oder auf ein späteres Mal vertröstet zu werden, was einer schroffen Ablehnung gleichkam. Das „Hereingebetenwerdenmüssen" erklärt die Zwischenstellung der Eingangshalle, die als geschlossener Raum dem Inneren des
Hauses zuzurechnen ist, in ihrer formalen Ausgestaltung indes betont als
Übergangszone gekennzeichnet wird (Abb. 81). Der Ablauf des Zeremoniells
erfordert seine Zeit – je nachdem, wo sich Hausfrau oder Hausherr gerade
aufhalten, oder ob es tunlich erscheint, „den Besuch ein wenig warten zu lassen". Dafür, und nur dafür, stehen vor der Palisanderwand des Vestibüls zwei
Sessel zur Verfügung (denn wer von den ständigen Bewohnern des Hauses
sollte je auf den Gedanken verfallen, ausgerechnet hier einen Ruheplatz zu
suchen). Das ein oder andere aktuelle Magazin auf dem zugehörigen Beistelltischchen mag dabei die Wartezeit verkürzt haben. Damit es währenddessen
nicht zu unliebsamen oder gar peinlichen Begegnungen kommt, ist die innere

Erschließung der Privaträume im Obergeschoß strikt von der Eingangshalle getrennt.

Die Bezeichnungen der Raumzonen im unteren Hauptgeschoß, wie sie auf einigen Grundrissen der Vorprojekte erscheinen (vgl. Abb. 70) – „Empfangszimmer" für den Eingangsbereich, „Herrenzimmer" für den Bereich um Arbeitsplatz und Bibliothek – entsprachen gewiß nicht den Intentionen Mies van der Rohes. Sie zeigen aber, wie stark selbst die Vorstellungen seiner Mitarbeiter noch in der Gedankenwelt des 19. Jahrhunderts befangen waren. Am Ende bleiben sie selbst für den Ausführungsentwurf in weiter Hinsicht prägend. Das Aufbrechen der einzelnen Raumzellen zugunsten eines locker und dennoch unverrückbar strukturierten Raumkontinuums bedeutete zweifellos eine der großen Leistungen in der Architektur des 20. Jahrhunderts. Dies sollte indes nicht darüber hinwegtäuschen, daß hier die altgewohnte „Flucht von Gesellschaftsräumen", wenn auch in deutlich veränderter Gestalt, durchaus noch weiterlebt. Empfangszimmer, Arbeitszimmer, Bibliothek, Salon und Speisezimmer – das ganze gewohnte Raumprogramm eines großbürgerlichen Ambientes ist ja nach wie vor vorhanden, nur daß es sich hier nicht länger durch feste Wände und Türen sondern ausschließlich durch die Möblierung definiert, die kaum weniger strengen Kompositionsgesetzen unterliegt.

Daß ein Gebäude dieser Größenordnung nicht ohne einen entsprechenden Aufwand an Personal zu bewirtschaften war, versteht sich beinahe von selbst. Ständig im Haus wohnten dabei neben dem Kindermädchen der (verheiratete) Chauffeur, eine Köchin und zwei Dienstmädchen, die ein gemeinsames Zimmer belegten. Der parkähnliche Garten wurde vom Gärtner der Schwiegereltern mitversorgt. Die Rangordnung innerhalb des Personals ist dabei an der Form der Unterbringung eindeutig ablesbar. Irene Kalkofen hatte in ihrer Funktion als Kindermädchen (und ausgebildete Kinderschwester) eine gewisse Sonderstellung inne. Ihr Zimmer lag als einziges im engeren Privatbereich der Familie, orientierte sich allerdings nach Osten und damit vom Garten weg, der von hier aus nicht eingesehen werden konnte. Zudem war es aufwendig mit von Mies van der Rohe entworfenen Möbeln ausgestattet, was bei allen anderen Personalräumen allem Anschein nach nicht zutraf. Es diente zugleich zur Unterbringung für Logierbesuch; in diesen offenbar recht seltenen Fällen schlief Frau Kalkofen im Zimmer von Hanna, das dazu mit einem zweiten Bett ausgestattet war (Abb. 82, vgl. Abb. 40).[35]

Der Chauffeur verfügte mit seiner Ehefrau über eine separate Anliegerwohnung im Obergeschoß des Wirtschaftstraktes mit geräumiger Wohnküche, Schlafzimmer, Vorraum und Bad. Seine Position war demnach vergleichsweise hoch angesiedelt, was insofern verständlich ist, als der Beruf in jener Zeit noch erhebliche technische und handwerkliche Kenntnisse verlangte, da bei der alles in allem verhältnismäßig großen Schadensanfälligkeit der Wagen ein Automechaniker nur selten zur Verfügung stand. Zudem bedingte das gemeinsame Reisen eine gewisse persönliche Nähe, wie sie bei den übrigen Hausangestellten nur selten gegeben war. Und schließlich war er neben dem Hausherrn der einzige Mann im Haus, der in allen erdenklichen Notfällen einspringen konnte und von daher entsprechend hofiert werden mußte. Von allen Personalräumen verfügt lediglich die Wohnküche des Chauffeurs über ein Fenster zur Gartenseite, was sich aus dem Umstand erklärt, daß von dort aus der vordere Durchgang zu oberen Terrasse kontrolliert werden kann, der ja zusätzlich durch eine Lichtschranke gesichert war. Die Brüstung des vorspringenden Obergeschosses verwehrt aber selbst hier einen direkten Einblick in den eigentlichen Gartenbereich, der so in jeder Beziehung abgeschirmt bleibt.

Das Schlafzimmer der Chauffeurswohnung und die Zimmer der Köchin und der beiden Dienstmädchen orientieren sich zum Wirtschaftshof nach Westen (Abb. 83). Mit eigenem Bad und den entsprechenden Nebenräumen sind auch sie vergleichsweise großzügig ausgestattet. Gemessen am Standard der Zeit muß auch der separate Eingang über die westliche Außentreppe als fortschrittlich gewertet werden, da er ein Mindestmaß an Privatleben garantierte, wie es damals für das gemeine Hauspersonal durchaus noch nicht selbstverständlich war.

Desungeachtet bleibt die Tatsache bestehen, daß der Gesamtorganismus des Hauses einen Zustand perpetuiert, der noch weitgehend den großbürgerlichen Idealen und Umgangsformen des 19. Jahrhunderts verpflichtet ist. Diesem noch weitgehend aristokratisch geprägtem Weltbild hatten Krieg und nachfolgende Inflation in Deutschland die materielle Grundlage entzogen, zumindest aber war es durch die Ereignisse zutiefst erschüttert worden. Der Sturz der Monarchien und die politische Entmachtung des Adels beschleunigte den gesellschaftlichen Veränderungsprozeß auch in den benachbarten Staaten Mitteleuropas. Innerhalb weniger Jahre hatten sich die Lebensge-

Abb. 83:
Haus Tugendhat,
Straßenansicht
von Nordwesten

wohnheiten grundlegend gewandelt. Folge dieses Modernisierungsschubes war nicht zuletzt eine zunehmende Ausgrenzung der Privatsphäre aus dem öffentlichen Bereich, was in den radikal veränderten Wohnkonzepten der Avantgarde seinen unmittelbaren Niederschlag fand. Mies van der Rohes Entwurf verhält sich aber gerade in dieser Beziehung seltsam unentschieden: Indem er sowohl traditionellen Repräsentationsbedürfnissen Rechnung trägt, als auch dem Wunsch nach ungestörter Privatheit nachzukommen sucht, steht er gleichsam an der Schnittlinie zweier Epochen. Als eine unbestreitbar gelungene Synthese dieser diametral entgegengesetzten „Wohnansprüche" erfüllt das Tugendhat-Haus insofern nur bedingt die Forderung nach uneingeschränkter Modernität, auch wenn seine repräsentativen Funktionen im Alltag der Bewohner praktisch kaum zum Tragen kamen. Grete und Fritz Tugendhat waren sich ihrer sozialen Stellung zweifellos bewußt, ohne indes in ihrer inneren Einstellung den überkommen Klischees einer großbürgerlichen Lebensführung anzuhängen. Ob jemals eine Visitenkarte in der Eingangshalle des Tugendhat-Hauses abgegeben wurde, darf bezweifelt werden. Große gesellschaftliche Veranstaltungen, auf die hin das Haus angelegt ist, entsprachen nicht der Neigung seiner Bewohner; erst durch die „fund raising parties" zugunsten der Flüchtlinge des Nazi-Regimes fand es zu seiner wahren Bestimmung, und dies unter denkbar anderen Vorzeichen.[36]

Ungeachtet der Frage, wie die Tugendhats mit den architektonischen Vorgaben ihres Hauses umgegangen sind, bleibt aber die Tatsache bestehen, daß seine Gesamtdisposition noch in mancherlei Hinsicht an überkommene Repräsentationsformen des 19. Jahrhunderts angelehnt ist. Mies van der Rohes zentrale These, daß sich die Architektur vorbehaltlos den veränderten Zeitläuften anzupassen habe, scheint dazu in eklatantem Widerspruch zu stehen. Letztendlich aber offenbart sich darin ein der Moderne selbst immanenter Konflikt, wobei abstrakte, allgemein-gesellschaftliche Zielvorstellungen mit konkreten, individuell geprägten Wertmaßstäben kollidieren. Daß mit dem Jahr 1918 eine Epoche unwiederbringlich zu Ende gegangen war, steht außer Frage. Übersehen wird dabei allerdings nur allzu schnell der Umstand, daß mit der sie einst tragenden Gesellschaftsschicht zugleich auch wesentliche Strukturen der alten Ordnung unvermindert fortbestanden. Mies wie auch Grete und Fritz Tugendhat gehörten noch einer Generation an, die ihre entscheidende Prägung im Vorkriegseuropa erfahren hatte und die sich damit zwischen den Zeiten bewegte. Dies mag – vielleicht – das äußerliche Festhalten an überkommenen Wohnkonzepten erklären, die mit der eigenen inneren Einstellung schon längst nicht mehr in Deckung zu bringen waren. Inwieweit dabei die jeweilige soziale Herkunft mit eine Rolle gespielt haben mag, muß dahingestellt bleiben. Festzuhalten aber ist der Umstand, daß im Haus Tugendhat der Konflikt nicht nur offen zutage liegt, sondern zugleich auch wieder auf einer höheren Ebene gelöst erscheint. Die Auftraggeber haben sich ihren eigenen Aussagen zufolge aus ganzer Überzeugung mit Mies van der Rohes Entwurf identifiziert. Dies spricht trotz aller notwendigen Vorbehalte für den Erfolg des Konzept und verlagert zugleich das Gewicht auf das grundsätzliche Problem von Theorie und Praxis in der Moderne.[37]

„Daß Architektur als Kunst auch in unserer Zeit möglich sei": Die Auseinandersetzung um das Haus Tugendhat

Verglichen mit dem Barcelona Pavillon oder Mies van der Rohes „Haus auf der Berliner Bauausstellung" von 1931, über die in den einschlägigen Zeitschriften eingehend berichtet wurde, fiel die Resonanz auf das Tugendhat-Haus in der deutschen Fachpresse bemerkenswert zurückhaltend aus. Abgesehen von vereinzelt und in der Regel kommentarlos veröffentlichten Abbildungen widmete ihm lediglich Walter Riezler im Werkbundorgan *Die*

Form eine ausführliche Besprechung, die Justus Bier in der Folgenummer zu
einer überaus kritischen Entgegnung veranlaßte. Daß dabei mehr zur Diskussion stand als nur die divergierende Einschätzung der beiden Rezensenten,
zeigt die anschließende Kontroverse zwischen Riezler und Roger Ginsburger,
die schlaglichtartig die Situation der Moderne zu Beginn der dreißiger Jahre
beleuchtet. Es ist dies einer der eher seltenen Konfliktmomente in der kurzen
Geschichte des Neuen Bauens, der die inneren Widersprüche der nach
außen hin auf Geschlossenheit bedachten Bewegung in aller Deutlichkeit
zutage treten läßt.[38]

Rekapitulieren wir zunächst den Stand der Dinge: Zu Beginn der zwanziger
Jahre hatte sich in den Zentren West- und Mitteleuropas eine Avantgarde for-
miert, die in radikaler Ablehnung der überkommenen Praxis ein ausschließlich
an den Bedingungen von Zweck, Konstruktion und Material orientiertes
Bauen propagierte. Zeitschriften und Ausstellungen sorgten für eine rasche
Ausbreitung ihrer Ziele und Vorstellungen und förderten so die kongruieren-
den Tendenzen innerhalb der zunächst noch recht heterogenen Bewegung.
Die weitverbreitete Wohnungsnot der Nachkriegsjahre und der allgemeine
Überdruß an den sich in Stilzitaten erschöpfenden Bauten des Späthistoris-
mus ließen die Forderung nach einem sachlichen, auf die Bedürfnisse des
Menschen hin ausgerichteten Neuansatz plausibel erscheinen. Formenreich-
tum und künstlerischer Ausdruckswille, die im Jugendstil der Jahrhundertwende noch einmal zu höchst individuellen Ergebnissen geführt hatten,
waren nun nicht länger gefragt; an ihre Stelle traten die rationalen Planungs-
methoden des Ingenieur-Architekten, der aus der Analyse der Funktions-
abläufe, den konstruktiven Gegebenheiten und materiellen Eigenschaften der
Baustoffe eine der Bauaufgabe jeweils angemessene Lösung zu entwickeln
suchte. Schlagworte wie das der „Wohnmaschine", auf das auch Riezler rekur-
riert und das, wie er im nachhinein eingestehen mußte, einem aus dem Kontext gerissenen Zitat Le Corbusiers entnommen war, prägten die Vorstellungen von der künftigen Architektur. In den zahlreichen Manifesten und Kampf-
schriften der frühen Jahre fanden Anhänger und Gegner des Neuen Bauens
weiterhin reichlich Nahrung. Mies van der Rohe, der erst relativ spät den
Anschluß an die Berliner Avantgarde gefunden hatte, sollte schon bald zu

ihren entschiedenen Wortführern zählen. Die einleitenden Sätze zur Veröffentlichung seines „Landhauses in Eisenbeton" (Abb. 85), die im September 1923 in der konstruktivistischen Zeitschrift *G* erschienen, spiegeln die radikale Stimmungslage der Zeit[39]:

„Wir kennen keine Form, sondern nur Bauprobleme. Die Form ist nicht das Ziel, sondern das Resultat unserer Arbeit. Es gibt keine Form an sich. [...] Form als Ziel ist Formalismus; und den lehnen wir ab. Ebensowenig erstreben wir einen Stil. Auch der Wille zum Stil ist formalistisch. Wir haben andere Sorgen. Es liegt uns gerade daran, die Bauerei von dem ästhetischen Spekulantentum zu befreien und Bauen wieder zu dem zu machen, was es allein sein sollte, nämlich BAUEN."

1927 schien der Durchbruch erreicht. Im Rahmen einer Ausstellung des Deutschen Werkbunds und unter der „künstlerischen" Oberleitung Mies van der Rohes wurde in Stuttgart die Mustersiedlung „Am Weißenhof" errichtet, an der nahezu alle führenden Vertreter der internationalen Moderne mit eigenen Bauten beteiligt waren (vgl. Abb. 53). Noch während der Laufzeit der Ausstellung verkündete der Titel eines von Walter Curt Behrendt verfaßten Büchleins euphorisch den *Sieg des neuen Baustils*. Die unterdessen in vielen Städten Deutschlands entstehenden Siedlungen des sozialen Wohnungsbaus schienen seine These zu bestätigen. Die Prinzipien der Moderne fanden hier ihren nachhaltigen Niederschlag: optimale Grundrißplanung nach den Maßgaben engster finanzieller Vorgaben, rationale Durchgestaltung des Baustellenbetriebs bei Einsatz der neuesten bautechnischen Verfahren und Verzicht auf alles überflüssige Beiwerk, das nicht dem unmittelbaren Nutzen der Bewohner diente. Uniformität als Folge der Typisierung wurde dabei nolens volens in Kauf genommen, denn, so jedenfalls Mies noch 1924[40]:

„Die Forderungen der Zeit nach Sachlichkeit und Zweckdienlichkeit sind zu erfüllen. [...] Fragen allgemeiner Natur stehen im Mittelpunkt des Interesses. Der Einzelne verliert immer mehr an Bedeutung; sein Schicksal interessiert uns nicht mehr."
Allerdings stand auch dieses Zitat zunächst in einem völlig anderen Sinn-

zusammenhang, und schon im Vorwort zum amtlichen Katalog der Stuttgarter Werkbund-Ausstellung von 1927 ließ Mies einschränkend verlauten[41]:

„Das Problem der Rationalisierung und Typisierung ist nur ein Teilproblem. Rationalisierung und Typisierung sind nur Mittel, dürfen niemals Ziel sein. Das Problem der Neuen Wohnung ist im Grunde ein geistiges Problem und der Kampf um die Neue Wohnung nur ein Glied in dem großen Kampf um neue Lebensformen."

Vor diesem Hintergrund ist die Diskussion um das Tugendhat-Haus zu sehen, wie sie, ausgelöst durch die Besprechung von Walter Riezler, im Herbst 1931 in der *Form* entbrannte. In ihrem klaren Bekenntnis zum Neuen Bauen waren sich alle Beteiligten wohl weitgehend einig, nicht aber in der Frage nach den grundsätzlichen Zielen der Architektur, wo mit Riezler und Ginsburger eine idealistische und eine materialistische Sichtweise der Moderne unversöhnlich aufeinandertrafen. Ginsburger, der sich offen zum Marxismus bekannte, vertrat die streng funktionalistische Auffassung, daß ein Bauwerk allein seine intendierte Zweckbestimmung zu erfüllen habe, wobei durchaus auch den psychologischen Bedürfnissen nach Harmonie, Ruhe und Naturverbundenheit Rechnung getragen werden könne. Angesichts der sozialen Verhältnisse aber, so Ginsburger weiter, gelte jeder über den unmittelbaren Nutzwert hinausgehende Anspruch als *„künstlerischer Luxus"*, der letztlich nur der Selbstdarstellung der Bewohner diene und daher als *„unmoralisch"* zu verwerfen sei:

„Wir Marxisten ziehen nicht diese oder jene Form vor, weil sie neu oder weil sie eindrucksvoll ist. Wir versuchen wirtschaftlich und zweckmäßig zu arbeiten, um mit möglichst kleinem Aufwand möglichst große Leistung zu erzielen. Das schiefe Dach wäre uns ebenso angenehm wie das flache, wenn es ebenso nützlich und wirtschaftlich wäre. [...] Ziel ist uns, die Lebensbedürfnisse des Menschen so gut wie möglich zu befriedigen. Wir versuchen nicht an den Mann zu denken, der unsere Häuser oder Gegenstände daraufhin prüft, ob sie in ihm einen Eindruck hervorrufen, sondern an die Menschen, die sie benutzen werden."

Für Riezler hingegen liegt das Ziel der modernen Architektur erst in der *„Überwindung des Zweckhaft-Konstruktiven durch eine geistig-seelische Haltung"*. Dazu aber müsse sie in jenes *„freie Reich des Absoluten"* vordringen, *„in das wie alle große Kunst auch die Baukunst hineinreicht"*. Es geht ihm also, einfacher ausgedrückt, um die künstlerischen Aspekte der Architektur, die aus den rationalen Vorgaben von Zweck, Konstruktion und Material alleine nicht hinlänglich erklärt werden können. Was aber macht die Argumentation für ihn so schwierig, daß sie ihn für diesen im Grunde doch einfachen und allgemeinverständlichen Sachverhalt zu solch hochtrabenden Umschreibungen Zuflucht nehmen läßt? Im Hintergrund des Konflikts steht die vor allem im deutschen Idealismus vertretene These von der Autonomie des Kunstwerkes, das demnach erst in der Loslösung von jeder Zweckbindung zu seiner wahren ästhetischen Bestimmung gelange. Die Baukunst sah sich dadurch in eine gefährliche Schieflage gebracht, die ihr jahrhundertealtes Selbstverständnis in Frage zu stellen drohte:
„So hätte also das haus nichts mit kunst zu tun und wäre die architektur nicht unter die künste einzureihen? Es ist so. Nur ein ganz kleiner teil der architektur gehört der kunst an: das grabmal und das denkmal. Alles andere, alles, was einem zweck dient, ist aus dem reiche der kunst auszuschließen."
(Adolf Loos, „Architektur", 1910)[42]

Die von Adolf Loos gezogene Schlußfolgerung entspricht im großen und ganzen der Auffassung, wie sie die radikale Richtung innerhalb des Neuen Bauens vertrat und zu Anfang der zwanziger Jahre offenbar auch von Mies van der Rohe noch weitgehend geteilt wurde („*Jede ästhetische Spekulation* […] *lehnen wir ab*"). Dagegen aber rührte sich bald der alte Anspruch, daß Architektur über die rein pragmatischen Anforderungen des Tagesgeschäfts hinaus einem höheren Ziel verpflichtet sei, daß sie nicht nur ein Abbild der gegebenen sozialen und wirtschaftlichen Verhältnisse zu liefern habe, sondern Gegenbilder entwickeln und damit zu ihrer Überwindung beitragen müsse. Um den Mies des Jahres 1928 ein weiteres mal zu Wort kommen zu lassen: „*Baukunst* […] *ist der Ausdruck dafür, wie sich der Mensch gegenüber der Umwelt behauptet und wie er sie zu meistern versteht.* [*Sie*] *ist immer der räumliche Ausdruck geistiger Entscheidung.* "[43] Mies argumentiert also im wesentlichen auf einer Ebene mit Walter Riezler, hütet sich aber, in direkte Opposition zur herrschenden funktionalistischen Auffassung zu treten. Während Riezler offen für eine Erhebung der Baukunst „*in das freie Reich des Absoluten*" plädiert und damit mehr oder weniger ausdrücklich den Autonomiestatus des Kunstwerks auch für die Architektur einfordert, versucht Mies ungleich vorsichtiger, den künstlerischen Aspekten des Bauens wieder zu ihrem angestammten Recht zu verhelfen. Für Riezler, der damit im Grunde noch ganz in der Tradition des 19. Jahrhunderts steht, definiert sich die ästhetische Qualität eines Bauwerks im Widerstreit mit seinen funktionalen Ausgangsbedingungen, wird also transzendental begründet; für Mies dagegen bleibt sie trotz allem immanent und an die materiellen Voraussetzungen der Architektur gebunden.

Das konstruktive Skelett des Tugendhat-Hauses – um dies an einem konkreten Beispiel zu erläutern – hat für die räumliche Organisation innerhalb der einzelnen Geschosse keine unmittelbar konstitutive Bedeutung (Abb. 86). Es wird allerdings andererseits als Gestaltungselement keineswegs vollkommen negiert, was aufgrund der verhältnismäßig dünnen Stahlprofile ja durchaus möglich gewesen wäre. Selbst im Obergeschoß, wo auf Wunsch der Auftraggeber die Stützen zumeist innerhalb der Wände verlaufen sollten, tritt es vor allem im Eingangsbereich an prominenter Stelle deutlich zutage. Jede raumdefinierende Wirkung der Skelettkonstruktion ist jedoch sorgsam vermieden. Diese bleibt vielmehr ausschließlich den nicht tragenden Wandsegmenten vorbehalten, die innerhalb des zentralen Wohnbereichs in einer Weise angeordnet sind, daß der Betrachter zwar Stützenreihen, aber keine Stützenfelder wahrzunehmen vermag. Die Wände und nicht etwa die Stützen, die durch ihren kreuzförmigen Querschnitt und die spiegelnde Verchromung der äußeren Blechummantelung beinahe wie entmaterialisiert erscheinen, bestimmen demnach Gliederung und Rhythmus des Raumes. Die Ablesbarkeit der Konstruktion als eine der Grundforderungen des Neuen Bauens war so zwar nach wie vor gewahrt, zugleich aber ihre dienende und untergeordnete Bedeutung unmißverständlich hervorgehoben. Wo der „Funktionalist" bereits den Schlußstrich unter die Gleichung zieht, beginnt laut Mies van der Rohe erst die Aufgabe des Architekten.

Nicht zuletzt verband sich damit für ihn auch eine Statusfrage. Mies kam aus handwerklichen, kleinbürgerlichen Verhältnissen und war in der tiefen deutschen Provinz aufgewachsen. Anders als viele seiner Mitstreiter und die weit überwiegende Mehrzahl seiner Auftraggeber besaß er keinerlei akademische Ausbildung, ja konnte nicht einmal den offiziellen Titel eines „Baumeisters" für sich in Anspruch nehmen. Spät und nicht ohne beträchtliche Anstrengungen hatte er sich auf autodidaktischem Wege einen gewissen Bildungsgrad angeeignet. Der in seinen Äußerungen immer wieder begegnende Hinweis auf die „*geistigen Probleme*" des Bauens, der, wie Franz Schulze in seinem Beitrag ausführlich darlegt, letztlich nur den künstlerischen Anspruch der Architektur umschreibt, muß vor diesem Hintergrund gesehen werden. Was Mies van der Rohe als Architekten auszeichnete und über den Rang eines bloßen Bau-Handwerkers hinaushob, war die Fähigkeit des Künstlers, der

Abb. 86:
Haus Tugendhat,
Wohnbereich,
Blick von
der Bibliothek
zur Onyxwand

intuitiv – Mies selbst hätte hier vielleicht lieber „intellektuell" gehört – den Puls der Zeit erfaßt und ihm gestalterisch Ausdruck zu geben versteht. Mit diesem Ziel vor Augen mußte sich die funktionalistische Reduktion des Bauens auf die pragmatische Formel Zweck, Material und Konstruktion am Ende als unzulänglich erweisen.

Justus Bier, der mit seiner Frage „Kann man im Haus Tugendhat wohnen?" die Diskussion erst in Gang gebracht hatte, steht dieser Einstellung im Grunde näher, als zunächst vermutet werden sollte. Dies zeigt sich allein schon in der Begriffswahl, die vielfach an die Diktion von Mies oder Riezler erinnert. So gilt ihm der Barcelona Pavillon, der „als ein Bau der Repräsentation nur die eine Aufgabe zu erfüllen hatte, der Geistigkeit des neuen Deutschlands einen würdigen architektonischen Ausdruck zu geben", geradezu als Meisterwerk des Architekten: „Durch keine praktische Zwecksetzung beschwert" sei er in seiner ganzen „Reinheit" der Beleg dafür, daß „Architektur als Kunst auch in unserer Zeit möglich sei." Woher also rührt seine harsche Ablehnung des Tugendhat-Hauses, das doch dem gleichzeitig konzipierten Pavillon in Barcelona in so vieler Beziehung verwandt erscheint?
Viele der von Bier vorgebrachten praktischen Einwände, wie die seiner Ansicht nach ungenügende Trennung der Funktionsbereiche im unteren Wohngeschoß, konnten durch die im nachfolgenden Heft veröffentlichten Stellungnahmen von Grete und Fritz Tugendhat entkräftet werden. Der

eigentliche Kern seiner Kritik wird davon allerdings nur am Rande berührt, deckt sich aber in vieler Hinsicht mit der im vorhergehenden Kapitel behandelten Problematik. Bier beruft sich hier nicht zuletzt auf den von Mies selbst erhobenen Anspruch, daß es bei der Realisierung der *„Wohnung unserer Zeit"* vor allem zwischen *„wirklichem Wohnbedürfnis und falschem Wohnanspruch"* zu unterscheiden gelte. Genau dies sei im Haus Tugendhat nicht befolgt worden; man müsse sich daher fragen, *„ob die Bewohner die großartige Pathetik dieser Räume dauernd ertragen werden, ohne innerlich zu rebellieren."* Die aufwendige Möblierung und kostbare Ausstattung mit – trotz offener Grundrißlösung – *„starrer Fixierung aller Funktionen im Raum"* halte zu einem ähnlichen *„Paradewohnen"* an, wie es eine bereits überwunden geglaubte Zeit dereinst in einer *„Flucht von Gesellschaftsräumen"* zu zelebrieren pflegte (Abb. 87). Art und Umfang des betriebenen Aufwands legitimiert sich für Bier allein durch den Rang der jeweiligen Bauaufgabe. Was im Falle öffentlicher Gebäude oder repräsentativer Bauten wie dem Barcelona Pavillon als angemessen anzusehen sei, müsse bei einem Privathaus völlig deplaziert wirken: Der *„in seiner Strenge und inneren Monumentalität als ständige Umgebung unerträgliche Stil des Hauses Tugendhat"*, so Bier, zwinge *„die Bewohner zu einem Ausstellungswohnen […], das ihr persönliches Leben erdrückt"*. Man solle daher Mies besser mit Projekten betrauen, *„die seine ‚für die höchsten Aufgaben der Baukunst' gerüstete Kraft an der richtigen Stelle einsetzen, dort wo dem Geist ein Haus zu bauen ist, nicht, wo die Notdurft des Wohnens, Schlafens, Essens eine stillere, gedämpftere Sprache verlangt."*

1931, inmitten der Weltwirtschaftskrise, da Millionen von Menschen nur mehr ums nackte Überleben kämpften, mußte Riezlers Vorstellung von einem *„Haus des echten ‚Luxus' […, das] höchst gesteigerten Bedürfnissen dient, also nicht für eine ‚sparsame', irgendwie eingeschränkte Lebensführung bestimmt ist"*, in der Tat als Provokation empfunden werden. Biers Unbehagen, das von manchem anderen geteilt wurde, scheint vor diesem Hintergrund verständlich. Und dennoch sollte dies nicht darüber hinwegtäuschen, daß der Konflikt tiefere Ursachen hatte, die letztlich in den heterogenen Wurzeln des Neuen Bauens selbst begründet lagen. Die ständige Suche nach einer höheren, *„geistigen"* Rechtfertigung für das eigene Tun und Handeln gilt zudem als ein spezifisch deutsches Phänomen, was die Diskussion für Außenstehende nur bedingt nachvollziehbar macht. Weder Le Corbusier noch Frank Lloyd Wright haben mit ihren Villenbauten in Frankreich und den Vereinigten Staaten einen auch nur annähernd vergleichbaren Richtungsstreit innerhalb des eigenen Lagers ausgelöst. Abstrahiert man indes von der metaphysischen Sprachebene auf den eigentlichen Kern des Problems, zeigt sich seine über den konkreten Einzelfall hinausreichende Relevanz. Die theoretischen Grundlagen der Moderne waren allesamt schon lange im zu Unrecht verachteten 19. Jahrhundert vorgedacht. *Artis sola domina necessitas*, Otto Wagners Leitspruch auf seiner eigenen, 1888 vollendeten Villa – um nicht wieder einmal Louis Sullivan mit seinem *form ever follows function* als einsamen Propheten der Moderne zu zitieren –, steht am Ende und nicht etwa am Beginn einer Auseinandersetzung um die Rolle der Zweckform in der Architektur. Die Anfänge reichen bis weit vor die Mitte des vorigen Jahrhunderts zurück und waren bereits in der philosophischen Ästhetik des 18. Jahrhunderts angelegt, die die Hypothese von der *„Autonomie der Kunst"* begründet hatte. Die endgültige Ausgrenzung der Kunst aus der Architektur durch Adolf Loos und die radikalen Funktionalisten der zwanziger Jahre zieht nur den Schlußstrich unter eine Diskussion, die die Theoretiker des Faches über Jahrzehnte hinweg beschäftigt, die Praxis indes um keinen Deut weitergebracht hatte. Sie blieb dann auch in erster Linie ein reines Lippenbekenntnis. Der architektonische Entwurfsprozeß ist durchgängig von Entscheidungen rein formaler Art begleitet, die einer ausschließlich rationalen Erklärung nicht

zugänglich sind; dies gilt in hohem Maße gerade für Adolf Loos und gilt nicht minder für einen erklärten Funktionalisten wie Hannes Meyer, den zweiten Direktor des Dessauer Bauhauses.

Die Zweckbindung ist ein konstitutiver Faktor der Architektur und dies nicht erst seit dem Beginn der Moderne. Sie liefert jedoch mitnichten schon die fertige Lösung für eine konkrete Bauaufgabe. Wie der Zweck im Einzelfall definiert wird, liegt immer in der individuellen Entscheidung des Architekten und seines Auftraggebers. Ähnlich verhält es sich mit den Materialeigenschaften und den durch die Konstruktion gestellten technischen Vorgaben, denen in angemessener Weise Ausdruck zu verleihen ist. Auch diese Forderung war im Prinzip nicht neu, wobei allerdings über das jeweils „Angemessene" die Meinungen zu allen Zeiten weit auseinandergingen. Was bedeutet daher „material- und konstruktionsgerecht" im Sinne der Moderne? Vermittelt eine chromglänzende Hülle die adäquate Vorstellung von der tragenden Funktion einer Stütze; ist sie in ihrer Aussage klarer und „ehrlicher" als eine anstuckierte Gipssäule, die dies gewiß ebenso gut und vielleicht sogar eindeutiger zum Ausdruck bringt? Wie verhält es sich mit den zahlreichen Eisenträgern, die unter den makellos glatten Rabitzdecken des Tugendhat-Hauses verborgen liegen? Ähnliche Fragen müßten an viele, wenn nicht gar die meisten Bauten der Moderne gestellt werden. Sie bestätigen am Ende nur die Diskrepanz von Theorie und Praxis und damit die faktische Unmöglichkeit, das eine aus dem anderen erschöpfend zu erklären. Der theoretische Widerstreit zwischen „Zweckform" und „Kunstform", der die Diskussion zu Beginn des Jahrhunderts geprägt hatte und der, wie gezeigt wurde, noch bis in die Auseinandersetzung um das Haus Tugendhat hineinwirkte, erweist sich demnach oft genug als Scheingefecht.[44] Er führt zumal dort zu keinem Ergebnis, wo Zweckbestimmung und formale Lösung einander wechselseitig durchdringen, was aber bei qualitativ hochstehenden Bauten nahezu immer der Fall ist. Wie alle Epochen vor ihr hat die Moderne Gutes und Schlechtes, anerkannte „Meisterwerke" – und dazu darf ungeachtet aller Kritik auch das Tugendhat-Haus gerechnet werden – und einfallslose Massenware zuwege gebracht. Vor dem Hintergrund der Stilarchitektur des 19. Jahrhunderts bleibt daher vor allem das offene und rückhaltlose Bekenntnis der Moderne zur Gegenwart, durch das sie sich in ihrem Selbstverständnis gegenüber früheren Zeiten unterscheidet.

Diesen Anspruch hat ein Bauwerk wie das Tugendhat-Haus bis auf den heutigen Tag bewahrt. Im Vergleich dazu erscheint die Diskussion des Jahres 1931 abgestanden und unfruchtbar. Im Abstand von mehr als einem halben Jahrhundert vermag die pathetische Beschwörung „höherer geistiger Werte" ebensowenig mehr zu berühren, wie die ungleich berechtigtere Frage, ob denn einem äußerst luxuriösen Einzelhaus Vorbildcharakter für die dringenden Wohnungsprobleme der Gegenwart zuzusprechen sei (was ohne Zweifel hier nicht die Aufgabe war). „Die Moderne" ist heute bereits historisches Faktum; zu ihrer Rechtfertigung bedarf es daher keiner metaphysischen Begründung. Die Hoffnung aber, daß die aktuellen sozialen Probleme mit Hilfe der Architektur bewältigt werden könnten, hatte sich schon damals als Trugschluß erwiesen. Die vorausgegangenen Erläuterungen mögen das ein oder andere zum Verständnis des Tugenhat-Hauses beigetragen haben. Jedoch wird der Suche nach dem wahren und höheren Wesen der Moderne auch weiterhin nur wenig Erfolg beschieden sein – es sei denn, man gäbe sich mit dem Schiedsspruch Otto Wagners zufrieden, der schon 1898 zu dem keineswegs überraschenden Schluß gelangte[45]: *„Nicht Alles, was modern ist, ist schön, wohl aber muß unser Empfinden uns dahin weisen, dass wirklich Schönes heute nur modern sein kann."*

1939–1945: Das Haus ohne Hüter

Louis Schoberth, dem wir die entscheidenden Hinweise über das Schicksal des Hauses während der Okkupationszeit verdanken, hatte im Deutschland der dreißiger Jahre Architektur studiert. An den eher traditionell orientierten Technischen Hochschulen war das Neue Bauen schon zuvor nicht sonderlich stark vertreten gewesen; nach 1933 verschwand es völlig aus den Lehrplänen. Während die wenigen progressiv eingestellten Professoren ihren Abschied nehmen mußten, wurde die ebenfalls gleichgeschaltete Fachpresse – einige Zeitschriften hatten schon während der Weltwirtschaftskrise ihr Erscheinen eingestellt oder einen Standortwechsel vollzogen – auf die „neue" offizielle Parteilinie eingeschworen. Ausländische Publikationen waren für Studenten praktisch unzugänglich. Sofern ihr Bezug aufgrund der herrschenden Devisenbeschränkungen überhaupt noch aufrecht erhalten werden konnte, verschwanden sie in den geschlossenen Magazinbereichen der Bibliotheken. Dennoch, das beste Versteck für Bücher ist bekanntermaßen ein vollgestopftes offenes Regal, ließen sich anderthalb Jahrzehnte der Architekturentwicklung nicht ohne weiteres aus dem Gedächtnis der Fachwelt verbannen. Zudem waren ja die alten Literatur- und Zeitschriftenbestände der privaten Architekturbüros vorerst noch vom staatlich verordneten „Großreinemachen" verschont geblieben. Mit ein wenig Mühe, und entsprechendes Interesse vorausgesetzt, konnte man sich daher auch in diesen Zeiten ein Bild davon verschaffen, was die großen Leistungen des Neuen Bauens in der Weimarer Republik ausgemacht hatte. Zu den wenigen der Moderne gegenüber aufgeschlossenen Architekturstudenten scheint damals auch Louis Schoberth gezählt zu haben – sei es dadurch, daß er sie als Schüler zum Teil noch

bewußt selbst erlebt hatte oder daß sie ihm später insgeheim über seinen
Lehrer Hans Schwippert nahegebracht worden war.

Als junger deutscher Soldat wurde Schoberth im Herbst 1940 mit seiner
Einheit nach Brünn verlegt. Mies van der Rohe und das Tugendhat-Haus
waren ihm offenbar von einer Veröffentlichung in der Schweizer Werkbund-
Zeitschrift *Das Werk* her ein Begriff. Fachzeitschriften des deutschsprachigen
Auslands wurden damals an vielen Lehrstühlen auch weiterhin gehalten,
zumal anfangs ja durchaus noch nicht festzustehen schien, welche architekto-
nische Marschrichtung die nationalsozialistischen Machthaber einzuschlagen
gedachten. Schoberths Bericht über seine Streifzüge durch das moderne
Brünn, die ihn schließlich auch zum Haus Tugendhat führen sollten, schildert
den Zustand des Hauses zur Zeit der deutschen Okkupation im Oktober oder
November 1940. Er gibt Aufschluß über die bereits damals vorgenommenen
Veränderungen und korrigiert damit das Gerücht, daß das bewegliche
Mobiliar des Hauses erst nach Abzug der Deutschen im Februar oder März
1945 von Anwohnern aus der näheren Umgebung geplündert worden sei.
Nicht zuletzt aber unterstreicht er die erstaunlich hohe Aufgeschlossenheit,
die man in Brünn der Moderne entgegengebracht hatte – und dies alles aus
der Sicht eines deutschen Besatzungssoldaten, dessen Bericht hier auszugsweise im Wortlaut wiedergegeben wird[46]:
„Brünn besaß manche bauliche Schönheit, aus dem Barock, aber auch aus

den letzten zwanzig Jahren. Das neue Wohnviertel am Berghang jenseits des Ausstellungsgeländes war herzerfrischend zu durchwandern. Neben mittelmäßigem und modischem, fanden sich dort gekonnte und wirklich gute Wohnhäuser; in der Innenstadt mehrere Geschäftsbauten und Cafés. Das neue Bauen war der staatlichen Ächtung nicht verfallen wie bei uns, sondern hatte sich eifrig geübt und entwickelt. Die Bauausführung machte durchweg einen soliden und qualitativ hochstehenden Eindruck, ähnlich wie die tschechischen Textil- und Ledererzeugnisse sich damals darboten.

Meine beharrlichen Streifzüge brachten mich nicht zum Ziel. Später erst führte mich der Zufall eines Tages über die Schwarzfeldstraße, die in leichter Biegung einen mit harmlosen älteren Villen besetzten Hang hinaufführt. Als in einiger Entfernung eine weiße Hausecke auftauchte, durchfuhr es mich wie ein Schlag: Der Bau von Mies van der Rohe! – Ich hatte mich nicht getäuscht.

Kurz vor dem Einmarsch der Deutschen hatte der Besitzer mit seiner Familie Haus und Land verlassen, aber der Hausmeister war geblieben. Der Mann wußte, welch Kostbarkeit er betreute. Wir haben uns rasch angefreundet, und ich durfte mich im Haus frei bewegen. Gleichzeitig erlaubten mir damals witzige [sic] Umstände, dem Kasernenhof tageweise zu entwischen. Es waren wunderbare Stunden, die ich damit verbrachte, dieses Meisterwerk möglichst restlos zu erfassen. Aus ersten Skizzen wurde allmählich ein vollständiges Aufmaß, ergänzt durch Fotos aus dem Besitz des Herrn Tugendhat und eigene Aufnahmen.

Als jüdisches Eigentum von der SS in 'Verwaltung' genommen, war der Bau in großer Gefahr. Drei Möglichkeiten standen zur Wahl: Abbruch, Umbau zu einem Café und Umbau zu einem Kindersanatorium. Abbruch war das Wahrscheinlichere. Inzwischen hatte man bereits das bewegliche Inventar bis auf wenige Stücke und ebenso die halbrunde Wand aus Makassar-Ebenholz preiswert abgestoßen. Die große Onyxwand sollte demnächst an einen Friedhofssteinmetzen verhökert werden und die herrlich gearbeiteten Einbauschränke waren ebenfalls versprochen. Um ein Haar wäre es mir gelungen, dem SS-Verwalter Lehmbrucks Mädchen-Torso in Steinguß (1913/14), der immer neben der Onyxwand gestanden hatte, abzuhandeln und 'det Jipsmodell' nach Deutschland zu retten."

[Es folgt eine vorwiegend auf die veröffentlichten Fotografien gestützte Beschreibung des ursprünglichen Zustandes des Hauses.]

„Professor Schwippert schrieb mir im November 1940 als Antwort auf meinen ersten Bericht: '... Mies weiß wie wenige um den Raum und um die Schönheit der Stoffe. Und es sind schon einige, die, wie ich, ihn für den Meister hielten. – Lassen wir also das Haus, noch ist der Mann. Was kann ihm besseres geschehen, als dies, daß einer mehr um ihn weiß! ...'"

Im Herbst 1940 waren demnach die gebogene, Makassar-furnierte Holzwand der Eßzimmernische und ein Großteil der nach der Flucht der Bewohner noch im Haus verbliebenen Möbel bereits nicht mehr in situ vorhanden. Für die festen Einbauten im Obergeschoß hatte sich offenbar ebenfalls schon ein Interessent gefunden. Heute sind nur mehr die Palisander-furnierten Wandschränke in den Zimmern von Grete und Fritz Tugendhat im Original erhalten. Diejenigen in den Zimmern von Irene Kalkofen und Hanna, die wie die übrigen Ausstattungsteile hier in Zebrano ausgeführt waren, fehlen, ebenso die Schrankzeile im Zimmer der Söhne sowie Schuhschrank und Wäschetruhe im Vorraum der Eltern mit weißen Schleiflack-Oberflächen. Die kostbare Onyxwand war laut Schoberth auch zum Verkauf bestimmt, doch blieb ihr dieses Schicksal durch glückliche Umstände erspart; sie wäre heute kaum mehr zu

Abb. 89:
Haus Tugendhat,
Nutzung
des Wohnbereichs
als Gymnastikraum
(Aufnahme
aus den sechziger
Jahren)

ersetzen, da der Steinbruch im marokkanischen Atlasgebirge schon lange erschöpft ist.

Schoberth fand also bei seinem Besuch des Hauses im Herbst 1940 im Grunde nur mehr eine leere Hülle vor, der jedoch weitere schwerwiegende Eingriffe noch bevorstehen sollten. Vermutlich dürften diese erst nach dem (völkerrechtlich nichtigen) Grundbucheintrag vom 12. Januar 1942 erfolgt sein, mit dem das Eigentum am Haus Tugendhat offiziell auf das Deutsche Reich übergegangen war. Im Zuge der Auslagerung kriegswichtiger Produktionsbetriebe aus dem sogenannten „Altreich" verlegte man damals auch größere Teile der Messerschmidt-Flugzeugwerke nach Brünn, das vorerst noch außerhalb der Reichweite alliierter Fliegerangriffe lag. Das Haus an der Schwarzfeldgasse wurde den „Flugmotorenwerken Ostmark" zur Nutzung überlassen, die hier vermutlich Konstruktionsbüros unterhielten. Einer anderen, unbestätigten Quelle zufolge soll sogar Willy Messerschmidt selbst hier zeitweise gewohnt haben, wofür sich aber bislang keine Belege anführen lassen. Jedenfalls hatte dies eine Reihe von Umbaumaßnahmen zur Folge, die erst im Zuge der jüngsten, in den achtziger Jahren durchgeführten Restaurierungskampagne wieder beseitigt werden konnten. So wurde wohl aus Sicherheitsgründen die Glaswand der Eingangshalle bis in Kopfhöhe vermauert und der Durchgang zur vorderen Terrasse durch eine massive Wand geschlossen. Als gegen Ende des Krieges die Front näherrückte, war auch Brünn vor Luftangriffen nicht mehr sicher. Bei der Bombardierung am 24. November 1944 gingen durch die Druckwellen der Einschläge nahezu sämtliche Spiegelglasscheiben zu Bruch. Im April 1945 wurde das verwaiste Haus von der Roten Armee requiriert und von einer Kavallerieeinheit angeblich auch zur Unterbring von Pferden benutzt. Dabei dürften die Linoleumböden der Innenräume und der Travertin der Eingangshalle, Eßzimmerterrasse und Gartentreppe beschädigt worden sein. Ob man allerdings damals, wie František Kalivoda behauptet, die Pferde tatsächlich über die gebogene und doch recht enge und steile Hauptreppe ins untere Hauptgeschoß hinabführte, scheint mehr als zweifelhaft, zumal gerade hier der Travertin nur geringe Abnutzungsspuren erkennen läßt.[47]

Für das wechselvolle Schicksal des Hauses nach 1945 und die noch zur Zeit des kommunistischen Regimes in den achtziger Jahren erfolgten Restaurierungsmaßnahmen sei hier auf den Beitrag von Ivo Hammer verwiesen. Nach der Wende von 1989 wurde das Haus Tugendhat von der Stadt Brünn der Obhut des Städtischen Museums anvertraut und der Öffentlichkeit zugänglich gemacht. Damit war eingetreten, wogegen Grete Tugendhat noch 1969 vehement Stellung bezogen hatte und was am Ende die gesamte Diskussion des Jahres 1931 obsolet erscheinen läßt: die Musealisierung der Moderne.[48] Angesichts der in mancher Hinsicht immer noch gültigen Aktualität von Mies van der Rohes Entwurf mag man dies bedauern; vieles daran war zukunftsweisend und hat selbst heute noch Bestand. Bei alledem dürfen indes die zeitgebundenen Aspekte des Hauses nicht aus den Augen verloren werden, in denen sich die großbürgerliche Lebenshaltung einer zu Ende gehenden Ära noch einmal verwirklichen konnte. Häuser vom repräsentativen Anspruch des Tugendhat-Hauses entstehen noch heute und werden zweifellos auch zukünftig gebaut werden, solange eine entsprechende Klientel über die erforderlichen finanziellen Mittel verfügt. Anders als damals sind sie indes nicht länger Ausdruck einer trotz allem gegenwärtigen Epoche, sondern zumeist nur Spiegelbild von Projektionen, welche eine Lebenshaltung evozieren, die für die Betroffenen selbst längst jegliche Verbindlichkeit verloren hat. Dies allerdings ist dem Haus Tugendhat und seinen Bewohnern auch im Rückblick wohl schwerlich vorzuhalten.

Anmerkungen

[1] Zitate nach: Werkbund-Ausstellung „Die Wohnung", Stuttgart 1927,
23. Juli–9. Okt. Amtlicher Katalog, Vorwort von Ludwig Mies van der Rohe,
S. 5; ders.: [„Baukunst in der Wende der Zeit"], *Innendekoration* XXXIX, 6,
Juni 1928, S. 262; ders.: „Die Wohnung unserer Zeit", *Der Deutsche
Tischlermeister* XXXVII, 30, 23. Juni 1931, S. 1038. Zu den Schriften Mies van
der Rohes und ihrem geistesgeschichtlichen Kontext vgl. FRITZ NEUMEYER,
Mies van der Rohe: Das kunstlose Wort – Gedanken zur Baukunst, Berlin
1986.

[2] Die Angaben zur Familie Tugendhat basieren auf den persönlichen
Erinnerungen Irene Kalkofens (Gespräch mit dem Autor am 27. 2. 1998 in
London). Grete Tugendhat hat sich nur an einer Stelle über die Zeit nach 1933
geäußert. In einem Brief an František Kalivoda vom 1. Februar 1969 (Städt.
Spielberg Museum, Brno, Nachlaß Kalivoda) schreibt sie: „Bei der Liga für
Menschenrechte in Brünn war ich im Vorstand. Ich habe in den Jahren 1933
bis 1938 die Emigrantenberatung dort zusammen mit Herrn Dr. Schütz und
Frau Stiassni gemacht [...] Mein Mann hat sich daran nicht beteiligt." Zum
Thema allgemein s. neuerdings DORA MÜLLER, Drehscheibe Brünn –
Prestupní Stanice Brno: Deutsche und österreichische Emigranten 1933 –
1939, Brno 1997, die allerdings ausschließlich die Situation der politischen
Emigranten behandelt.

[3] Neben der grundlegenden Biographie von FRANZ SCHULZE, Mies van der
Rohe: Leben und Werk, Berlin 1986, ist für die hier betreffende Problematik
insbesondere zu verweisen auf ELAINE S. HOCHMAN, Architects of Fortune:
Mies van der Rohe and the Third Reich, New York 1989, sowie auf RICHARD
POMMER, „Mies van der Rohe and the Political Ideology of the Modern
Movement in Architecture", in FRANZ SCHULZE (Hrsg.), Mies van der Rohe:
Critical Essays, New York u. Cambridge, MA 1989, S. 96–145. Mies van der
Rohes Schlußwort auf der Wiener Werkbund-Tagung ist abgedruckt in *Die
Form* V, 15, Aug. 1930, S. 406.

[4] Angaben nach Irene Kalkofen (Anm. 2). Die Vermutung, daß der Chauffeur als
Verwalter im Haus verblieben war und diese Funktion offenbar auch noch
während der Okkupationszeit ausübte, wird durch die Aussage von Louis
Schoberth bestätigt, der als deutscher Soldat im Herbst 1940 das Haus
besuchte: „Kurz vor dem Einmarsch der Deutschen hatte der Besitzer das
Haus verlassen, aber der Hausmeister war geblieben. Dieser Mann wußte,
welch Kostbarkeit er betreute. Wir haben uns rasch angefreundet, und ich
durfte mich im Haus frei bewegen." (LOUIS SCHOBERTH: „Zum Haus
Tugendhat: Wirkung gegen die Zeit," *Baukunst und Werkform* I, 3, 1947,
S. 16–21, Zitat S.17).

[5] Die Angaben aus den Grundbüchern der Stadt Brünn sind entnommen
KAREL MENSÍK u. JAROSLAV VODIČKA, Vila Tugendhat Brno, Brno 1986,
nicht pag.; der Hinweis auf die Nutzung der Löw-Beerschen Villa als Quartier
für SS-Mannschaften findet sich bei MÜLLER (Anm. 2), S. 114.

[6] Zu Eduard Fuchs s. THOMAS HUONKER, Revolution, Moral & Kunst:
Eduard Fuchs, Leben und Werk, Zürich 1985 (phil. Diss. Zürich 1982); der
Aufsatz von Walter Benjamin ist wiederabgedruckt in WALTER BENJAMIN,
Gesammelte Schriften, hrsg. v. ROLF TIEDEMANN u. HERMANN
SCHWEPPHÄUSER, Bd. II, 2, Frankfurt 1977, S. 465–505.

[7] Zum Bau und Verkauf des Hauses an Fuchs s. die Lebenserinnerungen von
HUGO PERLS, „Warum ist Kamilla schön" – Von Kunst, Künstlern und
Kunsthandel, München 1962, S. 16, 62, u. 64; von weiterführendem Interesse
auch für das Haus Tugendhat ist dabei die Aussage: „Van der Rohe hatte
scharfe Überzeugungen. Erinnere ich mich recht, so erklärte er seine Ansicht
über die Entstehung eines Hauses ungefähr so: Der Architekt müsse die
Menschen kennenlernen, die das künftige Haus zu bewohnen haben. Aus
ihren Bedürfnissen ergibt sich bald alles wie von selbst. [...] Schon wurde von

der Funktion der Teile des Hauses gesprochen; das etwas dogmatische Wort
‚Funktionalismus' gab es wohl noch nicht." (S. 16).

8   Zum „Liebknecht-Luxemburg-Denkmal" s. ROLF-PETER BAAKE u. MICHAEL
    NUNGESSER, „Ich bin, ich war, ich werde sein! Drei Denkmäler der deut-
    schen Arbeiterbewegung in den Zwanziger Jahren", in Wem gehört die
    Welt – Kunst und Gesellschaft in der Weimarer Republik. Ausst.-Kat. Berlin
    (Neue Gesellschaft für Bildende Kunst) 1977, S. 280–298. Die erwähnten
    Veröffentlichungen über Fuchs und Mies finden sich unter PAUL WESTHEIM,
    „Das Haus eines Sammlers: Die Sammlung Eduard Fuchs, Zehlendorf", Das
    Kunstblatt X, 1926, S. 106–113, bzw. DERS., „Mies van der Rohe: Entwicklung
    eines Architekten", a. a. O. XI, 2, Febr. 1927, S. 55–62.

9   Zum Erweiterungsbau Fuchs haben sich im Nachlaß des Architekten
    39 Zeichnungen erhalten (MoMA 3232.26.1–26.39), darunter zumindest zwei
    Pläne aus der ursprünglichen Erbauungszeit (MoMA 3232.26.33: dat. 6. 10. 11,
    gez. „Goebbels, Arch.", mit nachträglich eingetragenen Putzmaßen; MoMA
    3232.26.8: Einreicheplan, dat. „Sept. 1911"). Die Ausführungsentwürfe stam-
    men, soweit datiert, vom Mai 1928 und sind als „Nachtrag" bezeichnet.

10 Das eingangs erstmals in vollem Wortlaut veröffentlichte Manuskript des
    Vortrags von Grete Tugendhat, den sie am 17. Januar 1969 in Brünn gehalten
    hatte und der zu unseren wichtigsten Quellen über das Haus Tugendhat zählt,
    befindet sich im Besitz von Daniela Hammer-Tugendhat, eine Fotokopie ist
    im Mies van der Rohe Archive des New Yorker Museum of Modern Art erhal-
    ten. Eine geringfügig gekürzte Version wurde publiziert unter GRETE
    TUGENDHAT, „ Zum Bau des Hauses Tugendhat", *Bauwelt* LX, 36, 8. 9. 1969,
    S. 1246f.

11 Angaben nach MENŠÍK / VODIČKA (Anm. 5) sowie nach den Erinnerungen
    Irene Kalkofens.

12 GRETE TUGENDHAT (1969, Anm. 10); WOLF TEGETHOFF, Mies van der
    Rohe: Die Villen und Landhausprojekte, Krefeld u. Essen 1981, S. 90–98; zu
    den einzelnen Planungsphasen s. weiter unten.

13 Angaben zur Grundstücksübertragung und zum damaligen Schätzwert im
    Grundbuch der Stadt Brünn, vgl. MENŠÍK / VODIČKA (Anm. 5).

14 Zum Haus Wolf s. TEGETHOFF (1981, Anm. 12), S. 58f.; auf die schwierigen
    Bodenverhältnisse verweist bereits GRETE TUGENDHAT (1969, Anm. 10).

15 Die erwähnten Vergleichsbauten sind, unter Einschluß des Barcelona
    Pavillons, ausführlich behandelt in TEGETHOFF (1981, Anm. 12).

16 MAX EISLER, „Mies van der Rohe / Eine Villa in Brünn", *Die Bau- und
    Werkkunst* VIII, 2, Febr. 1932, S. 25–30: *„draußen mit kupferfarbener Bronze
    verkleidet"*; im gleichen Sinne auch SCHOBERTH (Anm. 4, S. 20): *„Wo die
    Stützenreihe sich im Freien fortsetzt, besteht die Ummantelung aus Kupfer-
    blech."*

17 Die Bezeichnung „Travertin" findet sich u. a. auf den Plänen Brno 441 / A 28
    und 441 / 103 sowie MoMA 2.88.

18 Mies hatte zunächst einen zur Eingangshalle hin offenen Verbindungskorridor
    zur Terrasse geplant. Die Abtrennung wurde offenbar erst auf Wunsch Grete
    Tugendhats vorgenommen: *„Wir hatten noch besondere Wünsche, die Mies
    alle berücksichtigte, zum Beispiel wünschte ich mir einen direkten Zugang
    von meinem Zimmer zu den Kinderzimmern. Dadurch entstand der
    Durchgangsraum zwischen Eingangshalle und Terrasse."* (GRETE TUGEND-
    HAT, 1969, Anm.10).

19 Bandmitschnitt eines von Ludwig Glaeser geführten Interviews mit Friedrich
    Hirz vom 9. September 1974 (MoMA).

20 GRETE TUGENDHAT (1969, Anm. 10), S. 1246, hier S. 10.

21 Köstner an Mies, 19. September 1929 (MoMA, Barcelona-Korrespondenz)

22 Zit. n. OTTO KOLB, Erinnerungen an Mies van der Rohe, Wermatswil (o. J.),
    S. 6. Zu den Kosten des Barcelona Pavillons s. TEGETHOFF (1981, Anm. 12),
    S. 76.

23 TEGETHOFF (1981, Anm. 12), S. 62f.

24 Interview vom 9. September 1974 (Anm. 19).

25 Das Scheitern des Projekts Dexel zeigt einen besonders krassen Fall; vgl. TEGETHOFF (1981, Anm. 12), S. 52–54.

26 Zum Kröller-Müller-Projekt s. SCHULZE (Anm. 3), S. 58–65.

27 Laut GRETE TUGENDHAT (1969, Anm. 10) kam es im weiteren Verlauf zu Unstimmigkeiten mit Hirz: *„Wir hatten zuerst einen Herrn Hitz [sic] als Bauleiter, der sich aber nicht sehr bewährte und daher bald von Herrn John abgelöst wurde, der in Brünn blieb, bis der Bau beendet war ..."* (S. 1247, hier S. 11). Den Signaturen auf den erhaltenen Brünner Blaupausen nach zu schließen war Hirz jedoch noch bis mindestens Ende August 1929 vor Ort für den Bau zuständig.

28 Zit. n. WALTER RIEZLER, „Das Haus Tugendhat in Brünn", *Die Form* VI, 9, Sept. 1931, S. 321–332, hier S. 328.

29 Zum Thema des gerahmten Landschaftsprospekts bei Mies und seiner historischen Herleitung von Schinkel vgl. WOLF TEGETHOFF, „Zur Entwicklung der Raumauffassung im Werk Mies van der Rohes", *Daidalos* 13, Sept. 1984, S. 114–29, u. DERS., „Landschaft als Prospekt – oder die ästhetische Aneignung des Außenraums bei Schinkel", in *Kunstsplitter*: Beiträge zur nordeuropäischen Kunstgeschichte (Festschrift Wolfgang J. Müller), Husum 1984, S. 120–129.

30 Vgl. TEGETHOFF (1981, Anm. 12), S. 87f.

31 RIEZLER (Anm. 28); GRETE TUGENDHAT, „Die Bewohner des Hauses Tugendhat äußern sich" (Zuschrift an die Redaktion), *Die Form* VI, 11, Nov. 1931, S. 437–438.

32 RIEZLER (Anm. 28), Zit. S. 332.

33 W[ilhelm] BISOM, „Villa arch. Mies van der Rohe", Měsíc, Juni 1932, S. 2–7; MAX EISLER (Anm. 16).

34 Ein zeitgenössischer Kommentar zu diesem terminologischen Bedeutungswandel findet sich beispielsweise bei FRITZ SCHUMACHER, „Bürgerliche Baukunst", in: Spemanns goldenes Buch vom Eigenen Heim: Eine Hauskunde für Jedermann, Berlin u. Stuttgart 1905, nicht pag., Abs. 12: *„Dadurch ist unwillkürlich die natürlichere und unbefangenere Gestaltung des Landhauses der Kern des Begriffs ‚Villa' geworden und die Villa immer mehr der Typus des eleganten Stadthauses. [...] Man will auch in der Stadt freiliegen und dadurch ist schon von vornherein ein anderer Charakter in das hineingekommen, was heute dem Patrizierhause von einst entspricht. Es ist zur ‚Villa' geworden. [...] Als typischen Unterschied kann man vor allem die Art hervorheben, wie sich das Haus zu seiner Umgebung öffnet."*

35 Angaben nach Irene Kalkofen (Anm. 2).

36 Vgl. hierzu den Beitrag von Daniela Hammer-Tugendhat.

37 Dies ist am Ende auch das Fazit von EISLER (Anm. 16), S.30: *„Deshalb ist auch die Frage nach seiner Wohnlichkeit [...] unangebracht. Denn fürs erste ist sie doppelsinnig (der Fragesteller versteht unter ‚wohnlich' etwas Bürgerlich-Behagliches und bestreitet damit von allem Anfang jene Art der Wohnlichkeit, welche die Besitzer ebenso natürlich behaupten). Und ferner ist die Frage hier auch unwesentlich. Denn bei einem außerordentlichen Bauwerk wie diesem werden wir uns damit beizubringen dürfen, daß die Bewohner sich darin wohlfühlen."*

38 Auf den Artikel von RIEZLER (Anm. 28) folgten in der Reihenfolge ihres Erscheinens B. [JUSTUS BIER], „Kann man im Haus Tugendhat wohnen?", *Die Form* VI, 10, Okt. 1931, S. 392f. (mit unmittelbar anschließendem Kommentar von Riezler, S. 393f); ROGER GINSBURGER u. WALTER RIEZLER, „Zweckhaftigkeit und geistige Haltung", a. a. O., 11, Nov. 1931, S. 431–437; GRETE u. FRITZ TUGENDHAT, „Die Bewohner des Hauses Tugendhat äußern sich", a. a. O., S. 437f. (mit abschließendem Kommentar von LUDWIG HILBERSEIMER, S. 438f.).

39 [LUDWIG] MIES VAN DER ROHE, „Bürohaus", *G*, 1, Juli 1923, S. 3.

40 DERS., „Bauen", *G*, 2, Sept. 1923, S. 1.

[41] DERS. (1927, Anm. 1).

[42] Aus einem Vortragsmanuskript von 1910, zit. n. ADOLF LOOS, Sämtliche Schriften, hrsg. v. FRANZ GLÜCK, Wien u. München 1962, S. 302–318, Zit. S. 315.

[43] MIES VAN DER ROHE (1928, Anm. 1).

[44] EISLER (Anm. 16, S. 30) kommt explizit noch einmal auf diesen Gegensatz zu sprechen: *„Und darum ist selbst die Art, wie hier die Zweck- der Kunstform, ja die Bau- der Landschaftsform eigenwillig widersteht, für die Entwicklung der modernen Architektur weitaus wichtiger und fruchtbarer als die meisten reibungslosen Lösungen."*

[45] OTTO WAGNER, Moderne Architektur, Vorwort zur 2. Aufl., Wien 1898.

[46] SCHOBERTH (Anm. 4) Zitat S. 17 u. (letzter Absatz) S. 21; dagegen FRANTIŠEK KALIVODA, „Haus Tugendhat: gestern – heute – morgen", *Bauwelt* LX, 36, 8. 9. 1969, S. 1248 f.: „da aber [1945] war das Haus schon leer, das Mobiliar war, sofern nicht fest eingebaut, von Bewohnern der Umgebung weggestohlen worden, vermutlich in der kurzen Zeitspanne zwischen Auszug des deutschen Benutzers und der Ankunft der [russischen] Truppen." (S. 1248).

[47] Zum Schicksal des Hauses in den vierziger Jahren s. JAN SAPÁK, „Vila Tugendhat", *Umění* XXXV, 2, 1987, S. 167–169, DERS., „Das Alltagsleben in der Villa Tugendhat", *Werk, Bauen + Wohnen* LXXV/XLII, 12, Dez. 1988, S. 15–23, DERS., „Das Haus Tugendhat in Brünn", *Bauforum* XXII, 131, 1989, S. 13–25, DERS., „Reconstruction of the Tugendhat house (Mies van der Rohe, 1930)", in: First International DOCOMOMO Conference, Sept. 12–15, 1990: Conference Proceedings, Eindhoven 1991, S. 266–268.
Die These, daß Willy Messerschmidt im Haus gewohnt habe, findet sich u.a. bei SCHULZE (Anm. 3), S. 177, und PETER LIZON, Villa Tugendhat in Brno: An International Landmark of Modernism, Knoxville, TN 1996, S. 29, der allerdings den Vornamen verwechselt. Sie geht wohl letztlich auf KALIVODA (Anm. 46) zurück, der indes vorsichtiger nur von einem deutschen „Industrieprominenten" spricht (S. 1248). Vgl. dagegen SAPÁK (1991), S. 266, sowie [DUŠAN RIEDL], The Villa of the Tugendhats created by Ludwig Mies van der Rohe in Brno, Brno 1995, S. 47.

[48] Am 11. November 1968 schrieb Grete Tugendhat an František Kalivoda (Städt. Spilberk Museum, Brünn, Nachlaß Kalivoda): *„Ich glaube, dass auch Mies van der Rohe den Gedanken, das Haus als museales Objekt einfach stehen zu lassen, nicht fassen würde. Worauf kommt es denn an? Ich glaube darauf, das eigentlich Wichtige an diesem Haus [-] und das ist der grosse Wohnraum und die Klarheit des Aufbaus [-] wiederherzustellen. Die obern Zimmer haben sich nach unsern Bedürfnissen gerichtet – ich würde es nicht schlimm finden, wenn sie in der Einrichtung einem neuen Gebrauch zuliebe etwas geändert werden müssten. Ich fürchte, dass sie die Kosten der Wiederherstellung unterschätzen: unbedingt notwendig wäre die Wiederherstellung der Proportionen, der grossen Fenster, und eben des untern Raumes – ich glaube, dass sich dieser Raum dann für Architekten- und Künstlerkongresse, wie Sie es ursprünglich vorhatten, sehr gut eignen würde und oben könnten Räume für kleine Gruppen oder Schlafräume für ausländische Gäste sein. Die hohen Kosten für ein rein museales Objekt aufzubringen, wo es heute dort soviel Notwendiges zu bauen gibt, finde ich irgendwie unzumutbar und nicht zu verantworten. Ich fürchte auch, dass das leerstehende Haus tot wirken würde und kalt – dieses Haus ist so sehr es Kunst ist doch ein Rahmen – ein Rahmen für menschliches Leben wie jedes Haus. [...] Ich fürchte noch eines: wenn das Haus in dieser Form zum musealen Objekt würde, wäre der erste Gedanke der Betrachter nicht die Schönheit des Raumes, sondern: so also wohnen Kapitalisten. Nun ist es ja wahr, dass nur Kapitalisten sich so ein Wohnen leisten konnten, aber das war weder unsere Schuld noch gar die von Mies van der Rohe, und ich finde, man sollte gerade zeigen, dass dieses Haus auch einen andern Zweck durchaus richtig ausfüllen kann."*

Ludwig Mies van der Rohe
Das Haus Tugendhat

Franz Schulze
Mies van der Rohe: Werk und Denken

Abb. 90:
Haus Tugendhat,
Blick von Südosten

Franz Schulze
Mies van der Rohe: Werk und Denken

Mies van der Rohes Auseinandersetzung mit der Architektur bewegte sich auf
zwei Ebenen. Sie äußerte sich zum einen in seinen eigenen Entwürfen und
Werken, zum anderen in den schriftlich festgehaltenen Gedanken, in denen
er seine Ansichten mit Blick auf seine Arbeiten und die Baukunst im allgemeinen darlegte. Ihrer wechselseitigen Abhängigkeit wurde dabei viel Aufmerksamkeit gewidmet, weit weniger jedoch den gelegentlichen Abweichungen
zwischen Theorie und Praxis, ob diese nun vom Architekten bewußt in Kauf
genommen waren oder nicht. Zweck dieses Essays ist es, sowohl das Werk als
auch die Gedanken Mies van der Rohes über die sechs Jahrzehnte seiner
Karriere zu verfolgen und sie auf Übereinstimmungen und Divergenzen hin zu
untersuchen. Dem liegt die Auffassung zugrunde, daß Mies van der Rohe sich
zwar ausdrücklich auf philosophische Denkansätze berief, in erster Linie aber
als Künstler handelte, der eher von kunstimmanenten Antrieben und Verhal-
tensweisen geleitet war als von übergeordneten philosophischen Prinzipien.
Nicht seine theoretischen Äußerungen verdienen es daher, herangezogen zu
werden, wenn seine einzigartige historische Leistung angemessen gewürdigt
werden soll. Wären seine Gebäude nicht als solche bemerkenswert – und
bemerkenswert sind sie in der Tat in hohem Maße –, bestünde für seine Gedanken nur mehr ein rein akademisches Interesse.

Die bekannten Daten und Fakten zur Biographie Mies van der Rohes lassen in
groben Zügen seine Entwicklung nachvollziehen, sind aber kaum dazu geeignet, die Genese dieses gewaltigen Talents auch nur in Ansätzen erklären zu
können. Mies entstammte einer Aachener Steinmetzfamilie, deren Zugehörigkeit zur Mittelschicht ihm eine bescheidene Ausbildung in der römisch-katho-
lischen Tradition des Rheinlandes sicherte. Er beendete mit 13 Jahren die ört-
liche Domschule und besuchte danach die Gewerbeschule. Was er in frühen
Jahren über Architektur lernte, verdankte er wohl kaum seiner schulischen
Ausbildung, sondern scheint sich dieses Wissen im Laufe seiner Lehrzeit auf
verschiedenen Baustellen der Stadt angeeignet zu haben. Seine Familie
konnte es sich nicht leisten, ihn an der Aachener Hochschule studieren zu lassen. Statt dessen fand er in verschiedenen örtlichen Architekturbüros Beschäftigung. Neben seinem früh ausgeprägten Zeichentalent entwickelte sich hier
auch sein Interesse an Büchern, besonders solchen über philosophische Themen. Sie weckten sein Streben nach einem kulturell ausgefüllteren Leben als
dem eines Provinzhandwerkers. Mit 19 Jahren zog er nach Berlin.

Sieht man seine persönliche und berufliche Entwicklung in der deutschen
Hauptstadt vor dem Hintergrund seiner Herkunft und Ausbildung, so zeich-
nen sich bereits erste Hinweise auf seine außergewöhnlichen Fähigkeiten und
die mit ihr verbundene Persönlichkeit ab. Noch vor seinem zwanzigsten Ge-
burtstag fand er eine Anstellung bei Bruno Paul, einem der damals bekann-
testen Architekten und Designer Deutschlands, durch dessen Hilfe er den
Auftrag für ein Privathaus in Potsdam erhielt. Der Auftraggeber war ebenfalls
eine Persönlichkeit von Rang, der Berliner Philosophieprofessor Alois Riehl,
ein führender Nietzsche-Experte. Paul war wohl von Mies so überzeugt, daß
er ihn mit diesem Auftrag fördern wollte, den sein Protegé ohne Zögern und,
offenbar typisch für ihn, allein auszuführen gewillt war. Mies wuchs auch Riehl
ans Herz, der seine erste Reise nach Italien unterstützte. Hier konnte sich
Mies aus erster Hand mit den klassischen Formen vertraut machen, deren
Einfluß in Deutschland am Ende des ersten Jahrzehnts dieses Jahrhunderts
wuchs und ein mäßigendes Gegengewicht zur ausschweifenden Kurvigkeit
des bis dahin populären Jugendstils bildete.

Das Haus Riehl war ein bescheidener Versuch in der lokalen Architektur-tradition der Zeit, aber in seinen Formen und Details spiegelt es Mies van der Rohes lebenslange Vorliebe für klassizistische Nüchternheit, für einen bewußt zurückhaltenden Ausdruck und für die Klarheit der Form. Der Erfolg und die positiv verhaltene Kritik in der Fachpresse hinderten Mies nicht daran, im Jahre 1908 zu einem noch berühmteren Architekten als Paul, Peter Behrens, zu wechseln.

Hier sah sich Mies in einem großen Atelier dieser internationalen Stadt wie-der und fand so zunehmend Kontakt zu progressiven, konservativen und ge-mäßigten Architekten, die in der äußerst vielfältigen hauptstädtischen Kultur-szene um Aufmerksamkeit wetteiferten. Mit der Zeit wurde er nicht nur ein vertrauter Mitarbeiter von Behrens, sondern – auch dies wieder typisch für ihn – begann auch, sich mit den theoretischen und philosophischen Implika-tionen des Berufes auseinanderzusetzen, den er gewählt hatte.

Mies war in intellektueller wie in kreativer Hinsicht ein zielstrebiger Geist. Hast war ihm fremd. Während seine Jugend und sein Ehrgeiz ihn dazu bewegten, seiner Umgebung zuzuhören und zu lesen, was immer ihn interes-sierte, übernahm er die progressiven Tendenzen der Zeit nur ebenso lang-sam, wie er seine älteren Überzeugungen aufgab. Einiges spricht dafür, daß Mies als junger Mann der konservativen Richtung näher stand als der Revo-lution, auch wenn diese in den großen europäischen Metropolen in aller Munde war. Während Peter Behrens' Ruhm sich vor allem auf seine Leistun-gen im Industriedesign stützte, spiegelten seine Wohngebäude seine Be-wunderung für eine überragende Figur des frühen 19. Jahrhunderts, den romantischen Klassizisten Karl Friedrich Schinkel wider. Es war bezeichnender-weise diese Vorliebe, die sich besonders deutlich in der Arbeit seines jungen Assistenten bemerkbar machte. Mies' erste unabhängige Entwürfe nach dem Haus Riehl waren ein Projekt für ein Bismarck-Denkmal von 1910 und ein im folgenden Jahr vollendetes Haus für den Kunsthändler Hugo Perls. Beide Entwürfe lassen sowohl den Einfluß von Schinkel als auch die Präsenz von Behrens erkennen. Der „Neoklassizismus" war zu jener Zeit en vogue. Seine Grenzen waren jedoch an dem sichtbar fortschrittlicheren Entwurf von Walter Gropius, dem Zeitgenossen und zeitweiligen Kollegen von Mies im Büro von Behrens, für eine Schuhfabrik in Alfeld an der Leine von 1911 deutlich gewor-den.

Als er im Alter gefragt wurde, was er von Behrens gelernt habe, erwiderte Mies: „*Ja, in einem Satz könnte ich vielleicht sagen, da habe ich die große Form gelernt.*"[1] Dieser Ausspruch gab später zu einer Vielzahl von Interpre-tationen Anlaß, vielleicht weil er letztlich jede Interpretation offen ließ und damit Mies van der Rohes Neigung zu einer abstrakten Begrifflichkeit zum Ausdruck brachte. Tatsächlich lernte er von seinem Chef mehr als dies, oder zumindest mehr über ihn, wie im folgenden klar werden wird. 1912 aber läßt sich der Einfluß von Behrens deutlicher und überzeugender an Mies van der Rohes Entwurf eines Hauses in den Niederlanden für den Industriellen A. G. Kröller und seine Frau Helene Kröller-Müller ablesen.

Es war sicherlich das ambitionierteste Projekt, das er bis dahin bearbeitet hatte, und er war sich dessen nicht nur zu dieser Zeit bewußt, sondern es soll-te auch noch Jahre danach in seinem Schaffen weiterwirken. Es handelte sich um ein Wohnhaus, das nicht nur groß genug war, um eine komfortable Wohnung für eine wohlhabende Familie zu bieten, sondern das auch genug Raum für die große Sammlung moderner Kunst von Frau Kröller-Müller bereithielt. Der erste Entwurf, den zunächst Behrens zusammen mit Mies als seinem Assistenten ausführte, gefiel den Auftraggebern nicht. Daraufhin baten sie Mies, einen eigenen Entwurf anzufertigen, der schließlich, wie der von Behrens, in voller Größe als Modell auf einer Wiese in der Nähe von Den Haag errichtet wurde. Das Projekt von Mies, in seiner klassizistischen Erscheinung dem Entwurf von Behrens am Ende nicht unähnlich, wurde ebenfalls abgelehnt.

Der Architekt, für den sich der Auftraggeber entschied, war der Niederländer Hendrik Petrus Berlage, und dieser hinterließ bei Mies van der Rohe ungeachtet seiner „Niederlage" einen tiefen Eindruck. Nachdem er das Büro von Behrens im Verlauf des Wettbewerbs verlassen hatte, suchte Mies ernsthafter als je zuvor nach einer Orientierung, der er in dieser sich rasch wandelnden Architekturlandschaft folgen konnte; je länger er nachdachte, desto mehr entfernte er sich von den Ideen, die ihn mit Behrens verbanden, und näherte sich der Position Berlages an. Er war zu der Überzeugung gelangt, daß Behrens die Selbstverwirklichung des Künstlers über die Bedingungen und Erfordernisse der unmittelbaren Bauaufgabe setzte. So war für Behrens die persönliche Handschrift grundlegend für die Mission des Künstlers. Berlage dagegen fühlte sich, wie Mies es sah, einer Kunst der Vernunft, Ordnung und persönlichen Zurückhaltung verpflichtet, bei der der Künstler seine Persönlichkeit nicht der Aufgabenstellung aufzwingen durfte, sondern sich von deren Erfordernissen leiten lassen mußte. Diese Auffassung schloß den Respekt vor einer gestalterischen Gesetzmäßigkeit mit ein, die das genaue Gegenteil von willkürlicher oder subjektiver Launenhaftigkeit meinte. Mies van der Rohes bereits erwähnte Abneigung gegen eine ungezügelte künstlerische Freiheit, wie sie schon in seiner Bevorzugung des Klassizismus gegenüber dem Jugendstil beim Entwurf des Hauses Riehl zum Ausdruck kam, verstärkte sich offenbar mit seiner Annäherung an Berlage. Diese Entwicklung ist allerdings mindestens ebensosehr seiner persönlichen Veranlagung zu verdanken wie der Anregung von außen. Später würde er den Begriff „Stil" mit dem von ihm kritisierten Formalismus in Verbindung bringen. Etwa ein Jahrzehnt nach der Kröller-Müller-Episode sollte er sich darüber detaillierter in der Öffentlichkeit äußern. Dennoch hielt er sein Kröller-Müller-Projekt für geeignet, um sich damit für eine Ausstellung zu bewerben, was zu einer zweiten Ablehnung führte. Von dem Mißerfolg und den Begleitumständen dieser Zurückweisung zunächst enttäuscht, gab dieses Erlebnis den Anstoß zu einem grundlegenden und befreienden Wandel in der Laufbahn des Architekten.

Nachdem er Ende 1918 mit Abschluß seines Militärdienstes nach Berlin zurückgekehrt war, hatte Mies seinen Entwurf für das Kröller-Müller-Haus für die „Ausstellung für unbekannte Architekten" vorgeschlagen. Das Ziel dieser Ausstellung sollte sein, der Öffentlichkeit eine dezidiert zukunftsorientierte Architektur vorzustellen, welche die Vorkriegsarchitektur ersetzen sollte, die wiederum damit implizit als überholt und als den Hoffnungen einer idealisierten neuen Moderne widersprechend abgetan wurde. In den Augen der Jury, die aus Gropius, Max Taut und Rudolf Salvisberg bestand – drei Architekten, die sich eher der Moderne als der Tradition verpflichtet fühlten – war das Kröller-Müller-Haus eindeutig nicht qualifiziert. Es wurde abgelehnt, und erneut mußte sich Mies mit einer Architekturszene auseinandersetzen, die sich nun so sehr von der alten und ihm vertrauten unterschied, daß sie ihm wie eine völlig neue Welt erscheinen mußte.

Die Tatsache, daß so wenig über die beruflichen Aktivitäten Mies van der Rohes direkt nach dem Krieg bekannt ist, macht die extreme Wandlung in seinem Entwurfansatz, die in den wahrhaft revolutionären Projekten seit 1921 augenfällig wird, noch faszinierender. Wir wissen, daß er einen neuen Kreis von Bekannten und Kollegen in Berlin gefunden hatte, von denen alle mit der ungestümen Avantgarde in Verbindung standen, ferner, daß er sich an der Gründung und Herausgabe einer betont radikalen Zeitschrift beteiligte und hier auch seine ersten Artikel veröffentlichte, mehrere wie Manifeste wirkende Pamphlete, in denen er seine Meinung zur Architektur zum Ausdruck brachte.

So wurde er bald Teil einer größeren Bewegung. In den Jahren nach dem Ersten Weltkrieg, nachdem die welterschütternden Kämpfe eingestellt waren, und zweifellos inspiriert von der Notwendigkeit eines Neubeginns, ging der Ruf nach einer großen, allumfassenden Reorientierung der visuellen Kunst durch ganz Europa. Nirgendwo war er lauter zu vernehmen als in Berlin. Hier wurde ebensoviel über Kunst und ihre neudefinierten Aufgaben geredet wie neue Kunstwerke geschaffen wurden. Tatsächlich konnten in der darniederliegenden deutschen Nachkriegswirtschaft nur wenige Neubauten realisiert werden, ein Umstand, der zu einer Unmenge visionärer Projekte führte, die sich in ihrer Phantastik gegenseitig übertrafen und alle auf dem Papier blieben. Erklärungsansätze und Rationalisierungsversuche für die neuen Formen gab es zuhauf. Alle späteren Aussagen von Mies liefen auf beides hinaus, selbst wo sie seine eigenen kreativen Ziele begründen sollten.

Fünf erstaunliche Entwürfe, die zwischen 1921 und 1924 entstanden, genügten, um Mies van der Rohes Ruf als Architekt zu begründen und ihm schließlich einen Platz in den Lehrbüchern der Geschichte der Modernen Bewegung zu sichern. Das erste Projekt, eine Hochhauskonstruktion, zeigte nichts mehr von der historisierenden Stimmung und der klassizistischen Verkleidung, die seine frühen Versuche geprägt hatten. Als Beitrag zu einem Wettbewerb für ein Bürohochhaus eingereicht, sollte seine Fassade ohne jedwede Unterbrechung nach oben streben, nur strukturiert durch vertikale Einknicke, die in den dreieckigen Gesamtplan eingepaßt waren. Die Außenhaut bestand aus einer aufwärtsstrebenden, facettierten Glaswand, die nur von den auch außen sichtbaren Decken der zwanzig Geschoße unterbrochen wurde. Daß es sich im Grunde genommen um eine architektonische Abstraktion handelte, war kein Zufall. Zu Beginn der zwanziger Jahre hatte sich das, was offenkundig Merkmal der Modernen Bewegung in den Künsten wurde, nämlich der Drang zu abstrahieren und forschend unter die Oberfläche der Dinge zu ihrem wahren Kern vorzudringen, auch auf Mies übertragen, vielleicht mehr noch als auf die meisten anderen. Genau wie die Maler der Avantgarde alles zu eliminieren versuchten, was sie als die Oberflächlichkeit illusionistischer Repräsentation betrachteten, um diese durch ein Bild der (subjektiv oder objektiv ausgedrückten) inneren „Wahrheit" zu ersetzen, konnten Architekten analog dazu ein Gebäude entwickeln, dessen Erscheinungsbild frei von jedwedem formalen Ballast auf seine konstruktive Essenz reduziert war. Diese Ideen kamen Mies entgegen, der in ihnen eine Übereinstimmung mit der logischen Entwicklung der Architektur in der Geschichte sah. Nicht zuletzt waren dies die Ziele, die ihn mit Berlage verbanden. In jedem Fall gab es keinen Architekten, der sie bei der Entwicklung eines Hochhauses radikaler verfolgt hätte als Mies mit dem Wolkenkratzer von 1921, der allgemein als das „Bürohaus am Bahnhof Friedrichstraße" bekannt ist. Er schloß an diesen Entwurf 1922 mit einem zweiten Hochhausentwurf an, der eine nicht minder dynamische Ausrichtung seiner Bestandteile zeigte. Das sogenannte Glashochhaus war allerdings so konsequent gerundet, wie das Haus von 1921 kantige, prismatische Formen zeigte. In beiden Fällen hatte er das Gebäude von allen Gliederungen der Oberfläche befreit und funktionale Details der übergeordneten Reinheit der Form geopfert.

Dennoch hätte sich Mies, wenn wir ihn richtig lesen, über eine solche Interpretation geärgert. In den Schriften, die er zu dieser Zeit veröffentlichte, äußerte er sich häufig über die Form in der Architektur, lobte aber mit keinem Wort ihre Unabhängigkeit. Eine der prägnantesten Aussagen erschien in der

Zeitschrift G (für „Gestaltung") in einer Ausgabe aus dem Jahr 1923, in der er definierte:

„Wir kennen keine Form, sondern nur Bauprobleme.

Die Form ist nicht das Ziel, sondern das Resultat unserer Arbeit.

Es gibt keine Form an sich.

Das wirklich Formvolle ist bedingt, mit der Aufgabe verwachsen, ja der elementarste Ausdruck ihrer Lösung.

Form als Ziel ist Formalismus; und den lehnen wir ab. Ebensowenig erstreben wir einen Stil.

Auch der Wille zum Stil ist formalistisch."[2]

Die kompromißlose Kühnheit seiner Worte verlieh ihnen, sicher wohl auch aufgrund seiner späteren Berühmtheit, eine beinahe dogmatische Autorität und relativierte jede nachträgliche Kritik von vornherein. Doch auch wenn ihn die Form als solche nicht interessierte, sondern nur „Bauprobleme", so ist es doch die Form, die uns bei den beiden Hochhausentwürfen am meisten beeindruckt. Während seine Ablehnung eines bestimmten „Stils" der Bevorzugung von Objektivität gegenüber Subjektivität, von Vernunft gegenüber Willkür entsprach, sind aber auch seinen Entwürfen gewisse Stilmerkmale zu eigen: ob es nun der wegen seiner unverkennbaren Klarheit und Schlankheit als „Miesisch" zu bezeichnende war oder, mit der Gestaltung des Bürohauses Friedrichstraße, ein latent an den deutschen Expressionismus der zwanziger Jahre anknüpfender Stil.

Seine Aussagen sind typisch für die barsche, häufig unqualifiziert aggressive Sprache, die wie ein Fanfarenstoß durch die Künste im Europa der zwanziger Jahre schallte. Aufschlußreich für das Denken von Mies ist der Begriff *„elementarer Ausdruck"*, den er in dem Artikel in der Zeitschrift G verwendete. Diese Wendung paßt zu der abstrakten Form, von der Mies in einem anderen Artikel spricht – der ersten seiner veröffentlichten Erklärungen von 1922 – und trägt gleichzeitig zu ihrem Verständnis bei: *„Nur im Bau befindliche Wolkenkratzer zeigen die kühnen konstruktiven Gedanken, und überwältigend ist dann der Eindruck der hochragenden Stahlskelette."*[3] Dies steht zweifellos im Einklang mit der Idee einer abstrakten Architektur und mit den Überlegungen, die Mies zur Abkehr vom Historismus ebenso wie vom Formalismus bewogen: *„Mit der Ausmauerung der Fronten wird dieser Eindruck vollkommen zerstört, der konstruktive Gedanke, die notwendige Grundlage für die künstlerische Gestaltung vernichtet und meist von einem sinnlosen und trivialen Formenwust überwuchert."*[4]

An gleicher Stelle erörterte Mies seine beiden Hochhausentwürfe und sprach ein weiteres architektonisches Ziel an, das aus der neuen Technologie der Zeit erwuchs. Da die beiden Konstruktionen mit Glas umhüllt werden sollten, erkannte er bald, *„daß es bei der Verwendung von Glas nicht auf eine Wirkung von Licht und Schatten, sondern auf ein reiches Spiel von Lichtreflexen ankam."*[5] Glas war außerdem, obwohl er dies nicht ausdrücklich erwähnte, sowohl physisch materiell als auch metaphorisch immateriell und damit dem abstrakten Ideal näher als traditionelle Mauerflächen.

Die anderen drei berühmten Projekte der frühen zwanziger Jahre waren ein Bürogebäude in Eisenbeton und zwei Wohnhausentwürfe von 1923/24, die mehr als nur flüchtige Erwähnung verdienen. Während Mies sich bei den Hochhausentwürfen mit der unverkleideten Konstruktion und der Lichtreflexion beschäftigte, konzentrierte er sich bei den Wohnhäusern auf die Innenraumgliederung und schuf damit eine der kühnsten Variationen des offenen Grundrisses, der Architekten während der gesamten zwanziger Jahre beschäftigte (Abb. 85). Im Landhaus in Backstein von 1924 umschließen die Wände den Raum nicht, vielmehr definieren sie seinen fließenden Charakter. Noch heute wird darüber gerätselt, inwieweit Mies' Grundriß den sich wechselseitig durchdringenden Räumen von Frank Lloyd Wrights Präriehäusern oder den Gemälden der De Stijl-Bewegung in den Niederlanden, besonders jenen Theo van Doesburgs, verpflichtet war. Aber es gibt kaum Zweifel daran, daß das Landhaus in Backstein für sich genommen eine unauslöschliche Wirkung in der Architekturgeschichte ausübte, die sich nicht zuletzt auch in seinem eigenen Werk niederschlug. Die Innengliederungen seiner Gebäude aus den späten zwanziger Jahren einschließlich des Tugendhat-Hauses leiten sich von seiner früheren Beschäftigung mit dem offenen Grundriß ab. Es wird daher im folgenden zu fragen sein, wie sich seine Raumauffassung weiterentwickelte oder veränderte, nachdem er in den späten dreißiger Jahren in die USA ausgewandert war.

In der Zwischenzeit jedoch profilierte sich Mies weiterhin sowohl als Architekt wie auch in der Rolle des Agitators. 1924 begann der Einfluß einer Bewegung einzusetzen, die sich in Deutschland in allen visuellen Künsten dieser Zeit manifestierte: die Neue Sachlichkeit. Sie zeigte auch im Werk Mies van der Rohes Wirkung und bestärkte ihn in seinen früheren Auffassungen. Mit der Erholung der Wirtschaft des Landes schienen viele der Ideale, die in der unmittelbaren Nachkriegszeit Anhänger gefunden hatten, nicht mehr erstrebenswert zu sein. Dazu gehörten die Vorstellungen des Expressionismus, jenes spätromantischen, hochgradig subjektiven Zugangs zur Kreativität, der nun, gegen die Mitte der zwanziger Jahre, einem scharf geschliffenen, unsentimentalen, sachlichen Realismus Platz machte. Geboren war dieser aus einer nüchtern-vorurteilsfreien Stimmung, die in der Außen- und Innenwelt nichts für selbstverständlich nahm. Die expressionistischen Tendenzen in der Architektur hatten in visionären Entwürfen Ausdruck gefunden, die sich vor allem dem Umstand verdankten, daß die Nachkriegsarchitekten sich Träumen hingeben konnten, die außerhalb jeder Realisierungsmöglichkeit standen. Nun aber stieg mit der wiedererstarkenden Wirtschaft der Bedarf an Neubauten. Zudem war die moderne Technologie, die seit Kriegsbeginn außer Reichweite gewesen war, nun nicht nur verfügbar, sondern aufgrund ihrer Zweckmäßigkeit auch hochwillkommen. Gleichzeitig wurde das traditionelle Handwerk immer mehr an den Rand der Gesellschaft gedrängt.

All dies war Wasser auf die Mühlen Mies van der Rohes. „*In der Industrialisierung des Bauwesens sehe ich das Kernproblem unserer Zeit*", schrieb er 1924. „*Gelingt es uns, diese Industrialisierung durchzuführen, dann werden sich die sozialen, wirtschaftlichen, technischen und auch künstlerischen Fragen selbsttätig lösen.*"[6] Diese Worte stehen, so scheint es, im Einklang mit seinem Eintreten für eine sachliche Architektur, die allein von der Objektivität der Vernunft und den vermeintlich eindeutig verifizierbaren Fakten abhängig sein sollte. Von nun an verschwanden die expressionistischen Anklänge, die sich noch in seinem Bürogebäude am Bahnhof Friedrichstraße gezeigt hatten, ganz aus seinem Werk.

Im gleichen Jahr, 1924, führte Mies die Diskussion weiter und wandte sich dem noch komplexeren Thema des Zeitgeistes zu, das in der deutschen philosophischen Tradition verankert war und das Mies nun in seinen eigenen Begriffen neu zu beschreiben versucht.

„Baukunst ist immer raumgefaßter Zeitwille, nichts anderes", schrieb er. *„Ehe diese einfache Wahrheit nicht klar erkannt wird, kann der Kampf um die Grundlagen einer neuen Baukunst nicht zielsicher und mit wirksamer Stoßkraft geführt werden; [...] Man wird begreifen müssen, daß jede Baukunst an ihre Zeit gebunden ist und sich nur an lebendigen Aufgaben und durch die Mittel ihrer Zeit manifestieren läßt."*[7]

Während viele mit Mies der Meinung waren, daß man seiner Zeit treu bleiben müsse, drückten sich nur wenige so bündig und mit solch resoluter Endgültigkeit aus. Es gibt zudem kein besseres Beispiel in Mies van der Rohes Schriften für die starke Anziehungskraft, die allumfassende, in absoluten Begrifflichkeiten formulierte Konzepte auf ihn ausübten. Im späten zwanzigsten Jahrhundert, lange nach seinem Tod, würden viele vor einer derart apodiktischen Äußerung zurückschrecken und vorzugsweise nicht nur von einem einzigen „Zeitwillen" oder „Zeitgeist" sprechen. Auch mag eingewendet werden, die Identifizierung eines dominierenden Zeitgeistes sage weit mehr über den, der ihn zu erkennen meinte, als über den Zeitgeist selbst aus. Nachdem sich Mies jedoch einmal auf dieses Thema eingelassen hatte, ließ ihn die Idee nie wieder los.

Ob er sich darüber im klaren war oder nicht, einige seiner in den frühen zwanziger Jahren und um die Mitte des Jahrzehnts entworfenen Gebäude waren alles andere als eindeutige Illustrationen zu seinen schriftlich vertretenen Positionen. Mit den Häusern Kempner, Eichstädt und Mosler von 1921 bis 1924, alle unter dem Eindruck klassizistischer Vorbilder mit Steildächern entworfen, betrat er ästhetisch und philosophisch kein Neuland; sie können kaum als Beitrag zum Fortschritt der Architektur gemeint gewesen sein und scheinen ihm eher zum Erwerb seines Lebensunterhalts gedient zu haben. Selbst als er schließlich Häuser bauen konnte, die mit ihrer kubisch-exakten, ornamentfreien Gebäudemasse erkennbar „modern" waren – gedacht ist hier vor allem an das Wolf-Haus von 1925 bis 1927 –, erreichte Mies nicht, wie Wolf Tegethoff bereits früher bemerkt hat, die Schlichtheit und Klarheit der Form der beiden frühen Landhausprojekte, von denen keines verwirklicht wurde. Außerdem wurden die meisten der von Mies bis 1927 errichteten Häuser als Massivbauten mit Klinkerverblendung ausgeführt, ein Material, das er geliebt haben mag, weil es der ihm seit seiner Jugend vertrauten Tradition des Handwerks nahe stand, das aber weit von den industriellen Methoden entfernt lag, für die er 1924 eingetreten war.

Was immer die Gründe und wie vielfältig sie auch gewesen sein mögen, seine öffentlich geäußerten Thesen änderten sich abermals in erheblichem Maße nach der Mitte des Jahrzehnts.

1925 hatte er sich bereits, teils aufgrund seiner Entwürfe, teils wegen seiner veröffentlichten Äußerungen, einen bemerkenswerten Ruf in der deutschen Avantgarde erworben. Der Respekt, den er nun im Bund Deutscher Architekten und im Deutschen Werkbund genoß, war einer der ausschlaggebenden Gründe dafür, daß er mit der Gesamtleitung einer vom Werkbund zu errichtenden Wohnsiedlung betraut wurde, die ein Vorzeigebeispiel für das sogenannte Neue Bauen werden sollte. Die 1927 fertiggestellte Weißenhofsiedlung auf einem Hügel oberhalb von Stuttgart bestand aus Häusern, die von den bedeutendsten zeitgenössischen Architekten aus verschiedenen Teilen Europas entworfen worden waren, darunter Le Corbusier, Jacobus Johannes Pieter Oud, Walter Gropius, Peter Behrens und Mies van der Rohe selbst. Trotz individueller Unterschiede war der Komplex in der stilistischen Einheitlichkeit mit seinen Flachdächern, unverzierten Außenwänden und der überwiegend weißen Farbgebung – allesamt Erkennungsmerkmale der Moderne – überaus bemerkenswert (Abb. 91).

Abb. 91:
Weißenhofsiedlung
in Stuttgart
mit Apartmentblock
von Mies van der Rohe
(1925–27)

Mies' Ambition bei der Planung des Weißenhof-Projektes zeigt sich deutlich
daran, daß er eine Gruppe von sehr renommierten Architekten aus dem In-
und Ausland zur Teilnahme einlud. Ein solches Vorgehen würde, so argumen-
tierte er, dem gesamten Unternehmen internationale Aufmerksamkeit sichern.
Seine Hoffnung sollte ihn nicht enttäuschen: Angesichts der schier unzähligen
Kommentare, die sich seither mit dem Projekt befaßten, hatte sie sich voll
erfüllt. Die Weißenhofsiedlung ist zu einem allgemein bekannten Begriff in
den Architekturgeschichtsbüchern geworden und wird als das Vorhaben
betrachtet, das in herausragender Weise dazu beitrug, der modernen
Architektur ihre historische Identität zu verleihen.

Weniger bekannt waren jedoch die Gedanken, die Mies zu jener Zeit zu Papier brachte. Schon vorher hatte er über den „Zeitwillen" als einem entscheidenden Element in der Architektur zu reflektieren begonnen und so bereits
implizit erkannt, daß die Architektur über das Materielle hinaus auch geistige
Dimensionen besaß. In den Aufzeichnungen zu einem Vortrag aus dem Jahre
1926 führte er aus:

*„Daß gewisse technische Notwendigkeiten zu neuen Bildungen mit starkem
Ausdruck führen, ist bekannt. Doch darf man nicht in den Irrtum verfallen, daß
dieser Ausdruck geistiger Art sei. Es ist eine Schönheit technischer Art. Es
sind eben technische Gestaltungen, die einem technischen, nicht aber einem
geistigen Willen entspringen."*[8]

Wie ernsthaft diese Überlegungen auch waren, es ist leichter, sie auf seine
früheren Schriften zu beziehen als sie in den Gebäuden der Weißenhof-
siedlung – selbst in seinem eigenen – wiederzuerkennen. Sein veränderter
Standpunkt wird auch nicht von einem deutlich erkennbaren Wandel in seiner
Art zu bauen sichtbar. Tatsächlich hat er für das Apartmenthaus, das er zur
Weißenhofsiedlung beisteuerte, erstmals eine Stahlskelettbauweise verwen-
det, was eher als Ausdruck einer neuen Technik zu sehen ist, als geistige
Qualitäten zu beinhalten scheint.

Dennoch beharrte Mies auf seinem Standpunkt und ergänzte ihn noch um
weitere Feststellungen, die zwar seinen Respekt für die materielle Seite des
Bauens bezeugen, jedoch darauf bestehen, daß sich die Architektur nicht
darin erschöpfe. Vorherige Äußerungen modifizierend und ergänzend, fügte
er hinzu:

*„Wir werten nicht das Resultat, sondern den Ansatz des Gestaltungspro-
zesses. Gerade dieser zeigt, ob vom Leben her die Form gefunden wurde
oder um ihrer selbst willen. Deshalb ist mir der Gestaltungsprozeß so wesentlich. Das Leben ist uns das Entscheidende. In seiner ganzen Fülle, in
seinen geistigen und realen Bindungen."*[9]

Es fällt schwer, in diesem Bedeutungswandel nicht den Beweis dafür zu sehen, daß er in seinen mittleren Jahren (er war 1926 vierzig Jahre alt) zu einem
Idealismus zurückkehrte, der sicherlich durch seine katholische Erziehung in
Aachen geprägt worden war. Es ist typisch für ihn, daß er auch diese Lehre
auf eine abstraktere Ebene hob und sie nicht nur dogmatisch, sondern geradezu gottgleich mit den mystischen Begriffen „Geist" und „geistig" um-
schrieb. Es sind dies Begriffe, die uns während seiner verbleibenden Zeit in
Europa und selbst noch in den amerikanischen Jahren immer wieder in seinen
Reden und Schriften begegnen werden.
Nahezu alle jüngeren Arbeiten über Mies haben dies deutlich herausgestellt,
vor allem Fritz Neumeyer, der 1986 in seinem Buch *„Das kunstlose Wort"*[10] die
Betonung des Geistes im Denken Mies van der Rohes überzeugend auf dessen Begegnung mit dem katholischen Theologen Romano Guardini Mitte der
zwanziger Jahre zurückführt.

Aber nicht nur der „Geist" beschäftigte Mies van der Rohes Denken in den
späten zwanziger und frühen dreißiger Jahren. Er wandte sich auch dem
Thema der Freiheit zu und suchte diese mit dem Geist in Beziehung zu setzen. Nachdem er Guardinis Reflexionen über die Möglichkeiten des modernen Menschen, das scheinbar Unvereinbare doch zu vereinen und die neue
Technologie mit den Werten der traditionellen Hochkultur zusammenzufüh-
ren, gelesen hatte, sagte er 1928 in einem Vortrag:

*„Wir brauchen nicht weniger, sondern mehr Technik. Wir sehen in der Technik
die Möglichkeit, uns selbst zu befreien, die Möglichkeit, den Massen zu helfen.
Wir brauchen nicht weniger Wissenschaft, sondern eine geistigere Wissenschaft;
nicht weniger, sondern eine reifere wirtschaftliche Triebkraft. All dies wird erst
möglich werden, wenn sich der Mensch in der objektiven Natur behauptet und
sie auf sich bezieht. [...] Es muß möglich sein, die Aufgabe der Naturbeherr-
schung zu lösen und dennoch gleichzeitig eine neue Freiheit zu schaffen."*[11]

In diesen Worten spürt man noch einen anderen Einfluß. Rudolf Schwarz, ein
ehemaliger Schüler von Hans Poelzig, den Mies in den frühen zwanziger
Jahren kennengelernt hatte, stand Guardini und der katholischen Jugend-
bewegung der Zeit nahe. In seinen Schriften und Reden, denen er sich ebenso fleißig widmete wie seiner Architektur, sprach er einige der Themen an,
mit denen sich auch Mies auseinandersetzte. Schwarz sah in den Konzepten
von Geist und Freiheit das Potential für die Lösung von Problemen, die über
die Architektur weit hinausgingen und die Grundfragen der modernen
Menschheit betrafen:

*„Es gibt nicht nur rohe Gewalt [...], es gibt auch ‚Geist' [...], und er ist es, wel-
cher mit der Natur im Einklang ist, und in ihm entdeckt die unbelebte Natur
ihren würdigen Widerpart [...]. Dies erfordert, daß wir frei werden: daß wir in
jedem Moment sowohl in der Zeit als auch über ihr stehen. Dies erfordert das
Bewußtsein, daß wir auch heute sagen können: Ich bin der Meister. Es erfordert, daß wir uns zur absoluten Freiheit verpflichten."*[12]

Ende des Jahrzehnts beschäftigte Mies offenbar die Lösung gleich mehrerer
Konflikte: erstens, die Wechselbeziehung zwischen dem Objektiven und dem
Subjektiven; zweitens, das Problem einer industrialisierten und unpersönli-
chen Gesellschaft auf der einen und der Kultur auf der anderen Seite, in der

die neuen Baumethoden durch die Symbiose von Freiheit und geistigen
Werten beherrscht würden.

Etwa zu dieser Zeit, 1928, begann die Entwurfsarbeit an zwei Gebäuden, die
allgemein als die Meisterwerke von Mies van der Rohes Jahren in Deutschland angesehen werden: der Deutsche Pavillon auf der Weltausstellung in
Barcelona (Abb. 92) und das Haus Tugendhat in Brünn. Ihr herausragender
Stellenwert und die Qualitäten, die sie so auserlesen schön und anmutig
erscheinen lassen, sind kaum umstritten. Jedes Bauwerk für sich ist ein mei-
sterliches Beispiel für eine sparsame, einfühlsam komponierte Gestaltung, bei
der aus dem offenen Grundriß ein harmonisch fließender Raum entwickelt
wird; jedes wurde mit außergewöhnlich edlen Materialien geschaffen und mit
einigen der elegantesten Möbel des zwanzigsten Jahrhunderts ausgestattet;
jedes löste eine Fülle von bedeutenden und tiefschürfend kritischen Kom-
mentaren aus, von denen einige der interessantesten in diesen Band aufgenommen wurden. Sie gehen derart detailliert auf das Haus Tugendhat ein,
daß es angeraten erscheint, sich an dieser Stelle nur mit dem hier behandelten Hauptthema zu beschäftigen, nämlich der Beziehung zwischen den
Gebäuden und dem Denken Mies van der Rohes.
Bis zum Sommer 1930 hatten sich, wenn wir seinen Thesen Glauben schenken
dürfen, seine Ansichten der frühen zwanziger Jahre um 180 Grad gedreht. In
einer Rede aus Anlaß der Wiener Werkbund-Tagung erklärte er:

*„Nicht auf das ‚Was', sondern einzig und allein auf das ‚Wie' kommt es an.
Daß wir Güter produzieren und mit welchen Mitteln wir fabrizieren, besagt
geistig nichts. Ob wir hoch oder flach bauen, mit Stahl und Glas bauen,
besagt nichts über den Wert dieses Bauens. Ob im Städtebau Zentralisation
oder Dezentralisation angestrebt wird, ist eine praktische, aber keine
Wertfrage. Aber gerade diese Frage nach dem Wert ist entscheidend."*[13]

Auch hier stellt sich wieder die Frage nach der Beziehung zwischen Denken
und Werk, vor allem inwieweit sich ersteres in letzterem widerspiegelt. Wie
„geistig" sind das Haus Tugendhat und der Pavillon in Barcelona? Die meisten Besucher waren von ihrer Erfahrung in und mit beiden Gebäuden tief
und nachhaltig beeindruckt. Ist es zutreffend oder hilfreich, dieses Erlebnis
„geistig" zu nennen? Was läßt sich unter diesem Wort sinnvollerweise verste-
hen? Oder handelt es sich hier um eine eher ästhetische Erfahrung? Ist es
vielleicht eine Kombination dieser und anderer Qualitäten? Und wenn ja,

dann welche? Wenn es vergleichsweise leicht fallen mag, in der Kathedrale von Chartres die Gegenwart von „Geistigkeit" zu spüren, warum ist es so schwierig, eine vergleichbare Spiritualität in diesen beiden wie auch in anderen Bauten von Mies zu erkennen – während andere Qualitäten problemlos auszumachen sind, wie Schönheit, Erhabenheit, formale Strenge, Perfektion im Detail, materielle Pracht etc.? Trotz der Gefahr, in Wortklauberei zu verfallen: Mir scheinen das Haus und der Pavillon verläßlichere Indikatoren als Mies van der Rohes ausformulierte Ziele und Gedanken über die Architektur im allgemeinen. Obwohl er nämlich mit seinen Bauten wie mit seinen Überlegungen eine (gewisse) Abstraktion anstrebte, hat er sie paradoxerweise mit der konkreten Architektur überzeugender erreicht als mit Worten. Kurz, die Kunst Mies van der Rohes ist maßgeblicher als sein Denken, substantieller, verständlicher, verläßlicher, einnehmender. Sie ist am Ende das, was zählt.

Dennoch ist damit noch nicht alles gesagt. Mies war ein zu rational denkender Mann, hatte zuviel Kluges und Instruktives mitzuteilen, als daß man seine schriftlich niedergelegten Gedanken völlig ignorieren könnte, abgesehen davon, daß wir uns noch mit mehr als der Hälfte seiner Laufbahn zu beschäftigen haben.

In den dreißiger Jahren hatte Mies nur wenig Möglichkeiten zu bauen und noch weniger Gelegenheit, öffentlich darüber zu sprechen. Seine wichtigsten Arbeiten aus dieser Periode, die besten davon Wohnhäuser, blieben notgedrungen im Entwurfsstadium stecken. Unter diesen stechen zwei Häuser für bekannte Auftraggeber hervor, das Haus Gericke (1932) in Berlin und das Hubbe-Haus (1935) in Magdeburg, darüber hinaus eine Reihe von Hofhausentwürfen, in denen ein neuartiges Konzept zum Ausdruck kam. Das Haus für die Berliner Bauausstellung (1931) wurde zwar realisiert, es war aber als Modellhaus für eine Ausstellung gedacht, die die neueste Entwicklung in der zeitgenössischen deutschen Wohnhausarchitektur präsentieren sollte. Als Gruppe gehören diese verschiedenen Werke zum Besten, was Mies in Europa entwarf. Die Hofhäuser, mit denen sich der Architekt vom Charakter seiner vorangehenden Wohnhäuser mit ihren meist in die umliegende Landschaft ausgreifenden Bauteilen abwandte, sind besonders einnehmend. Sie waren per definitionem von Mauern umgeben, introvertiert, mit verglasten Innenräumen, die auf die Hofgärten und die sie umschließenden Wände blickten. Im nachhinein betrachtet, nimmt der Minimalismus dieser Entwürfe schon einiges der späteren Arbeiten in den Vereinigten Staaten vorweg, wobei vor allem auf das glasumschlossene Farnsworth House von 1951 zu verweisen wäre. Ebenso lassen sich zahlreiche andere amerikanische Arbeiten des Architekten auf deutsche Vorläufer, darunter auch einige Projekte der zwanziger Jahre, zurückführen.

Eine grundlegende Veränderung in der philosophischen Ausrichtung der Schriften Mies van der Rohes während der dreißiger Jahre ist nicht erkennbar, noch erhellen sie den besonderen Charakter der architektonischen Werke dieser Jahre. Er fand während der Nazi-Zeit keinen besonderen Anlaß, an die architekturinteressierte Öffentlichkeit heranzutreten, und hätte unter den gegebenen Umständen auch große Schwierigkeiten gehabt, dafür ein Forum zu finden. Es gibt Grund zu der Annahme, daß er bereit gewesen wäre, sich mit den Nazis zu arrangieren, wenn sie sich ernsthaft um seine Dienste bemüht hätten. Doch sie taten es nicht, und da er Deutschland verließ, bevor die nationalsozialistische Regierung ihre schrecklichsten Taten beging, sind diese Überlegungen am Ende hinfällig geworden. Wir wissen, daß er seinem Wesen nach nahezu völlig unpolitisch war und noch dazu so sehr in seine Arbeit vertieft, daß es für ihn keine Rolle spielte, für wen er letztlich tätig war. Dies galt jedoch nur bis zu jenem Zeitpunkt, da ihn seine Isolation durch die Nazis und berufliche Angebote aus den Vereinigten Staaten dazu bewegten, etwas zu tun, was seinem Innersten entschieden widerstrebte, nämlich seinen Wohnsitz zu wechseln.

1938 übernahm er die Leitung der Architekturschule des Armour Institute of Technology (später Illinois Institute of Technology) in Chicago. Drei Jahrzehnte lebte er in dieser Stadt, doch während er sich auch weiterhin bei verschiedenen Anlässen öffentlich äußerte, hatte er inhaltlich nicht mehr annähernd soviel zu sagen wie zu früheren Zeiten. Dafür mag es mehrere Gründe geben. Da ihm bereits sein Ruf vorauseilte, als er in Amerika eintraf, und er mit der Zeit immer berühmter wurde, gab es wenig Anlaß, für eine Sache einzutreten, die bereits weitgehend gewonnen schien. Zudem konnte das Land, in dem er sich nun wiederfand, binnen weniger Jahre nach seiner Ankunft zwei Siege feiern, die sich beide für seinen beruflichen Fortgang von Vorteil erweisen sollten: Amerika hatte den Zweiten Weltkrieg und die Moderne Bewegung die amerikanische Architektur für sich gewonnen. Auch legten die Amerikaner der Nachkriegszeit aufgrund der damaligen Umstände und ihrer Lebensart, um nicht zu sagen ihres Nationalcharakters, in praktischen Dingen wie der Architektur wenig Wert auf philosophische Debatten und intellektuelle Diskurse, wie sie im beruflichen Leben Mies van der Rohes in Europa von so zentraler Bedeutung gewesen waren. Schließlich, und nicht weniger wichtig, blieben die Ansichten des Architekten nach 1938 im wesentlichen die gleichen, ja sie zeigten in ihrer Gewichtung und ihrer Zielrichtung sogar weniger Veränderungen als vorher; so als wäre seine Weltsicht zur Reife gelangt.

Er fuhr fort, von der unausweichlichen Bedeutung der Technik sowie ihrer notwendigen Beziehung zur „Welt des Geistes" zu sprechen, der sie sich letzten Endes unterzuordnen habe. Allerdings bezog er sich darüber hinaus häufig noch auf einen anderen Faktor, von dem er glaubte, daß er der Welt der Kultur – eine Sphäre, welcher in der Mies'schen Werteskala der höchste Rang zukam – feindlich gegenüberstünde: Mies beklagte sich schon länger über das, was er das Chaos der modernen Architektur nannte. Kurz nach seiner Ankunft in Chicago äußerte er diese Sorge in Zusammenhang mit seinem neuen Amt:

„[...] die [zeitgenössische] kulturelle Sphäre, die von keinerlei Notwendigkeit angetrieben wird und keine echte Tradition besitzt, ist ein Chaos der Richtungen, der Meinungen [...]. Es sollte die natürliche Verantwortung der Universität sein, Klarheit in diese Situation zu bringen [...]. Die zahllosen ‚Meister' unseres Faches, [alle gezwungen] bedeutsame Persönlichkeiten [zu sein], können kaum die Zeit finden, ihr eigenes philosophisches Verständnis zu vertiefen. Von sich aus schaffen die Dinge keine Ordnung. Ordnung als Bestimmung der Bedeutung und des Maßes des Daseins fehlt heute; darauf muß man aufs Neue hinarbeiten." [14]

Es ist verlockend, diese Aussage, die aus einem persönlichen Brief aus dem Jahre 1938, kurz nach seiner Ankunft stammt, vor dem Hintergrund seiner folgenden Arbeiten zu lesen. In Amerika neigte er zu einer kompakten, geschlossenen, rechtwinklig-prismatischen Gebäudeform. Die Bauten, die er für den Campus des Illinois Institute of Technology entwarf, erscheinen als nahezu einförmige Quader. Die gleiche Grundform verwendet er bei seinen epochalen Apartmentgebäuden am Lake Shore Drive in Chicago. Der in den Vereinigten Staaten reichlich vorhandene Stahl und eine regelrechte Warteliste von Auftraggebern erlaubten ihm, Dutzende von hohen Gebäuden auszuführen, die nahezu alle geradlinig kompakt sind und sich von der freieren Form der beiden Hochhausprojekte von 1921 und 1922 klar unterscheiden.

Spiegelte sich in diesem späteren Ansatz sein Bemühen um Ordnung wider, der er in Amerika offenbar mehr Aufmerksamkeit beimaß als den Ideen von

Geist und Freiheit? Dafür gibt es keinen Beweis. Zudem lassen sich Elemente, die wir mit seiner amerikanischen Periode verbinden, ebenso in seinen deutschen Arbeiten finden, auch wenn sie dort noch nicht so eindeutig ausgeprägt waren. Sein Projekt von 1928 für die Umgestaltung des Alexanderplatzes in Berlin zeigt eine Gruppe von Baublöcken, die in ihrer kubischen Kompaktheit seinen amerikanischen Hochhäusern so nahe sind, daß sich ein Meinungswandel nicht mit Sicherheit ableiten läßt.

Man könnte argumentieren, daß sich Mies in den Vereinigten Staaten wieder mehr dem Klassizismus annäherte, der nun in Stahl und Glas, seinen bevorzugten Baumaterialien, seinen Niederschlag fand. Das beste Beispiel dafür liefert das ausgesprochen wohlproportionierte und symmetrisch aufgebaute Seagram-Gebäude von 1958. Doch über den Klassizismus hatte Mies weniger zu sagen als über die Konstruktion, ein Thema, das er in Amerika konzentrierter aufgreifen konnte als in Deutschland, wo er mehr Zeit damit verbracht hatte, über die neue Technik nachzudenken, als sich ihrer zu bedienen.

Der architektonische Typus, mit dem er in Amerika am häufigsten und am zutreffendsten in Verbindung gebracht wurde, war der stützenfreie Einheitsraum. Er spiegelt seine materiellen Voraussetzungen ebenso wider wie einige (jedoch nicht alle) geistigen Ideale, mit denen der Architekt sich identifizierte, und lieferte daher eine nachweisbare kausale Verbindung zwischen den beiden Polen. Stahl ermöglichte Mies, Gebäude zu errichten, die gleichermaßen auf eine klare Form reduziert waren und über eine ablesbare Konstruktion verfügten. Die Wandfläche konnte vollständig verglast werden und so Transparenz mit einem Eindruck von Schwerelosigkeit verbinden. Vor allem aber ließ sich der Innenraum von Stützen freihalten, wodurch er sich weitete und in eine Wechselbeziehung zur tragenden Konstruktion trat. Obgleich Mies häufig vom Imperativ der Konstruktion sprach, war bei seinen Pavillons der *Raum* nicht weniger wichtig. Sie gehen größtenteils auf eine Studie zurück, die er in den frühen vierziger Jahren nach einer Aufnahme vom Inneren von Albert Kahns Martin Airplane Plant in Baltimore erstellte. Zu den wichtigsten dieser Entwürfe zählen die Crown Hall des Illinois Institute of Technology (1956), die Neue Nationalgalerie in Berlin (1967) und der Entwurf für eine Kongreßhalle in Chicago von 1953. Hier wie auch in anderen Fällen weicht die dynamische Bewegung der freistehenden Wände, die seinen europäischen Gebäuden gemein war, einer nahezu völligen inneren Leere, die in einen expressiven Gegensatz zur Substanz der äußeren Konstruktion tritt. Sie zeigt sich dort am deutlichsten, wo das Konzept nur bis zum Entwurf gediehen war.

Folgt man dieser Interpretation, dann stimmt einer der zahlreichen Aphorismen, die ihm zugeschrieben werden, „Beinahe nichts", vollständig mit der Schlichtheit und Klarheit überein, die er häufig zu seinem architektonischen Ziel erklärte (dagegen stammt weder der Ausspruch „Weniger ist mehr" noch „Gott steckt im Detail" ursprünglich von Mies). Keines seiner Gebäude kommt diesem Diktum näher als das Haus Farnsworth, und keine Aussage faßt die Qualitäten dieses Hauses, das das amerikanische Äquivalent zum Haus Tugendhat ist, besser zusammen.

Während die Literatur über Mies van der Rohe mit bewundernden Hinweisen auf die Bedeutungstiefe seiner Schriften und Aussagen angefüllt ist, lohnt es, an einen anderen gut dokumentierten Aspekt seiner Persönlichkeit zu erinnern, der sich auf seine Weise in seinen Bauten manifestierte. Wenn er einerseits an unverrückbaren Prinzipien festhalten und unbeirrbar sein Ziel verfolgen konnte, so war er doch andererseits ebenso pragmatisch und realistisch eingestellt und wie die meisten Architekten in der Lage, sein Konzept entsprechend zu verändern, wenn das Budget es erforderte, der Auftraggeber es wünschte oder eine ähnliche praktische Notwendigkeit sich zwischen ihn und das selbstgesteckte Ziel stellte. Ursprünglich hatte er einen offenen Grundriß für die Apartments am Lake Shore Drive vorgesehen, gab die Idee aber auf, als er mit dem Argument konfrontiert wurde, daß amerikanische Mieter geschlossene Räume bevorzugten.

Mies las viel, darüber besteht kein Zweifel. Aber er verfügte über keine solide Bildung und viel von dem, was er schrieb, stützte sich allein auf seine eigene, persönliche Deutung des Gelesenen. Dr. Edith Farnsworth, deren ausgesprochen hohe Bildung und vollkommene Kultiviertheit ihr das Recht zu einem Urteil gaben, bewunderte ihn sehr (bevor sie sich wegen der Kosten des Hauses mit ihm überwarf), nannte ihn aber einmal einen „mittelalterlichen Bauern".[15] Wenn Mies seinen Überzeugungen auch treu bleiben konnte, so neigte er doch dazu, sich in Widersprüche zu verbeißen – ein Zug, der den Künstler eher charakterisiert als den Philosophen. Er war – und diese Eigenschaft ist Legende in den Annalen des Berufsstandes – von Natur aus schweigsam, aber er besaß eine einzigartig und unnachahmlich charismatische Ausstrahlung, der sich kaum jemand zu entziehen vermochte. Er betrachtete sich selbst in der Tat als „den Meister" und bezog sich dabei auf Rudolf Schwarz, dessen Worte sich Mies offensichtlich zu Herzen genommen hatte. Seine Willensstärke in Verbindung mit seinen offenkundig herausragenden Fähigkeiten als Architekt bewogen seine Schüler, sein gebieterisches Auftreten fast fraglos anzuerkennen. Die Ehrfurcht, die er in vielen seiner Studenten in Chicago zu wecken verstand, verwandelte den Architekturunterricht am Illinois Institute of Technology in einen klosterähnlichen Seminarbetrieb. James Ingo Freed, einer der unabhängigsten Denker unter seinen Studenten und heute selbst ein anerkannter Architekt, traf zwischen Mies, dem Architekten, und Mies, dem Lehrer, eine wesentliche Unterscheidung:

„Mies war ein Absolutist, der in der Schule, die er leitete, eine unkontrolliert absolutistische Stimmung aufkommen ließ [...]. Er hatte Angst vor Interpretation, Subjektivität, davor, was er ästhetische Spekulation nannte, und er beschwor das Gespenst dieser Subjektivität herauf, um seine Studenten zu warnen und im Gegensatz dazu zu betonen, wie wünschenswert und notwendig Dauerhaftigkeit der Form und der Werte sei. Trotzdem ist es ziemlich aufschlußreich, wie seine angeblich nicht-subjektive Betrachtungsweise den Inhalt seiner eigenen Seminararbeit am Illinois Institute of Technology bei geschichtlichen Themenstellungen färbte: Wir studierten griechische, ägyptische, romanische (niemals römische) und gotische Architektur. Dann brachen wir ab und machten direkt mit der Modernen Bewegung weiter."[16]

Dennoch hielt Freed, wie die meisten anderen damals, die besten Arbeiten im Werk von Mies van der Rohe für unanfechtbar großartig: nüchtern, aber eloquent, logisch, aber darum nicht weniger zukunftsweisend und innovativ. Das heißt aber auch, sie waren architektonischen Prinzipien eher verpflichtet als seinen philosophischen Anschauungen. Einige der interessantesten Gedanken, die Mies öffentlich äußerte, ermöglichen einen direkten Zugang zu seinen Leistungen. Letztendlich jedoch ist es das Werk selbst, das die Dimension seiner historischen Bedeutung erst in vollem Umfang sichtbar macht.

1 Interview Mies van der Rohes geführt von Horst Eifler und Ulrich Conrads im RIAS Berlin 1964, „Mies in Berlin", archiviert im Bauwelt Archiv 1966.

2 Mies van der Rohe, „Bauen", in: *G*, Nr. 2, (September 1923), S. 1.

3 Ders., unbetitelter Artikel, in: *Frühlicht*, I, Nr. 4 (1922), S. 122–124.

4 Ebd.

5 Ebd.

6 Ders., „Industrielles Bauen", in: *G*, Nr. 3 (Juni 1924), S. 8–13.

7 Ders., „Baukunst und Zeitwille!", in: *Der Querschnitt*, Nr. 4, Heft I, 1924, S. 31–32.

8 Ders., unveröffentlichtes Manuskript (erste Version), 17. März 1926 (zwei weitere undatierte Versionen), Datum, Ort und Anlaß unbekannt; Sammlung Dirk Lohan, Chicago.

9 Ders., „Über die Form in der Architektur", in: *Die Form*, 2, Nr. 2 (1927), S. 59.

10 Fritz Neumeyer, Mies van der Rohe: Das kunstlose Wort. Gedanken zur Baukunst, Berlin 1986.

11 Mies van der Rohe, „Die Voraussetzungen baukünstlerischen Schaffens", Vortrag gehalten in der Staatlichen Kunstbibliothek Berlin Ende Februar 1928, unveröffentlichtes Manuskript, Sammlung Dirk Lohan, Chicago.

12 Maria Schwarz/Ulrich Conrads (Hrsg.), Rudolf Schwarz: Wegweisung der Technik und andere Schriften zum Neuen Bauen, 1926–1961, Braunschweig/Wiesbaden 1979, S. 24.

13 Mies van der Rohe, „Die neue Zeit", Rede auf dem Treffen des Deutschen Werkbundes in Wien, 22.–26. Juni 1930, in: *Die Form*, 5, Nr. 10 (1932), S. 306.

14 Ders., Brief an Mr. Schniewind (vermutlich Carl O. Schniewind, Kurator für Druckgraphik und Zeichnungen am Art Institut in Chicago) vom 31. Januar 1938. Mies van der Rohe Archiv, Museum of Modern Art, New York.

15 Edith Farnsworth, „Memoirs", unveröffentlichtes, unpaginiertes und undatiertes Manuskript (vermutlich zwischen 1960 und 1970), Dokumentensammlung Edith Farnsworth, Newberry Library, Chicago.

16 James Ingo Freed in einem Interview mit Franz Schulze, in: Franz Schulze (Hrsg.), Mies van der Rohe: Critical Essays, Cambridge (Mass.) 1989, S. 174, 179f.

**Ludwig Mies van der Rohe
Das Haus Tugendhat**

Ivo Hammer
**Surface is interface.
Geschichte und Kriterien
der Erhaltung
des Hauses Tugendhat**

Ivo Hammer

Surface is interface.
Geschichte und Kriterien der Erhaltung des Hauses Tugendhat in Brünn

Zur Geschichte des Hauses Tugendhat nach der Emigration seiner Besitzer

Am Abend des 11. März 1938 kapitulierte der österreichische Bundeskanzler Kurt Schuschnigg mit einem frommen Spruch vor den herannahenden deutschen Truppen. Noch in der Nacht begannen die Nazifaschisten ihr Pogrom gegen jüdische Mitbürger, Vertreter des gestürzten Regimes und bekannte NS-Gegner. Mit der Verhaftung von mehr als 70.000 österreichischen Patrioten, Männern und Frauen, von denen Widerstand zu erwarten war, bereiteten die Machthaber die von den Massen am Wiener Heldenplatz bejubelte „Vollzugsmeldung" Hitlers über „den Eintritt meiner Heimat in das Deutsche Reich" am 15. März 1938 und den „positiven" Ausgang der Volksabstimmung vom 10. April 1938, also den sogenannten Anschluß von Österreich, vor.[1]

Grete und Fritz Tugendhat wußten, was dies für die Tschechoslowakei und damit auch für deren jüdische Bevölkerung bedeutete. Sie kannten die wiederholten Drohungen Hitlers, durch offene Intervention die „deutschen Volksteile" in der Tschechoslowakei „zu schützen".[2] Am Tage der Annexion Österreichs durch die Hitlertruppen, am 12. März 1938, emigrierte die Familie Tugendhat.[3] Der Emigrationsweg führte die Familie nach St. Gallen, dann, im Januar 1941, nach Caracas/Venezuela. Fritz Tugendhat hielt sich aus beruflichen Gründen auch nach der Emigration noch längere Zeitspannen in seinem Brünner Haus auf.[4] Im Herbst 1938 gelang es ihm, einige der beweglichen Möbel[5] außer Landes zu schaffen und mit in die Emigration zu nehmen.[6] Ein wesentlicher Teil dieser Möbel ist erhalten geblieben und im Besitz der Kinder beziehungsweise des MoMA. Sie sind, gemeinsam mit jenen Möbeln, die von Jan Dvořák in der Nachbarschaft des Hauses aufgefunden wurden und heute in der Mährischen Galerie stehen, wichtige Quellen für die ursprüngliche Technik, Form und Farbe der Oberflächen[7] (Farbabb. 14). Es ist verständlich, daß bei der notwendigen Auswahl der Möbelstücke jene bevorzugt wurden, die mit dem täglichen Lebenszusammenhang am engsten verbunden waren: Die gesamte – bewegliche – Einrichtung des Schlafzimmers der Mutter, also das große Bett samt Matratzen, der Nachtkasten, die Frisierkonsole, der „Brno-Stuhl" aus verchromtem Flachstahl mit roter Lederpolsterung und der Barcelona-Hocker,[8] die Möbel des väterlichen Schlafzimmers (außer dem Bett), also die verglaste Büchervitrine, der Schreibtisch und der Nachtkasten. Von den Möbeln des Wohnraums wurden nur einige „Brno-Stühle" des Eßbereichs,[9] die Speisezimmeranrichte, ein „Tugendhat-Sessel" (heute im MoMA[10]) und der „Bridgetisch" aus dem Bibliotheksbereich mit in die Emigration genommen.

Nach der Okkupation der gesamten Tschechoslowakei am 15. März 1939 erfolgte am 4. Oktober 1939 völkerrechtswidrig die formale Beschlagnahme des Hauses durch die GESTAPO, am 12. Januar 1942 wurde – ebenso völkerrechtswidrig und damit nichtig – das Großdeutsche Reich als Eigentümer im Grundbuch der Stadt Brünn eingetragen.[11] Am 27.02.1946 wurde das Haus unter staatliche Treuhandverwaltung gestellt; fünf Jahre später, am 31.10.1950, wurde ohne Zustimmung der rechtmäßigen Eigentümer das Eigentumsrecht des tschechoslowakischen kommunistischen Staates für die staatliche Anstalt für Heilgymnastik im Grundbuch eingetragen. Das Ehepaar Tugendhat, das im Jahr 1950 mit den beiden jüngsten Töchtern aus Venezuela in die Schweiz zurückgekehrt war, stellte damals keinen Antrag auf güterrechtliche Restitution, nachdem dies unter den im kommunistischen Staat herrschenden Eigentumsverhältnissen ohnehin sinnlos gewesen wäre.

Abb. 95:
Grete Tugendhat und
František Kalivoda bei der
Konferenz
in Brünn
am 17. Januar 1969

Bald nach Abzug der sowjetischen Truppen,[12] also noch 1945, übernahm die
Professorin des Konservatoriums Karla Hladká das Haus für ihre private
Rhythmikschule. Die Miete bestand in der Auflage, das Haus wieder nutzbar
zu machen.[13] Inhalt und Form der Nutzung des Hauses – zunächst als
Tanzschule, dann ab 1950 als Teil eines Kinderspitals, des großen Raumes als
Turnhalle für bewegungsgeschädigte Kinder – können im Rückblick als glück-
liche Umstände und als äußerst substanzschonend bezeichnet werden. 1955
übertrug man die Räumlichkeiten der Abteilung für Physiotherapie und
Rehabilitation des Fakultätskrankenhauses für Kinder. Am 30.12.1962 wurde
das Besitzrecht für das Haus an die Kreisanstalt für Gesundheitsfürsorge in
Brünn, zu der auch das Fakultätskrankenhaus gehörte, formal übertragen.
Bereits ein Jahr später, am 6.12.1963, erklärte die staatliche Behörde für
Denkmalschutz das Haus Tugendhat zum Kulturdenkmal von Südmähren
(Nr. 0098). Diesem Akt gingen seit den frühen sechziger Jahren laufende
Bemühungen der Brünner Kulturöffentlichkeit um die Änderung der Nutzung
des Hauses und um die Rekonstruktion des ursprünglichen Zustandes vor-
aus.[14] František Kalivoda, Architekt und Beauftragter des Verbands der Archi-
tekten der ČSSR für die Vorverhandlungen mit den zuständigen Ämtern mit

dem Ziel der Umwandlung des Hauses in eine „Kulturstätte",[15] war eine der treibenden Kräfte. Er wurde unterstützt von namhaften Kollegen in Brünn[16], darunter auch Bohuslav Fuchs. Begreiflicherweise war der Nutzer, das Kinderspital, mit diesen Plänen nicht einverstanden. Grete Tugendhat schrieb 1969:

„Um das Interesse einer breiten Öffentlichkeit zu wecken, brachte F. Kalivoda im Dezember 1968 die große Westberliner Mies van der Rohe – Ausstellung nach Brünn, wo sie im Künstlerhaus gezeigt wurde. Auf den Plakaten hieß es: „Ausstellung Mies van der Rohe, des Schöpfers der Tugendhat-Villa." Die Kritik der Zeitungen und Zeitschriften des ganzen Landes waren durchwegs positiv, und alle verlangten die Wiederherstellung des Hauses. Am 17. Januar 1969 fand in Brünn ein Vortragsabend statt, auf dem nach F. Kalivoda und dem tschechischen Nationalkünstler Bohuslav Fuchs, Dirk Lohan, der Enkel von Mies van der Rohe, und ich das Wort ergriffen. Wir waren als Ehrengäste der Stadt Brünn für mehrere Tage eingeladen worden. Nach einem Empfang beim Bürgermeister vereinigte am gleichen Tag eine Arbeitssitzung alle Beteiligten, und es wurde beschlossen, daß das Kinderspital im kommenden August das Haus verlassen müsse, worauf dann sofort die Arbeit daran aufgenommen werden sollte. Inzwischen wurde die Instandsetzung des großen Gartens vor dem Haus, der völlig verwildert ist, Frau Grete Roder übergeben, die ihn im Jahre 1929 zusammen mit Mies van der Rohe angelegt hatte. Die tschechischen Architekten mit F. Kalivoda an der Spitze haben sich in bewundernswerter Weise und mit erheblichen persönlichen Risiken für die Rekonstruktion eingesetzt, und man kann nur hoffen, daß ihre Bemühungen trotz den veränderten politischen Verhältnissen zum Ziele kommen."[17]

Unter den internationalen Gästen der Konferenz am 17. Januar 1969 befand sich auch der Berliner Architekturprofessor Julius Posener.[18] (Abb. 95, 96)
In der Mährischen Galerie Brünn und im Ethnographischen Institut des Mährischen Museums in Brünn wurde im März / April 1970 eine Ausstellung mit Vorentwürfen für die Rekonstruktion des Hauses und die Rekultivierung des Gartens gezeigt, auch eine Tagung mit namhaften Architekten des Landes wurde abgehalten.[19]

Abb. 96:
Konferenz in Brünn am
17. Januar 1969:
(v. li. n. re.) Dirk Lohan (Enkel
von Mies v. d. R.),
Grete Tugendhat, Daniela
Tugendhat, Julius Posener

Abb. 97:
Haus Tugendhat,
Wohnraum,
Zustand nach Renovierung
1985

Die Renovierung von 1981–85

Nach den intensiven Bemühungen von 1969/70 vergingen noch mehr als zehn
Jahre, bis das Kinderspital in ein anderes Objekt übersiedelte und mit der geplanten Renovierung des Hauses begonnen werden konnte. Der ursprüngliche Plan einer „Internationalen Kulturstätte" mutierte zu dem Beschluß der
Stadtverwaltung, das Haus Tugendhat als Gästehaus für hochrangige Besucher
der Stadt zu nutzen. Dies erwies sich für die historische Substanz des Hauses
insofern als verhängnisvoll, als damit die üblichen sanitären Standards eines
Hotels Planungsgrundlage wurden.

Das Projekt, das von der *Zentralstelle Brünn des Staatsinstituts für die Wiederherstellung von historischen Städten und Gebäuden* organisiert wurde,
stand unter der Leitung von Dipl. Ing. Arch. Kamil Fuchs Csc und Dipl. Ing.
Arch. Jarmila Kutêjová, außerdem Dipl. Ing. Josef Janeček.[20]
An der Ausführung waren ausschließlich Firmen der ČSSR beteiligt.[21] Die Projektanten konnten zum Teil sehr weitgehende Wünsche des Auftraggebers,
der vor allem die Nutzung als repräsentatives Gästehaus im Auge hatte, verhindern, z. B. die Einrichtung eines Schwimmbeckens oder einer Sauna.[22]
Generell muß bei Aussagen über Einzelheiten dieser Renovierung einge-
schränkt werden, daß eine detaillierte Publikation über die Arbeiten von
1981–85 nicht vorliegt. Außerdem fehlt bis heute eine präzise, die Oberflächen einschließende interdisziplinäre Untersuchung und Dokumentation von
Materialien und Techniken, späteren Veränderungen und des Erhaltungs-
zustandes des Hauses. Die vom Brünner Amt für Denkmalpflege, von Wolf
Tegethoff und anderen geleisteten Vorarbeiten[23] müssen durch entsprechende Untersuchungen des Objekts, durch technische und restauratorische

Expertisen im interdisziplinären Sinne vertieft werden.[24] Die gründliche Auseinandersetzung mit Zielvorstellungen, Methoden und Ergebnissen dieser Renovierung ist eine unverzichtbare Voraussetzung für die Kriterien der weiteren Konservierung/Restaurierung und Pflege der Villa Tugendhat.

Die bereits 1969 begonnene Rekonstruktion des Gartens entspricht offenbar genauer dem ursprünglichen Plan, als bisher vermutet. Wie Christiane Kruse berichtet, geht aus einem 1969 aufgenommenen Protokoll hervor, *„daß Frau Müller Roder selbst die Wiederherstellung der ursprünglichen Bruchsteinterrasse in flachen, behauenen Steinen empfahl, wie es ja nun tatsächlich gemacht worden ist. Diese Form sei schon 1930 bei der Anlage des Gartens geplant gewesen, und notgedrungen habe man den bereits gelieferten Bruchstein verwendet....Von der dürftigen Bepflanzung abgesehen, ist die Terrasse somit wohl im Prinzip ‚richtig' rekonstruiert worden".*[25] Hinzuzufügen wäre, daß damit zwar ein durch mündliche Überlieferung belegbarer Bauplan ex post realisiert, aber nicht ein konkreter historischer Zustand restauriert wurde.

Die statischen Schäden, die an der Südostecke des Hauptbaus in der Terrasse aufgetreten sind, dürften mit Erdbewegungen während der Rekonstruktion des Gartens zusammenhängen (Farbabb. 19).[26] Bauliche Veränderungen, die offenbar im wesentlichen aus der Zeit der Okkupation stammen, wurden auf die ursprünglichen Maße „rückgebaut", also entfernt: Die Erhöhung des Rauchfangs, die Vermauerung des Durchblicks zwischen Garage und Haupthaus, die Vermauerung der Treppenhauswand, die Veränderung der Traufzone des oberen Geschosses und die kleinteilige Verglasung (Abb. 93, 94). Zwei später geöffnete südliche Kellerfenster wurden wieder vermauert. Ins Auge springende Störfaktoren der Bauform waren damit beseitigt. Selbstverständlich wurde dabei auch die Isolierung und Wasserableitung des Dachs repariert. Auf die Rekonstruktion fehlender Teile wurde viel Mühe verwendet. Die rekonstruierte halbrunde Wand mit Furnier aus Makassar-Ebenholz hat allerdings, wie bei diesem seltenen Holz nicht anders zu erwarten ist, nicht jenes Muster und jene Farbe der Maserung, die man aus den Fotos, aus den noch vorhanden Regaleinbauten und der erhaltenen Speisezimmeranrichte erschließen kann. Auch der Sockel ist, wohl um die mangelnde Länge der Furniere auszugleichen, höher als ursprünglich und zudem in der Maserung horizontal verlaufend. Dennoch wäre eine neuerliche Rekonstruktion nicht erstrebenswert. Den Regenwäldern sollte durch Ausbeutung seltener Hölzer nicht weiter Schaden zugefügt werden. Zudem ist sehr fraglich, ob auch heute, unter Bedingungen internationaler Kooperation, ein auch nur annähernd passendes Furnier in der genügenden Menge und Länge erhältlich wäre; schon Mies van der Rohe hatte Mühe, eine entsprechende Quelle in Paris zu finden. In einigen Punkten muß man wohl akzeptieren, daß sich die Geschichte des Hauses und der historischen Erhaltungsbedingungen auch in Veränderungen manifestiert. Die historische Distanz des modernen Betrachters erfordert auch Akzeptanz von Spuren der Geschichte.

Ähnlich einschränken muß man auch die Kritik an der Rekonstruktion der großen Glaswände mit modernem Floatglas[27] mit einer Silikonfuge. Spiegelglas der für die originalen Metallrahmen notwendigen Größe scheint seit den 80er Jahren nicht mehr erhältlich zu sein.[28] Warum allerdings die bis in die 80er Jahre erhaltene große Glasscheibe (die östliche der beiden versenkbaren) nicht belassen wurde, ist schwer verständlich.

In manchen Rekonstruktionen ist spürbar, daß die Beschränkungen nicht nur durch die Knappheit der finanziellen Mittel, wohl auch durch Mangel an politischem Willen, sondern auch durch fehlende internationale Kooperation zustande kamen. Der ursprüngliche Boden aus gelblich-weißem bzw. hellgrauem Korklinoleum, der wahrscheinlich nach dem Kriege in allen Räumen erneuert wurde, besteht nun aus einem weißen, nicht lichtbeständigen PVC[29],

Abb. 98:
Haus Tugendhat,
Eingangsbereich,
Zustand nach Renovierung
1985.
Ersatz der Verglasung mit
geteilten Acryl-Glasscheiben

das in Nähe der Fenster bereits erhebliche Spuren der Verbräunung und Versprödung zeigt und das gegenüber dem samtigen Glanz von Linoleum, der anhand der originalen Fotos nachvollziehbar ist, eher flach und zugleich optisch aggressiv wirkt. Besonders störend erscheint die Rekonstruktion der gebogenen Milchglasscheiben des Treppenhauses mit zweigeteilten (Acryl-) Scheiben[30] (Abb. 98) und die Rekonstruktion der hinterleuchteten Wand mittels zwei durch eine Silikonfuge verbundene Glasscheiben, bei denen wie im Treppenhaus der Milchglaseffekt durch weiße Farbe imitiert ist. Die sorgfältige Materialauswahl ließ sich auch in einem technologisch hochentwickelten Land wie der ČSSR nicht ohne grenzüberschreitende Zusammenarbeit bewältigen.

Das ursprünglich schwarze Birnbaumholz des Eßzimmertisches[31] wurde in einer aufdringlichen Maserung rekonstruiert. Offenbar unter massivem Geld-

Abb. 99:
Haus Tugendhat,
ehemaliges Zimmer der
Tochter Hanna,
Zustand nach Renovierung
1985

mangel litt die Herstellung der neuen Vorhänge, die in keinem Punkt den ursprünglichen Intentionen von Mies van der Rohe und Lilly Reich entsprechen. Es muß aber festgehalten werden, daß mit den oben genannten Rekonstruktionen, auch wenn sie teilweise unbefriedigend sind, insgesamt kaum historische Substanz zerstört worden ist. Weniger schonend war die Vorgehensweise in all jenen Bereichen, die mit den modernen Standards der Installationen eines Hotels verbunden waren (Abb. 99). Bei der Herstellung neuer elektrischer Leitungen, neuer Wasserleitungen und neuer Heizungsrohre wurden nicht nur die ursprünglichen Fliesen in der Küche, im Keller[32] und in den Sanitärräumen, die zum Teil noch gut erhalten waren oder jedenfalls hätten repariert werden können, abgeschlagen und erneuert, sondern auch die sanitäre Einrichtung, die Armaturen, die Warmwasser-Heizungsinstallationen und die Elektroschalter (Abb. 100). So ist unter dem Aspekt der Adaption an technische und ästhetische Kriterien eines Neubaus und der Nutzung als Gästehotel die historische Substanz des bis 1981 insgesamt relativ gut erhaltenen Hauses Tugendhat bei dieser Renovierung in nicht unwichtigen Teilen vernichtet worden.

Auch der Plattenbelag der Terrasse und die Stufen der Gartentreppe aus Travertin sind umfangreicher erneuert worden, als für die Wiederherstellung der Nutzungsfähigkeit unter denkmalpflegerischen Aspekten notwendig gewesen wäre.[33] Bei der Reparatur der Bücherregale der Bibliothek wurden für die bequeme Einfügung von Ergänzungen Teile des originalen Furniers

Abb. 100:
Haus Tugendhat,
Badezimmer der Kinder,
Zustand nach Renovierung
1985

weggeschnitten. Solche handwerklichen Methoden der Reparatur sind aber bis heute in allen Ländern zu finden. Die Hochschulausbildung von Restauratoren für Steinobjekte und für Möbel hat sich in Europa erst spät entwickelt, in Deutschland erst seit ca. 1988.[34]

Eine besondere Leistung bietet aber die Auseinandersetzung mit technischen Einrichtungen. Die Hebevorrichtung für die Fenster wurde als technisches Denkmal ebenso restauriert wie (teilweise) die Klimaanlage, sogar die Motoren wurden nicht erneuert, sondern repariert. Hier mag die besondere, systemimmanente Beachtung und Wertschätzung technischer Leistungen Pate gestanden haben.

Ein wesentliches und für die äußere Erscheinung entscheidendes Kriterium für die Qualität einer Restaurierung ist der Umgang mit den originalen Oberflächen. Mit Ausnahme der verchromten (beziehungsweise vernickelten) Teile (wie die Verkleidungen der Stützen, Heizungsrohre, Lüftungsöffnungen, Beschläge von Türen und Fenstern und Vorhangschienen) und der Onyxwand gibt es heute keine sichtbare ursprüngliche Oberfläche. Teilweise wurden die originalen Oberflächen stark beschädigt wie etwa bei den Travertinsteinen (Türschwellen, Plinthe des Treppenhauses, Abdeckung der Balustrade der oberen Terrassen, Boden der Eingangshalle, Treppenstiegen, Stoßleisten), die mit Winkelschleifern und einem vergilbenden Kitt überarbeitet wurden. Es sind dies handwerkliche Verfahrensweisen, die auch in anderen Ländern üblich waren, solange solche scheinbar einfachen Steinoberflächen nicht als Gegenstand der Arbeit von Restauratoren eingeschätzt wurden. (Farbabb. 16) Überwiegend sind aber die Oberflächen im Sinne handwerklicher Reparatur mit einer neuen Beschichtung versehen worden. Es spricht für das denkmalpflegerische Verantwortungsbewußtsein der Projektanten (und auch der Handwerker), daß bei der Erneuerung der Beschichtungen in der Regel die vorhandenen Beschichtungen belassen wurden. Historische Substanz wurde damit konserviert oder jedenfalls zunächst nicht gravierend beschädigt. Material und Oberflächenqualität der Beschichtungen entsprechen den Normen und einfachen Ansprüchen der Reparatur von gewöhnlichen Altbauten, die Farbtöne wurden nach dem Stand des Wissens ausgesucht. Die originalen Oberflächen der mit Furnier beschichteten Türen, Einbauschränke und Bücherregale (Rio-Palisander, Zebrano, Makassar-Ebenholz) sind, soweit ohne Untersuchung zu beurteilen, glücklicherweise zurückhaltend, aber mit modernen handwerklichen Methoden und Materialien renoviert. Restauratorische Voruntersuchungen der vorhandenen Materialien und Techniken als Basis der Rekonstruktion wurden nicht durchgeführt. Ob der Farbton des Anstrichs zum Beispiel der äußeren Metallteile (Zaun, Geländer, Garagen- und Kellertüren, Fensterrahmen, Rolladen und Markisen-Beschläge) ursprünglich und in jedem Teil „Berliner Grau"[35] war, ist fraglich, an Beschädigungen nachvollziehbar sind unterschiedlich viele Schichten.[36] (Farbabb.17) Bei der Reparatur der verputzten Fassaden wurde offensichtlich Zementmörtel verwendet und Kunstharzfarbe („Binderfarbe"). Diese Materialien entsprechen zwar – bedauerlicherweise – auch heute noch international beim historischen Altbau üblichen Normen.[37] Sie haben aber für die historische Substanz zerstörende Wirkung, entsprechende Schäden sind an mehreren Stellen zu bemerken, besonders intensiv an der Flanke der Gartentreppe. Thermische Spannungen und Undurchlässigkeit für Wasser in flüssiger Form und deren Folgen führen zur beschleunigten Verwitterung der originalen Verputzoberfläche. Glücklicherweise scheinen die Reste der ursprünglichen leicht gelblichen (Kalk-) Oberfläche nicht beseitigt worden zu sein, mehrere Reparaturanstriche aus der Zeit vor der Renovierung von 1981–85 bieten eine Art Pufferzone zwischen der ursprünglichen Oberfläche und der „Binderfarbe".[38] (Farbabb. 18)

Von 1986–1994 diente das Haus Tugendhat als repräsentativer Tagungsort für die in Stadt und Land herrschenden Kräfte und als Gästehaus.[39] Einer der letzten Akte war die im Haus zwischen Václav Klaus und Vladímir Mečiar besiegelte Trennung von Tschechien und der Slowakei im August 1992.[40] Das Haus war, außer für Gäste der Stadtverwaltung, nicht öffentlich zugänglich, es konnte nur in Ausnahmefällen besucht werden. Die Fachwelt, vor allem in Brünn selbst, gab aber die ursprünglichen Pläne nicht auf, das Haus öffentlich zugänglich zu machen beziehungsweise einer kulturellen Nutzung zuzuführen und den ursprünglichen Zustand in allen Teilen, auch der Einrichtung, zu rekonstruieren.

Ein Gruppe von Architekten in Brünn[41] gründete 1993 einen gemeinnützigen Verein, den Fond Vily Tugendhat (FVT). Im Statut des Vereins sind als Ziele die Durchführung der Rekonstruktion und der Betrieb des Hauses als Architekturzentrum[42] festgehalten. Am FVT nahmen sehr bald auch Mitglieder der Familie Tugendhat teil.[43] Bei einem Gespräch mit Bürgermeister Jiří Horák am 2. Juli 1993 gab Daniela Hammer-Tugendhat als Tochter von Grete und Fritz Tugendhat dem Willen ihrer Mutter Ausdruck, daß das Haus zur Gänze wiederhergestellt und erhalten wird und daß es öffentlich zugänglich gemacht wird.[44] Die Aktivitäten des FVT waren für den ersten Erfolg sicherlich nicht ohne Bedeutung: Der Rat der Stadt Brünn beschloß am 16.9.1993 die Nutzung des Hauses Tugendhat für kulturelle Zwecke und die Fortführung der Rekonstruktion.[45]

Inzwischen hatte sich in London ein zweiter gemeinnütziger Verein gebildet, mit Namen „Friends of Tugendhat" (FRIENDS), der sich ebenfalls zum Ziel setzte, für die öffentliche Zugänglichkeit des Hauses und für die Finanzierung und Durchführung der Restaurierung zu wirken.[46]

In den folgenden Monaten bemühte sich der FVT, unterstützt durch Mitglieder der Familie Tugendhat und durch die FRIENDS[47], in Verhandlungen mit der Stadtverwaltung um einen Mietvertrag für das Haus.[48] Der Rat der Stadt Brünn ging darauf nicht ein. Dennoch folgte am 20.1.1994 der entscheidende Beschluß: Das Haus Tugendhat soll in der Verwaltung des Museums der Stadt Brünn öffentlich zugänglich gemacht und denkmalpflegerisch instandgesetzt werden.[49] Am 1. Juli 1994 eröffnete Bürgermeister Jiří Horák das Haus Tugendhat als Museum.[50]

Von der Renovierung zur Konservierung / Restaurierung

Die Bemühungen um die Projektierung und Finanzierung der weiteren Wiederherstellung des Hauses Tugendhat gingen auch nach der Öffnung des Hauses als Museum weiter. Entsprechende gemeinsame Verträge des FVT und der FRIENDS mit dem Museum kamen aber nicht zustande, weil Ziele, Kompetenzen, Organisationsstruktur und Finanzgebarung in wesentlichen Punkten nicht genügend definiert waren. In einer Sitzung am 3./4. März 1995 im Haus Tugendhat, an der Vertreter der Stadt Brünn, des Museums der Stadt Brünn, des Denkmalamts, des FVT, der FRIENDS und der Familie Tugendhat[51] teilnahmen, wurde vereinbart, ein Koordinierungskomitee zu gründen, das gemeinsam alle weiteren Entscheidungen vorbereitet.[52] Die Vereinbarungen wurden aber nicht in die Tat umgesetzt. Zwei Mitglieder des FVT[53] projektierten die 1995 von der Stadt Brünn finanzierte Rekonstruktion der Möbel des großen Wohnraums.[54] Das Ziel, die Attraktivität des Raumes für das breite Publikum zu erhöhen, wurde vielleicht erreicht. Aber die Qualität der Rekonstruktion der Möbel fand nicht einhellige Zustimmung, sie wurde nicht nur von Fachleuten, sondern auch von ehemaligen Bewohnern des Hauses Tugendhat[55] hinsichtlich der Ungenauigkeit der Kopie des originalen Designs, der Qualität der verwendeten Materialien und ihrer Farben kritisiert.[56] Aber rekonstruierte Möbel sind austauschbar. Die Frage ist: was geschieht mit der erhaltenen historischen Bausubstanz? (Farbabb. 20, 21, 22)

In den Diskussionen während der gemeinsamen Sitzungen (und auch in der Kritik an den konkreten Maßnahmen 1981–85 beziehungsweise der Rekonstruktion der Möbel 1995/96) wurde immer wieder deutlich, daß unterschiedliche Vorstellungen existieren von dem, was unter denkmalpflegerischer Instandsetzung, unter Konservierung, unter vollständiger Renovierung, unter Rekonstruktion verstanden werden sollte. Die einen waren bereit, vieles von den Eingriffen und unpräzisen Rekonstruktionen von 1981–85 zu akzeptieren und wünschten vor allem für das Design des Innenraums wirksame Maßnahmen, wie die Rekonstruktion der Glasscheiben, der Lampen und der Möbel.[57] Trotz vordergründiger Kritik an der Renovierung von 1981–85 sollte also dieser Kurs fortgesetzt werden, mehr noch: zur Steigerung der Attraktivität des Ortes für Besuchermassen wurde der Bau eines zusätzlichen Pavillons (Visitors Center) im Garten unterhalb des Hauses Tugendhat[58] und die Verlegung des Eingangs in das Haus Tugendhat für Besucher an die Ostseite vorgeschlagen.[59] Die anderen kritisierten vor allem die fehlende Präzision der Rekonstruktion. Sie wünschten eine vollständige, möglichst perfekte Erneuerung und Wiederherstellung, welche die Ergebnisse der Renovierung von 1981–85 nur zum geringen Teil akzeptierte. Bereits 1991, unmittelbar nach den politischen Umwälzungen, stellte das Büro SURPMO, dessen Mitglieder bereits die Renovierung von 1981–85 durchgeführt hatten, eine Liste der Arbeiten für eine „vollständige Renovierung" zusammen, die 1995 auch Grundlage wurde für das „Tugendhat Project" genannte Konzept der physischen Wiederherstellung des Hauses Tugendhat, ausgearbeitet vom Denkmalamt von Brünn.[60] Das Konzept sieht vor: Wiederholung von bautechnischen Eingriffen und der Neubeschichtung der Oberflächen innen und außen von 1981–85[61], Entfernung der 1981–85 rekonstruierten Teile und Rekonstruktion in Formen und Materialien, die dem ursprünglichen Design möglichst nahekommen,[62] weiterführende Reparatur oder Erneuerung von Haustechnik und Beschlägen, von Materialien und Oberflächen,[63] weitere Rekonstruktionen,[64] die Entfernung nicht ursprünglicher Zutaten[65] und schließlich die Rekonstruktion der beweglichen Einrichtung.[66] Die Kritik an der Renovierung von 1981–85 wurde zumeist mit dem herrschenden politischen System in Verbindung gebracht, mit mangelnden materiellen, technischen und wissensmäßigen Ressourcen in der kommunistischen Tschechoslowakei.[67]

Auch wenn man die Veränderungen berücksichtigt, die sich aus den Anforderungen der Nutzer ergeben hatten, mag diese Begründung zum Teil berechtigt sein. Aber eine zu weitgehende, intakte oder reparierbare originale Substanz zerstörende Renovierung historischer Architektur und die mangelnde Präzision der Rekonstruktion war kein spezifisches Problem der (damals) tschechoslowakischen Gesellschaft unter sozialistischen Vorzeichen. Die Diskussion zum Thema ‚Restaurieren oder Konservieren' ist in der Denkmalpflege seit John Ruskin (1849) virulent, sie verweist auf ein Problem globaler Dimension.[68] Auch jüngere und jüngste Beispiele des Umgangs mit Architektur des Neuen Bauens[69] wie die Renovierung der Weißenhofsiedlung in Stuttgart (Renovierung 1981–86), der Wiener Werkbundsiedlung (Renovierung 1983–1985), der Werkbundsiedlung Neubühl, Zürich-Wollishofen (Renovierung 1985–1990) und Bruno Tauts Siedlung in der Grellstraße, Berlin (Fassadenrenovierung seit 1997) zeigen unterschiedliche Positionen und Ergebnisse.[70] Sie reichen von der aufwendigen „Totalinstandsetzung",[71] vom Ersatz der Reste der originalen Substanz, „originalähnliche Rekonstruktion" genannt,[72] bis zum schweizerischen „Flicken als Strategie".[73] Der Unterschied zwischen einer „total" instandgesetzten (z. B. Tessenows Festspielhaus in Dresden Hellerau, 1911–13) und einer rekonstruierten historischen Architektur, auch wenn sie mit dem Anspruch auf ‚Originalähnlichkeit' durchgeführt wurde (z.B. die Stuttgarter Weißenhofsiedlung oder die Alfelder Faguswerke von Walter Gropius, 1911–14), ist nicht eben groß: Es handelt sich um neuzeitliche Kopien, um Surrogate mit fragwürdigem, wenn nicht verlorenem historischem Wert. Die Argumente für den substanzvernichtenden Umgang mit historischer Architektur sind bekannt: technische bzw. funktionale Mängel bzw. nicht normgerechte Ausführung z.B. hinsichtlich des Schutzes gegen Infiltration von Wasser, der Schall- und Wärmedämmung. Sie stützen sich meist auf die Behauptung, daß die historische Substanz die Funktionsfähigkeit, also auch den Tauschwert beeinträchtige, daß eine Reparatur zu teuer, nicht „haltbar" oder überhaupt nicht möglich sei. Praktische Erfahrungen belegen aber, daß die Anpassung an moderne Nutzungen auch ohne große Zerstörungen möglich ist, daß Reparaturen oft nicht teurer, oft nachhaltiger, also auch langfristig kostengünstiger und bei Einsatz kompatibler Materialien,[74] entsprechender (restauratorischer und/oder handwerklicher) Arbeitstechnik auch machbar sind.[75]

Der Erhaltung der historischen Substanz des Neuen Bauens droht zusätzliche Gefahr: In internationalen Gremien wurden in den letzten Jahren neue, von der Charta von Venedig von 1964 abweichende Kriterien für die Erhaltung von Bauten der Moderne formuliert, welche die Authentizität eines Baues der Moderne am „Konzept" und der „Form", also am Design festmachen und nicht in erster Linie am Material, an der historischen Substanz. Ist es ein Mangel an historischer und kritischer Distanz, daß hier das alte historistische Konzept von der Restaurierung der Denkweise, der *structure* im Sinne Viollet-le-Ducs (1865)[76] seine Urständ feiert? Die Denkweise, die *structure*, wird nun „Konzept", „*utopische Dimension*" genannt. Mit dem eindimensionalen Ziel ihrer Rekonstruktion werden aber Geschichtsquellen, materielle Substrate der Geschichte verformt und zerstört. Aus der Erkenntnis, daß in der Baudenkmalpflege die Anpassung an technische oder gesellschaftliche Gebrauchswerte manche Kompromisse erfordert, kann doch nicht gefolgt werden, daß der praktizierte Respekt vor der historischen Substanz als „Fetischisierung toten Materials" abgetan werden muß.[77] Wo denn, wenn nicht in der Materie, sind die historischen, künstlerischen oder sonst kulturellen Werte des Denkmals vergegenständlicht (Werte, die jeweils im technologischen wie im ästhetischen Kontext zu erfassen sind), – es sei denn, man möchte auf konkrete Denkmale überhaupt verzichten und begnügt sich mit schriftlichen und bildlichen Dokumentationen, also der Repräsentation eines historisch bedingten Kenntnisstandes.

Bieten Theorie und Praxis des Umgangs mit Bauten der Moderne in der Schweiz eine Alternative zur Zerstörung historischer Quellen? Den publizierten Beiträgen liegt eine gemeinsame Zielvorstellung zugrunde: „*So viel wie möglich von der originalen Substanz zu erhalten, auf die Anpassung der Bauten an heutige DIN-Normen zu verzichten und die geschädigten Bauteile zu reparieren statt auszutauschen*".[78] Die Frage ist, was mit dem Begriff ‚Reparatur' gemeint ist. Daß unter dem Titel „*Pinselrenovation*" z. B. die Außenhaut eines Hauses der Werkbundsiedlung Neubühl „*...normal* [sic!] *saniert, Fenster und Türen jedoch nur gestrichen...*" wurden, verweist auf eine Vorgehensweise, die eher von handwerklichen Regeln der Erneuerung bestimmt ist. Restauratoren wurden bisher, wenn überhaupt, nur mit Befundsicherung bei Fragen der Polychromie beauftragt. Zur Entwicklung von Reparaturtechniken, die am historischen Befund orientiert sind, oder gar zur Konservierung originaler Oberflächen von Architektur des Neuen Bauens wurden Restauratoren bisher kaum eingesetzt. In den wenigen Studien zur Oberflächenstruktur und Farbe moderner Architektur sind die Informationen über ästhetische Konzepte selten verknüpft mit technologischen, aus Untersuchungen der Objekte stammenden Daten.[79]

Es ist nicht einzusehen, warum die Erhaltungskriterien bei Architektur des zwanzigsten Jahrhunderts anders sein sollen als jene bei älterer Architektur, warum die Charta von Venedig von 1964[80] und allgemeine Prinzipien der Konservierung / Restaurierung[81] nicht auch für Architektur des Neuen Bauens gelten sollen. Die Spannung zwischen technischen und sozialen Gebrauchswerten, zwischen den notwendigen, den Gebrauchswert verbessernden Eingriffen einerseits und dem denkmalpflegerischen Bestreben nach Erhaltung der authentischen historischen Quelle andererseits ist nicht aufhebbar.

Der Wert des Hauses Tugendhat als Denkmal der Architekturgeschichte kann kaum überschätzt werden. Nach der Zerstörung des Barcelona-Pavillons 1929 ist das Haus Tugendhat das einzige erhaltene Werk in Europa aus der ersten reifen Zeit von Mies van der Rohe. Seine materielle Substanz, die immer noch in weiten Teilen erhalten ist, hat nicht nur allgemeine Bedeutung als historische Quelle. Die materiellen Qualitäten sind im besonderen Maße Teil des Architekturkonzepts. Grete Tugendhat berichtet, daß Mies van der Rohe in der ersten Besprechung, die in Berlin stattfand[82], darlegte, *„wie wichtig gerade im modernen, sozusagen schmuck- und ornamentlosen Raum die Verwendung von edlem Material sei, und wie das bis dahin vernachlässigt worden war, z.B. auch von Le Corbusier"*. Und weiter: *„Ursprünglich sollte unser Haus ... ein Klinkerbau werden, aber es stellte sich dann heraus, daß es in Brno keine schönen Klinker gab und auch keine Maurer, die sie tadellos hätten setzen können."* Es ging Mies, das wird in dem Bericht von Grete Tugendhat deutlich, nicht um Materialien um der Materialien willen, sondern dezidiert um das Edle am Material, also um seine materielle Integrität, um seine Reinheit einerseits und um seine perfekte, tadellose handwerkliche Bearbeitung andererseits. Natürlich setzte er auch die Kostbarkeit des Rohstoffs ein, um die künstlerische und die repräsentative Wirkung seiner Architektur zu steigern. Die Auseinandersetzung mit dem Material ist ein Leitthema der Protagonisten des Neuen Bauens.[83]

Wir wissen einiges von der Art der verwendeten Materialien, von der Konstruktion, vom Design, von den Farbtönen.[84] Aber was wissen wir von der konkreten Oberflächenerscheinung? Von der Bearbeitung, den Beschichtungsmaterialien, ihrer Farbe, Lichtrefraktion, ihrem Alterungsverhalten?
Materie ohne Oberfläche gibt es nicht. Unsere Augen sehen Formen, Gegenstände immer durch die Vermittlung einer Oberfläche. Die Oberfläche ist das interface (surface is interface), die Vermittlungsebene zwischen Architektur als Volumen, als gebautem Raum, als Design einerseits und dem Betrachter andererseits.
Um die mit der orginalen Substanz verbundenen kulturellen Werte zu erhalten, ist ihre Definition auf der Grundlage einer entsprechenden Untersuchung und Dokumentation (Befundsicherung) historischer und technologischer Daten notwendig. Außer den historischen Daten der Entstehung und der Erhaltungsgeschichte geht es also um die Untersuchung der Materialien, Techniken von Trägern und Oberflächenbeschichtungen – sowohl der ursprünglichen, von Mies van der Rohe geplanten Technologie und Ästhetik, als auch jener der späteren Veränderungen, es geht um die Untersuchung des Zustands und der Schäden, und schließlich um die konsistente Interpretation der erhobenen Daten. Diese Interpretation umfaßt nicht nur die historische und technologische Bewertung der originalen Substanz und ihrer Veränderungen. Sie ist auch Grundlage für die Entwicklung von Inhalt und Rangordnung der Kriterien der Intervention: Was und mit welcher Dringlichkeit ist zur physischen Erhaltung des Hauses Tugendhat notwendig, was sollte zur Erhaltung des Gebrauchswerts des Hauses getan werden und welche Eingriffe sind wünschenswert, um ästhetisch störende Veränderungen der originalen Architektur von Mies van der Rohe zu eliminieren? Ohne interdisziplinäre und – angesichts der Bedeutung des Objekts – auch internationale Zusammenarbeit

verschiedener wissenschaftlicher und technischer Fachgebiete wie Kunstgeschichte, Architektur, Statik, Klimatologie, Bauphysik, Konservierung / Restaurierung, archäometrischer Diziplinen wie Chemie, Mineralogie und Mikrobiologie sind Untersuchungen so komplexer Objekte wie das Haus Tugendhat nicht sinnvoll. Der Erkenntnisprozeß kann nur im gegenseitigen Austausch, also in Etappen, vor sich gehen.

Eine internationale Expertengruppe mit Beteiligung der Fachbereiche Kunstgeschichte, Architektur und Konservierung / Restaurierung hatte Ende 1996 die Arbeit aufgenommen.[85] Nicht zuletzt durch die Forschungen von Wolf Tegethoff und Jan Sápak, aber auch durch die genauen Angaben von Grete Tugendhat, sind viele historischen Daten bekannt. In den erhaltenen Plänen ist das Design jedes Details nachvollziehbar. Dennoch bleiben viele Fragen. Wir wissen nicht, ob in jedem Fall die konkrete Form der Ausführung dem Design entsprach. Und vor allem wissen wir viel zu wenig über die Materialien und und konkrete Oberflächenerscheinung der Elemente der Architektur und ihrer Einrichtung.

Die Identifikation und Erhaltung der originalen Substanz ist spezifisches Metier des Konservators / Restaurators.[86] Eine entsprechende restauratorische Untersuchung des Hauses Tugendhat steht nun auf der Tagesordnung, die Ergebnisse der Untersuchung können erst in der Folge in Kooperation mit anderen Fachbereichen weiter verarbeitet werden. Eine auf Beschluß der Expertengruppe für Juni 1997 geplante Kampagne zur restauratorischen Untersuchung und Dokumentation mit internationaler Beteiligung von Konservatoren/Restauratoren aus den Fachgebieten Architekturoberfläche (Verputz, Farbe), Stein, gefaßte Metalloberflächen und veredelte Holzoberflächen kam aber unter anderem aus Geldmangel nicht zustande.[87] Die restauratorische Untersuchung jener Bereiche, die akute Schäden aufweisen, also die Außentreppe und anschließende Terrasse (mangelnde Stabilität), das Flachdach und die obere Terrasse (Mängel in der Drainagierung), die Metallteile: Türen, Fenster, Zäune, Pfeiler, Träger (Korrosion) und die Holz-Rolläden (Verwitterung) ist zwar dringlich, nach den bisherigen Untersuchungen besteht aber keine akute Gefahr (Farbabb. 19). Es dürfte also genug Zeit bleiben für schrittweises, behutsames interdisziplinäres Vorgehen. Es sollte dabei in erster Linie um die Erhaltung der noch erhaltenen kostbaren originalen Substanz gehen, erst in zweiter Linie um die Frage, mit welchen Materialien und Methoden technisch und ästhetisch die ursprüngliche Erscheinung der Architektur von Mies rekonstruiert werden soll. Jede Rekonstruktion bleibt ohnehin hypothetisch. Auch mit äußerster Akribie können die feinsten Details der ursprünglichen Technik und Ästhetik nur annähernd untersucht und erfaßt werden. Weder die Erneuerung von nicht mehr Vorhandenem noch die Restaurierung oder Reparatur von Beschädigtem erzeugen Zustände, von denen man mehr sagen könnte als: ,so ähnlich könnte es gewesen sein'. Und hätte es angesichts der Geschichte des Hauses Tugendhat nicht eine makabre Konnotation, wenn ein Besucher nach der Rekonstruktion sagen könnte: „*Es sieht so aus, als sei nichts gewesen*"?[88]

Die Antinomie denkmalpflegerischen Tuns bleibt immer virulent: Wir wollen die Authentizität der Substrate der Geschichte erhalten, indem wir sie verändern.

1 Siehe Ausstellungskatalog „Wien 1938", Historisches Museum der Stadt Wien, Rathaus, Volkshalle 11. März bis 30. Juni 1988; Felix Kreissler, Von der Revolution zur Annexion. Österreich 1918 bis 1938, Wien-Frankfurt-Zürich 1970. Schuschnigg verabschiedete sich „...mit einem deutschen Wort und einem Herzenswunsch: Gott schütze Österreich".

2 Deutsche Akademie der Wissenschaften zu Berlin (Hrsg.), Deutsche Geschichte in Daten, Berlin 1969, S. 741. Bedrich (Fritz) und Marketa (Grete) Tugendhat (Heiratsurkunde von 1928) sprachen (außer Deutsch) auch Tschechisch und hatten die tschechoslowakische Staatsbürgerschaft. Sie wurde ihnen nie entzogen. Ihre beiden Söhne Ernst und Herbert besuchten den tschechischen Kindergarten, der ältere die tschechische Schule am Glacis.

3 Grete Tugendhat reiste zunächst allein mit ihren beiden Söhnen; ihre Tochter Hanna war schon vorher nach London in Sicherheit gebracht worden. Fritz Tugendhat betrieb in Kirchberg bei St. Gallen mit seinem Kompagnon Schiff eine kleine Tuchfabrik.

4 Die Kinderschwester Irene Kalkofen (geb. 1909 in Berlin) folgte der Familie am 1. April 1938 in die Schweiz, erhielt aber nur ein Visum von 6 Wochen. Sie blieb noch von Anfang Mai bis 2. Juli 1938 in Brünn und emigrierte aus antifaschistischen Gründen nach England (London), wo sie heute noch lebt. Beim (letzten?) Aufenthalt in Brünn im Winter 1938/39 (vor der Zerschlagung der Tschechoslowakei durch die Nazis am 16. März 1939) wohnte Fritz Tugendhat im Haus seiner Schwiegereltern Alfred und Marianne Löw-Beer, weil sein eigenes Haus „so öd und leer" war, wie er an Irene Kalkofen schrieb (mündliche Mitteilung Irene Kalkofen).

5 Dazu auch einigen Hausrat.

6 Bei der Abwicklung der Arbeiten halfen ihm das Stubenmädchen Thea Hebauer und der Fahrer Gustav Lössl (mündliche Mitteilung Irene Kalkofen).

7 Ivo Hammer, Remarks to the principles and methods of the conservation and restoration of the Villa Tugendhat in Brno, Manuskript vorgelegt bei der Sitzung von Vertretern der staatlichen Denkmalpflege, des Museums der Stadt Brünn und des Expertenkomitees am 3./4. März 1995 in Brünn. Siehe auch: Wolf Tegethoff, Tugendhat-House, Brno. Ludwig Mies van der Rohe, 1928–30. Report on the Current State of Buidling, unpubl. Ms. Munich 1997, 29–30 (gesponsert vom World Monument Fund über Vermittlung der FRIENDS of TUGENDHAT, Keith Collie); Jan Dvořák, Introduction, in: P. Lizon, Villa Tugendhat in Brno: An International Landmark of Modernism, Knoxville/TN 1996, S. 13f.

8 Ob der runde Café-Tisch mit Rahmen aus verchromten Stahlrohren und schwarzer Glasplatte ebenfalls mit in die Emigration genommen wurde, ist nicht bekannt.

9 Rahmen aus verchromten Stahlrohren und Polsterung aus weißlichem Kalbspergament. Siehe Ludwig Glaeser, Ludwig Mies van der Rohe: Furniture and Furniture Drawings from the Design Collection and the Mies van der Rohe Archive, New York 1977, S. 62f. Die Stühle finden sich auf im Besitz von Daniela Hammer-Tugendhat befindlichen Fotos aus der venezolanischen Emigration (Caracas). Der Verbleib der Originale ist unbekannt.

10 Museum of Modern Art, New York; L. Glaeser 1977 (zit. Anm. 9), S. 54–59. Ob mehrere Tugendhat-Stühle mit in die Emigration genommen wurden, ist nicht bekannt.

11 Karel Menšík, Jaroslav Vodička, Vila Tugendhat Brno, Brno 1986. Güterrechtliche Übertragung des Hauses Tugendhat an den Nationalausschuß der Stadt Brünn zum 1. Januar 1980.

12 Die sowjetischen Truppen waren nach Jan Sapák (Das Alltagsleben in der Villa Tugendhat, in: Werk, Bauen+Wohnen 12/1988, S. 21) nur kurze Zeit in dem Haus: 28. April bis Mai 1945. In den von Grete Tugendhat (Haus Tugendhat, in: werk 8/1969, S. 511) kolportierten Gerüchten, die sich bis in die jüngste Darstellung von Dušan Riedl (The Villa of the Tugendhats created by Ludwig

Mies van der Rohe in Brno, Institute for the Protection of Monuments in Brno and Brno City Museum (Hrsg.), Brno 1995) erhalten haben, ist von einem „...Bombardement durch die Russen im Frühjahr 1945" und „...rumänischen Besatzungstruppen" die „...vor der Onyxwand" große Feuer anzündeten, ...um ganze Ochsen daran zu braten", die Rede.

13 Offenbar wurden – glücklicherweise – nur die notwendigsten Reparaturen ausgeführt und die Substanz des Hauses nicht angetastet. Die (von Osten) dritte große Spiegelglasscheibe war bei der Bombardierung durch die Alliierten am 20. November 1944 offenbar versenkt und blieb erhalten, sie wurde erst bei der Renovierung 1981–85 zerstört. Die Okkupanten haben nach Sapák (1988, S. 20, zit. Anm. 12) das Haus erst im Februar/März 1945 verlassen. Die Erneuerung der Fenster mit einem kleinteiligen Rahmenraster könnte also noch aus der Zeit der Okkupation stammen.

14 Brief von Frantšek Kalivoda an Grete Tugendhat vom 5.12.1967, Besitz Daniela Hammer-Tugendhat.

15 „Kulturstätte für Internationale Zusammenkünfte von Künstlern und Wissenschaftlern" unter der Verwaltung der Stadt Brünn.

16 Arch. Jan Dvořák wurde 1969, zusammen mit Kalivoda, vom Verband der Architekten der ČSSR beauftragt, für eine kulturelle Nutzung und für die Renovierung des Hauses Tugendhat zu sorgen (Brief von J. Dvořák an Keith Collie vom 2.8.1994). Auch eine Diplomarbeit der Baufakultät der Technischen Hochschule Brünn trug zur Erarbeitung von technischen Grundlagen für die Rekonstruktion bei: J. Vašáková, Vila Tugendhat (Diplomová práce, FA VUT, Brno 1967), siehe: Riedl 1995 (zit. Anm. 12), S. 53.

17 Grete Tugendhat (werk 8/1969, S. 511). 1967 besuchte Grete Tugendhat mit ihrer Tochter Daniela das Haus zum ersten Mal nach der Emigration. Grete Tugendhat gab bei der Konferenz am 17.1.1969 außer ihrem Vortrag auch zusätzliche Informationen zu Protokoll. Leider scheinen weder im Museum noch im Amt für Denkmalpflege entsprechende Unterlagen vorhanden zu sein.

18 Julius Posener, Eine Reise nach Brünn, Bauwelt LX, 36, 8.9.1969, S. 1244f.

19 Vortragende: J. Grabmüller, V. Richter, V. Novotny, B. Fuchs, J. Pechar, E. Hruska, M. Podzemny, D. Riedl, Z. Kudělka, F. Haas, F. Kalivoda, J. Dvořák, M. Pistorius, J. Crhonek, J. Kroha. Am 26. April 1970 veranstaltete die Zentrale der Staatlichen Denkmalpflege und des Naturschutzes in Brünn aus Anlaß der ordentlichen Sitzung des Beratungskomitees für die Restitution des Hauses Tugendhat in Brünn einen Diavortrag mit Fotos von Rudolf de Sandalo (aus dem Besitz Mies van der Rohes) und von Josef Fiala, Prag (Zustand 1969, Farbdiapositive 6x6, 6x9) mit Kommentar von F. Kalivoda. Die Ausstellung in der Mährischen Galerie vom 25.–27. April 1970 zeigte – neben Originalfotos von 1930/31 – Originalpläne von Mies v.d. Rohe, Durchführungspläne von 1929/30 (Museum der Stadt Brünn), Pläne zur Restitution (Denkmalamt Brünn) und Pläne zur geodätischen Neuvermessung von 1969.

20 Sapák 1988 (zit. Anm. 12). S. 23.

21 K. Menšík/J. Vodička 1986, (zit. Anm. 11) nennen: Stavební podnik města Brna (Bauunternehmen der Stadt Brünn), Ústředí uměleckých řemesel Brno (Zentralstelle des Kunstgewerbes Brünn), Výrobní družstvo KOVO Brno (Produktionsgenossenschaft KOVO Brünn), Kodreta Myjava, Oblastní podnik služeb Modra u Bratislavy (Regionalbetrieb der Dienstleistungen Modra bei Pressburg), Slovenský prùmysl kamene Levice (Slovakische Steinindustrie Levice), Fatra Napajedla und andere.

22 Sapák 1988, S. 22 (zit. Anm. 12) berichtet, daß Bohuslav Fuchs in den 60er Jahren im Parterre eine Snack-Bar einrichten wollte. Die folgenden Angaben stützen sich, neben eigenen Beobachtungen, auf Sapák 1988 (zit. Anm. 12); Jan Sapák, Das Haus Tugendhat in Brünn, in: Bauforum XXII/131, 1989, S. 13–25; Jan Sapák, Reconstruction of the Tugendhat House (Mies van der Rohe, 1930), in: First international DOCOMOMO Conference, Sept. 12–15, 1990, Conference Proceedings, Eindhoven 1991, S. 266–268; Riedl 1995

(zit. Anm. 12); Tegethoff 1997 (zit. Anm. 7); P. Lizon, (zit. Anm. 7), mit einigen unrichtigen Angaben.

23 Institute for the Protection of Monuments, Brno (I. Cerná, E. Buřilová), The Tugendhat Project. The restoration of the Villa and its utilization as a monument of modern architecture (Ms.), Brno February 1995; W. Tegethoff (unter Mitarbeit von Jan Sapák und Nina Schneider) 1997, (zit. Anm. 7).

24 Im Einvernehmen mit dem Brünner Denkmalamt erstellte der Autor am 20.4.1997 ein Konzept für eine erste restauratorische Untersuchung: ‚Villa Tugendhat, Brno. Workshop for investigation /documentation June 20.–23., 1997. Conception of performance'.

25 Brief von Christiane Kruse, Berlin, an Daniela Hammer-Tugendhat vom 1.5.1993. Das Protokoll wurde ihr von Kamil Fuchs übermittelt.

26 Protokoll des Treffens der Expertenkommission in Brünn am 14.1.97 (Denkmalamt, Museum, FVT-Skřabal, Hammer, Sapák, Tegethoff), verfaßt von N. Schneider.

27 Sapák 1989 (zit. Anm. 22), S. 24.

28 Tegethoff 1997 (zit. Anm. 7), S. 11f.

29 Es soll nicht verkannt werden, daß die Sonderanfertigung dieses PVC-Bodenbelags in der ČSSR mit erheblichen organisatorischen Schwierigkeiten verbunden war.

30 Aufgedoppelt, der Milchglaseffekt wurde mit transparenter weißer Farbe auf den Innenseiten der Scheiben imitiert.

31 Grete Tugendhat, Rede (1969).

32 Nur die Fliesen im „Pelztresorraum" sind erhalten geblieben.

33 Auch die handwerkliche Arbeit zeigt in diesem Bereich Mängel. Zum Beispiel wurden bei den Traufsteinen der Treppe die Tropfnasen vergessen und dann sekundär unzureichend eingeschnitten.

34 Siehe Ivo Hammer, Zur Entwicklung der Hochschulausbildung von RestauratorInnen im deutschsprachigen Raum, in: 10 Jahre Studiengang Restaurierung, Festschrift der Fachhochschule Hildesheim /Holzminden, Fachbereich Kommunikationsgestaltung (Hrsg.), Hildesheim 1997, S. 6–8; European Meeting of the Institutions with Conservation Education at Academic Level. ENCoRE, Dresden, Hochschule für Bildende Künste Dresden, 8./9. November 1997.

35 Sapák 1989 (zit. Anm. 22), S. 25.

36 Im Außenbereich des Fensters des Zimmers der Tochter Hanna sind auf der roten Grundierung folgende Schichten festzustellen: Weiß, dunkles Blaugrau, helleres Blaugrau, Blaugrün, rezentes dunkleres Blaugrau. Zumindest ein Teil der ursprünglichen Oberfläche der Metallteile und ihre Polychromie sollte konserviert werden und als Maßstab für jene Teile dienen, deren Anstrich rekonstruiert werden muß. Der Rostschutz von polychromiertem Metall ist technisch möglich.

37 Siehe Ivo Hammer, Die malträtierte Haut. Anmerkungen zur Behandlung verputzter Architekturoberfläche in der Denkmalpflege, in: Beiträge zur Erhaltung von Kunstwerken 7, hrsg. vom Restauratoren-Fachverband, Berlin 1997, 14–23.

38 Der rezente weiße Anstrich der Innenräume besteht wahrscheinlich ebenfalls aus einer ‚mageren' Binderfarbe. Im Frühjahr 1986 fand in Brünn eine Ausstellung über die Renovierung statt, vorbereitet durch Iloš Crhonek und Jaroslav Drápal. Siehe auch Rostislav Švácha, Mies van der Rohe, in: Výtvarná kultura, Praha 1986.

39 Unter den Gästen waren prominente Persönlichkeiten wie Prinz Charles und Lady Di, Helmut Zilk (Wiener Bürgermeister) und Erhard Busek (österreichischer Vizekanzler).

40 Abb. in: Horáková & Maurer (Hrsg.), Bufet, Graz 1993.

41 Ing. arch. Jiří Adam, Ing. Jan Otava und Ing. arch. Jindřich Škřabal, Registrierung des Statuts am 6.6.1993. Ing. arch. Jan Dvořák trat einige Monate später in den FVT ein, und erwarb sich durch seine Rührigkeit besondere

Verdienste um die Ziele des FVT.

⁴² Zunächst nicht als allgemein zugängliches Museum!

⁴³ Eduardo Tugendhat (Sohn von Herbert Tugendhat) , USA; Prof. Dr. Ernst Tugendhat, Santiago de Chile; Lic. phil. Ruth Guggenheim-Tugendhat, Zürich; Prof. Dr. Daniela Hammer-Tugendhat, Wien.

⁴⁴ Am 2.7.1993, Brief von D. Hammer-Tugendhat (DHT) an J. Horák am 6.7.93; Gedächtnisprotokoll DHT und der Autor. Weitere Teilnehmer: Ing. arch. Jan Dvořák als Dolmetscher und Organisator des Gesprächs; Prof. Dr. Karin Wilhelm, Graz; Dr. Irene Nierhaus, Graz.; der Autor. In einem Brief an F. Kalivoda am 24.11.1969 hatte sich Grete Tugendhat unter bestimmten (kostenneutralen) Bedingungen bereit erklärt, das Haus Tugendhat „*dem Staat ... zu schenken, wenn das Haus in den ursprünglichen Zustand gebracht würde, um daraus ... ein Zentrum der Architekten zu schaffen...*". Diese Äußerung ist als Geste zum Schutz des Hauses zu verstehen, da die kommunistische Enteignung damals ohnehin als unabänderlich angesehen werden mußte.

⁴⁵ Der FVT wurde allerdings nicht mit der Durchführung beauftragt (siehe Protokoll der 98. Sitzung des Rats der Stadt Brünn (RMB), Blatt 1758).

⁴⁶ Registriert als gemeinnütziger Verein (Charity Trust) am 28.01.1994. Besonders hervorzuheben ist der unermüdliche und hohe Einsatz des Architekturfotografen Keith Collie und weiterer Trustees wie Eva Jiričná, Ivan Margolius, Thomas Riedel und Timothy Joe Berner. Auch Mitglieder der Familie Tugendhat gehören zu den Trustees (D. Hammer-Tugendhat) bzw. zu den Patrons.

⁴⁷ In Gesprächen zwischen der Stadtverwaltung (unter anderen Vizebürgermeister Dr. Zahradníček), dem FVT, den FRIENDS und Mitgliedern der Familie Tugendhat in Brünn am 3./4. 10.1993 wurden Möglichkeiten der Durchführung der Öffnung und Restaurierung des Hauses besprochen.

⁴⁸ 3.11.1993: Übergabe des Vertragsentwurfs des FVT an den Rat der Stadt Brünn (RMB); 8.12.1993: Diskussion des RMB mit dem FVT über den Mietvertag, Bildung einer 5er-Kommission; 2. Sitzung am 21. 12.1993.

⁴⁹ Dokument des Auftrags des RMB an den Vorsitzenden der Sektion Kultur vom 26.1.1994. Formelle Übergabe in die Verwaltung des Museums der Stadt Brünn und damit in die Obhut des Direktors Dr. Jiři Vaněk und der Kustodin Dr. Lenka Kudělková am 7. April 1994.

⁵⁰ D. Hammer-Tugendhat nahm an der Eröffnung teil. Am 1.7.1994 wurde auch ein Kooperationsvertrag zwischen dem Museum der Stadt Brünn und den FRIENDS abgeschlossen.

⁵¹ Teilnehmer: Dr. K. Hofmannová (Kulturstadträtin); Dr. J. Vaněk, Dr. L. Kudělková, Dr. J. Bönisch, Dr. H. Vilímková (Museum der Stadt Brünn); Ing. I. Novák, Dr. I. Černá, Ing. Arch. L. Chechová, Dr. E. Buřilová (Denkmalamt Brünn); Ing. Arch. J. Dvořák, Ing. Arch. J. Škřabal (Fond Vily Tugendhat); Dr. D. Hammer-Tugendhat, E. Tugendhat, der Autor (Vertreter der Familie Tugendhat); Prof. Arch. Dr. P. Lizon, (FRIENDS - USA); Ing. Arch. E. Jiričná, K. Collie M.A. (FRIENDS - UK); H. Gray, USA (Moderator); E. Buřesová (Protokoll); Mag. J. Binai (Dolmetscher). Empfang bei Vizebürgermeister Ing. M. Šimonovský.

⁵² Vorgeschlagene Mitglieder: J. Vaněk, L. Kudělká, I. Černá (ex officio); J. Dvořák (FVT); E. Jiricná (FRIENDS-UK); P. Lizón (FRIENDS-USA); D. Hammer-Tugendhat (Familie); I. Hammer (Expertenkomitee. Die entsprechende Einladung des Museums an den Autor, als Experte mitzuwirken, erfolgte am 4.11.1996).

⁵³ Ing. Arch. Jan Dvořák, Prof. Arch. Dr. Peter Lizón. Die Projektanten nutzten die Möglichkeit des Vergleichs mit existierenden Originalmöbeln, z. B. mit dem „Bridgetisch" in der Bibliothek (Original bei Ruth Guggenheim-Tugendhat) nicht und verzichteten auch auf entsprechende Forschungen, z. B. im MoMA, New York.

⁵⁴ Vereinbarung zwischen Ing. Arch. V. Ambroz, Firma AMOS, Brünn (Vertretung

von Firma ALIVAR, Italien); Dr. J. Vaněk, Dr. L. Kudělková,
Dr. J. Cejka (Museum der Stadt Brünn); Ing. Arch. J. Dvořák (FVT); Prof. Arch.
Dr. P. Lizón (USA) am 14.8.1995. Eröffnung der Neumöblierung des Wohn-
raums am 27.3.1997. Die Planung erfolgte ohne Konsultation des vereinbarten
Koordinationskomitees.

[55] Besuch der Kinder von Grete und Fritz Tugendhat am 15.8.1996, darunter
Ernst Tugendhat gemeinsam mit Irene Kalkofen, London (geb. 1909), der ehemaligen Kinderschwester, der einzigen noch Lebenden, die als Erwachsene in
dem Haus gelebt hat.

[56] Bericht DHT / der Autor über die Sitzung im Haus Tugendhat am 23.9.1996;
Brief von Arch. Albert Pfeiffer, KNOLL (USA) an DHT vom 1.11.1996.

[57] Peter Lizón, Miesian Revival: First Barcelona, now Tugendhat restored, in:
Architecture 1986; AIA Resolution W-1 1991, eingebracht von P. Lizón.
Auch Jan Dovřák neigte zu dieser Auffassung.

[58] In einer Stilparaphrase des Barcelona-Pavillons; von einem Kritiker spöttisch
„ice cream parlour" genannt.

[59] Das Projekt von Jan Dvořák und Peter Lizón wurde erstmals vorgetragen in
einem Treffen des FVT mit dem Museum am 25. März 1994. Siehe auch
P. Lizón, Villa Tugendhat Fund, Plan of Action, Brno, Sept. 1996 und P. Lizón
1996 (zit. Anm. 7), S. 73.

[60] Specification of work and requirements for complete renovation of Villa
Tugendhat, Brno, SURPMO 25.4.1991; Institute for the Protection of Monuments, Brno (I. Černá, E. Buřilová), The Tugendhat Project. The restoration of
the Villa and its utilization as a monument of modern architecture (Ms.), Brno
February 1995.

[61] Z. B. der Dachisolierung, Neuanstrich aller Oberflächen aus Metall, Holz,
Verputz innen und außen mit modernen Materialien.

[62] Verglasungen von Wänden (Eingangshalle, Leuchtwand, Terrasse, Garten-
stiege), Türen und Fenstern; teilweise Böden außen (Betonplatten, Travertin);
Böden innen (Linoleum); Radiatoren; Boden und Wandfliesen von Küche und
Sanitärräumen; sanitäre Anlagen mit Armaturen; Decken- und Wandlampen;
Tisch des Eßbereichs. Im Konzept von 1991 von SURPMO sollte sogar die
halbrunde Wand des Eßbereichs rekonstruiert werden („...to match shelving
on the library...").

[63] Z. B. Klimaanlage / Ölfilter, Hebemechanismus der großen Scheiben,
Aschenaufzug, Markisen-, Fenster- und Türbeschläge; z. B. Travertin
Wintergarten, Rolläden, Markisen.

[64] Z. B. Geländer-Absperrung des Durchblicks zwischen Chauffeurwohnung und
Haupthaus, Chromverkleidung Tischfuß Eßzimmer, Wandbord des Eßbereichs
aus grünem Marmor „vert antique"; Einrichtung von Küche und Anrichte.

[65] Z. B. der Spiegelwand der Eingangshalle.

[66] Möbel, Vorhänge, Vasen und sonstige Einrichtung.

[67] Karel Menšik 1986 (zit. Anm. 11); Jan Sapák, Vila Tugendhat, Umeni XXXV, 2,
1987, S. 167–169; Sapák 1988 (zit. Anm. 12), S. 15–23; Tim Clark, The villa's
glory days, in: The Prague Post, 23.2.–1.3.1994, 8a; Institute for the Protection
of Monuments, Brno 1995 (zit. Anm. 60).

[68] Siehe z.B. Norbert Huse (Hrsg.), Denkmalpflege. Deutsche Texte aus drei
Jahrhunderten, München 1984 (1996²) und die darin zitierten Literaturangaben
zu Ruskin, Stifter, Lübke, Morris, Dehio, Muthesius etc.

[69] Karin Kirsch, Die Weißenhofsiedlung, Stuttgart 1987; dies.,
Werkbundausstellung ,Die Wohnung' – Stuttgart 1927. Die
Weißenhofsiedlung, Stuttgart 1993; Adolf Krischanitz und Otto Kapfinger,
Die Wiener Werkbundsiedlung. Dokumentation einer Erneuerung, Wien 1985;
Ueli Marbach und Arthur Rüegg, Werkbundsiedlung Neubühl 1928–32. Ihre
Entstehung und Erneuerung, Zürich 1990; Bruno Tauts Siedlung Grellstraße in
Berlin (1927/28) trägt in wichtigen Teilen noch den ursprünglichen, offenbar
seit der Bauzeit nie berührten weißlichen Fassadenverputz. Mit dem unrichti-
gen Argument, daß dieser Verputz nicht repariert werden könne, wurde 1997

mit der Erneuerung der Fassaden mit Kalkzementputz begonnen (Gutachten des Autors 12/1997 für das Landesamt für Denkmalpflege, Berlin); siehe auch Karin Hirdina, Pathos der Sachlichkeit. Tendenzen materialistischer Ästhetik in den zwanziger Jahren, Berlin 1981, Abb. Siedlung Grellstraße.

70 Ich beziehe mich im folgenden mehrfach auf den aufschlußreichen Beitrag von Hartwig Schmidt, Denkmalpflege und moderne Architektur. Zwischen Pinselrenovierung und Rekonstruktion, in: Restauro 2, März/April 1998, S. 114–119.

71 Werner Durth (Hrsg.), Entwurf zur Moderne. Hellerau: Stand, Ort, Bestimmung, Stuttgart 1996, S. 7, Anm. 11 (nach H. Schmidt 1998, zit. Anm. 70, S. 119).

72 Hermann Nägele, Die Restaurierung der Weißenhofsiedlung 1981–87, Stuttgart 1992, S. 128.

73 Arthur Rüegg und Ruggero Tropeano, Technische Probleme in der Denkmalpflege. Vier Züricher Beispiele des Neuen Bauens, in: Architektur-Jahrbuch 1996, hrsg. vom Deutschen Architektur-Museum Frankfurt/Main, München/New York 1996.

74 Das häufig fallende Argument, daß die geeigneten am historischen Objekt verwendeten Materialien heute nicht mehr vorhanden sind, ist in der Regel falsch; man entzieht sich der Überlegung, welche erhältlichen Materialien mit der historischen Technologie kompatibel wären.

75 Siehe z. B. J. Christoph Bürkle und Ruggero Tropeano, Die Rotach-Häuser. Ein Prototyp des neuen Bauens in Zürich, Zürich 1994, S. 76 zur Wiederher-stellung von Ölfarben-Anstrichen. Siehe auch Ivo Hammer 1997 (zit. Anm. 37).

76 Norbert Huse, Viollet-le-Duc, Katalog der Ausstellung Paris 1980; siehe auch ders. (zit. Anm. 68).

77 Wessel Reinink, Altern und ewige Jugend – Restaurierung und Authentizität (dt.-engl.), in: Daidalos 56, Juni 1995 (Magie der Werkstoffe), S. 96–105. Reinink erwähnt eine ICOMOS-Komission. Auf einer Tagung von ICOMOS mit dem Thema ‚Konservierung der Moderne? Über den Umgang mit den Zeugnissen der Architekturgeschichte des 20. Jahrhunderts' vom 31.10.–2.11.1996 in Leipzig wurden ähnliche Thesen formuliert (siehe ICOMOS, Hefte des Deutschen Nationalkomitees, im Druck).

78 Schmidt 1998 (zit. Anm. 70), S. 117.

79 Entsprechend unscharf ist die Begrifflichkeit. Rüegg spricht z. B. von „Anmutungsqualität" der „Textur" der Farbmaterialien, siehe Arthur Rüegg, Zur Farbrestaurierung, in: Bauwelt 1997, Heft 42, S. 2384 f., siehe auch Arthur Rüegg, Le Corbusiers Polychromie Architecturale und seine Clavier de Couleurs von 1931 und 1959, in: UMBAU Nr. 13, Wien 1991, S. 5–26; Adi Stiller, Rezension zu U. Marbach u. A. Rüegg 1990 (zit. Anm. 69), ebd., S. 86 f.

80 Deutsche Übersetzung in: Zeitschrift für Kunsttechnologie und Konservierung 3, 1989, S. 245–247.

81 Berufsbild und Ausbildung des Restaurators in der Bundesrepublik Deutschland, in: Ulrike Besch (Hrsg.), Restauratoren Taschenbuch 1996, München 1995, S. 38–42; Professional Guidelines, E.C.C.O. (European Confederation of Concervator-Restorers' Organisations), Brüssel 11.06.1993, in: ebd., S. 42–46; The Conservator-Restorer. A Definition of the Profession, ICOM Kopenhagen, 1984, in: ebd., S. 48–51).

82 Im Sommer 1928, siehe ihr Vortrag am 17.01.1969 in Brünn. Zur Bau-geschichte siehe der Beitrag von Wolf Tegethoff.

83 Siehe z. B. Werner Oechslin, „Materialvision": die Moderne, ein Form- oder ein Bauproblem (dt. und engl.), in: Daidalos 56, Juni 1995, S. 64–73; Helmut Lethen, Von der Kälte des Materials in den Zwanziger Jahren, in: ebd., S. 50–55; Irene Nierhaus, Text+Textil. Zur geschlechtlichen Strukturierung von Material in der Architektur von Innenräumen, Ms., erscheint in Buchform in: ARCH[6]. Raum – Geschlecht – Architektur (Wien 1999). Tegethoff 1997 (zit. Anm. 7).

[84] Zusammensetzung der Expertengruppe: Museum der Stadt Brünn (J.Vaněk,

[85] L. Konečny), Brünner Denkmalamt (I. Černá - Vorsitzende,
      E. Buřilová), Architektur (J. Sapák, J. Škřabal-FVT), Kunstgeschichte
      (W. Tegethoff) und Konservierung/Restaurierung (der Autor). Gemeinsame
      Tagungen am 5.12.1996 und 14.1.1997.
      Ivo Hammer, Sinn und Methodik der restauratorischen Befundsicherung.

[86] Zur Untersuchung und Dokumentation von Wandmalerei und Architektur-
      oberfläche, in: Restauratorenblätter 9, 1987/88 (Österreichische Sektion des
      IIC, Arsenal 15/4, A-1030 Wien), S. 34–58; ders., Geschichte und Inhalte der
      visuellen Dokumentation in der Konservierung/Restaurierung von Denkmalen,
      in: das bauzentrum 5/1995, S. 59–72.
      Siehe Konzept des Autors (zit. Anm. 24).

[87] Manfred Sack, Ein großes Haus, so alt wie neu, in: Die Zeit vom 15.12.1989,

[88] zit. nach: Marion Wohlleben, „Es sieht so aus, als sei nichts gewesen!"
      Gedanken zur Rekonstruktionsdebatte, in: Denkmalpflege im vereinigten
      Deutschland (Wüstenrot Stiftung Deutscher Eigenheimverein/Christian
      Marquart, Bearb.), Stuttgart 1997, S. 146–152.

Charta von Venedig 1964

Internationale Charta über die Konservierung und Restaurierung von Denkmälern und Ensembles (Denkmalbereiche)

Als lebendige Zeugnisse jahrhundertealter Traditionen der Völker vermitteln die Denkmäler in der Gegenwart eine geistige Botschaft der Vergangenheit. Die Menschheit, die sich der universellen Geltung menschlicher Werte mehr und mehr bewußt wird, sieht in den Denkmälern ein gemeinsames Erbe und fühlt sich kommenden Generationen gegenüber für ihre Bewahrung verantwortlich. Sie hat die Verpflichtung, ihnen die Denkmäler im ganzen Reichtum ihrer Authentizität weiterzugeben.
Es ist daher wesentlich, daß die Grundsätze, die für die Konservierung und Restaurierung der Denkmäler maßgebend sein sollen, gemeinsam erarbeitet und auf internationaler Ebene formuliert werden, wobei jedes Land für die Anwendung im Namen seiner Kultur und seiner Traditionen verantwortlich ist. Indem sie diesen Grundprinzipien eine erste Form gab, hat die Charta von Athen von 1931 zur Entwicklung einer breiten internationalen Bewegung beigetragen, die insbesondere in nationalen Dokumenten, in den Aktivitäten von IICOM und UNESCO und in der Gründung des „Internationalen Studienzentrums für die Erhaltung und Restaurierung der Kulturgüter" Gestalt angenommen hat. Wachsendes Bewußtsein und kritische Haltung haben sich immer komplexeren und differenzierteren Problemen zugewandt, so scheint es an der Zeit, die Prinzipien jener Charta zu überprüfen, um sie zu vertiefen und in einem neuen Dokument auf eine breitere Basis zu stellen.
Daher hat der vom 25. bis 31. Mai 1964 in Venedig versammelte II. Internationale Kongreß der Architekten und Techniker der Denkmalpflege den folgenden Text gebilligt:

Definitionen

(1) Der Denkmalbegriff umfaßt sowohl das einzelne Denkmal als auch das städtische und ländliche Ensemble (Denkmalbereich), das von einer ihm eigentümlichen Kultur, einer bezeichnenden Entwicklung oder einem historischen Ereignis Zeugnis ablegt. Er bezieht sich nicht nur auf große künstlerische Schöpfungen, sondern auch auf bescheidene Werke, die im Lauf der Zeit eine kulturelle Bedeutung bekommen haben.

(2) Konservierung und Restaurierung der Denkmäler bilden eine Disziplin, welche sich aller Wissenschaften und Techniken bedient, die zur Erforschung und Erhaltung des kulturellen Erbes beitragen können.

Zielsetzung

(3) Ziel der Konservierung und Restaurierung von Denkmälern ist ebenso die Erhaltung des Kunstwerks wie die Bewahrung des geschichtlichen Zeugnisses.

Erhaltung

(4) Die Erhaltung der Denkmäler erfordert zunächst ihre dauernde Pflege.

(5) Die Erhaltung der Denkmäler wird immer begünstigt durch eine der Gesellschaft nützliche Funktion. Ein solcher Gebrauch ist daher wünschenswert, darf aber Struktur und Gestalt der Denkmäler nicht verändern. Nur innerhalb dieser Grenzen können durch die Entwicklung gesellschaftlicher Ansprüche und durch Nutzungsänderungen bedingte Eingriffe geplant und bewilligt werden.

(6) Zur Erhaltung eines Denkmals gehört die Bewahrung eines seinem Maßstab entsprechenden Rahmens. Wenn die überlieferte Umgebung noch vorhanden ist, muß sie erhalten werden und es verbietet sich jede neue Baumaßnahme, jede Zerstörung, jede Umgestaltung, die das Zusammenwirken von Bauvolumen und Farbigkeit verändern könnte.

(7) Das Denkmal ist untrennbar mit der Geschichte verbunden, von der es Zeugnis ablegt, sowie mit der Umgebung, zu der es gehört. Demzufolge kann eine Translozierung des ganzen Denkmals oder eines Teiles nur dann geduldet werden, wenn dies zu seinem Schutz unbedingt erforderlich ist oder bedeutende nationale oder internationale Interessen dies rechtfertigen.

(8) Werke der Bildhauerei, der Malerei oder der dekorativen Ausstattung, die integraler Bestandteil eines Denkmals sind, dürfen von ihm nicht getrennt werden; es sei denn, diese Maßnahme ist die einzige Möglichkeit, deren Erhaltung zu sichern.

Restaurierung

(9) Die Restaurierung ist eine Maßnahme, die Ausnahmecharakter behalten sollte. Ihr Ziel ist es, die ästhetischen und historischen Werte des Denkmals zu bewahren und zu erschließen. Sie gründet sich auf die Respektierung des überlieferten Bestandes und auf authentische Dokumente. Sie findet dort ihre Grenze, wo die Hypothese beginnt. Wenn es aus ästhetischen oder technischen Gründen notwendig ist, etwas wiederherzustellen, von dem man nicht weiß, wie es ausgesehen hat, wird sich das ergänzende Werk von der bestehenden Komposition abheben und den Stempel unserer Zeit tragen. Zu einer Restaurierung gehören vorbereitende und begleitende archäologische, kunst- und geschichtswissenschaftliche Untersuchungen.

(10) Wenn sich die traditionellen Techniken als unzureichend erweisen, können zur Sicherung eines Denkmals alle modernen Konservierungs- und Konstruktionstechniken herangezogen werden, deren Wirksamkeit wissenschaftlich nachgewiesen und durch praktische Erfahrung erprobt ist.

(11) Die Beiträge aller Epochen zu einem Denkmal müssen respektiert werden: Stilreinheit ist kein Restaurierungsziel. Wenn ein Werk verschiedene sich überlagernde Zustände aufweist, ist eine Aufdeckung verdeckter Zustände nur dann gerechtfertigt, wenn das zu Entfernende von geringer Bedeutung ist, wenn der aufzudeckende Bestand von herrvorragendem historischen, wissenschaftlichen oder ästhetischen Wert ist: und wenn sein Erhaltungszustand die Maßnahme rechtfertigt. Das Urteil über den Wert der zur Diskussion stehenden Zustände und die Entscheidung darüber, was beseitigt werden kann, dürfen nicht allein von dem für das Projekt Verantwortlichen abhängen.

(12) Die Elemente, welche fehlende Teile ersetzen sollen, müssen sich dem Ganzen harmonisch einfügen und vom Originalbestand unterscheidbar sein, damit die Restaurierung den Wert des Denkmals als Kunst- und Geschichtsdokument nicht verfälscht.

(13) Hinzufügungen können nur geduldet werden, soweit sie alle interessanten Teile des Denkmals, seinen überlieferten Rahmen, die Ausgewogenheit seiner Komposition und sein Verhältnis zur Umgebung respektieren.

Denkmalbereiche

(14) Denkmalbereiche müssen Gegenstand besonderer Sorge sein, um ihre Integrität zu bewahren und zu sichern, daß sie saniert und in angemessener

Weise präsentiert werden. Die Erhaltungs- und Restaurierungsarbeiten sind so durchzuführen, daß sie eine sinngemäße Anwendung der Grundsätze der vorstehenden Artikel darstellen.

Ausgrabungen

(15) Ausgrabungen müssen dem wissenschaftlichen Standard entsprechen und gemäß der UNESCO Empfehlung von 1956 durchgeführt werden, welche die internationalen Grundsätze für archäologische Ausgrabungen formuliert. Erhaltung und Erschließung der Ausgrabungsstätten sowie die notwendigen Maßnahmen zum dauernden Schutz der Architekturelemente und Fundstücke sind zu gewährleisten. Außerdem muß alles getan werden, um das Verständnis für das ausgegrabene Denkmal zu erleichtern, ohne dessen Aussagewert zu verfälschen. Jede Rekonstruktionsarbeit aber soll von vornherein ausgeschlossen sein; nur die Anastylose kann in Betracht gezogen werden, das heißt, das Wiederzusammensetzen vorhandener, jedoch aus dem Zusammenhang gelöster Bestandteile. Neue Integrationselemente müssen immer erkennbar sein und sollen sich auf das Minimum beschränken, das zur Erhaltung des Bestandes und zur Wiederherstellung des Formzusammenhanges notwendig ist.

Dokumentation und Publikation

(16) Alle Arbeiten der Konservierung, Restaurierung und archäologischen Ausgrabungen müssen immer von der Erstellung einer genauen Dokumentation und Form analytischer und kritischer Berichte, Zeichnungen und Photographien begleitet sein. Alle Arbeitsphasen sind hier zu verzeichnen: Freilegung, Bestandsicherung, Wiederherstellung und Integration sowie alle im Zuge der Arbeiten festgestellten technischen und formalen Elemente. Diese Dokumentation ist im Archiv einer öffentlichen Institution zu hinterlegen und der Wissenschaft zugänglich zu machen. Eine Veröffentlichung wird empfohlen.

Mitglieder der Redaktionskommission der Charta von Vendig 1964:
Piero Gazzola, Italien (Präsident); Raymond Lemaire, Belgien (Berichterstatter); José Bassegoda-Nonell, Spanien; Louis Benavente, Portugal; Djurdje Boskovic, Jugoslawien; Hiroshi Daifuku, UNESCO; P.L. de Vrieze, Niederlande; Harald Langberg, Dänemark; Mario Matteucci, Italien; Jean Merlet, Frankreich; Carlos Flores Marini, Mexico; Roberto Pane, Italien; S.C.J. Pavel, Tschechoslowakei; Paul Philippot, ICCROM; Victor Pimentel, Peru; Harold Plenderleith, ICCROM; Deoclecio Redig de Campos, Vatikan; Jean Sonnier, Frankreich; Francois Sorlin, Frankreich; Eustathios Stikas, Griechenland; Gertrude Tripp, Österreich; Jan Zachwatovicz, Polen; Mustafa S. Zbiss, Tunesien.

Vorliegende Übersetzung 1989 von Ernst Bacher, Präsident des ICOMOS Nationalkomitees Österreich; Ludwig Deiters, Präsident des ICOMOS Nationalkomitees Deutsche Demokratische Republik; Michael Petzet, Präsident des ICOMOS Nationalkomitees Bundesrepublik Deutschland; Alfred Wyss, Vizepräsident des ICOMOS Nationalkomitees Schweiz. Publiziert in: Zeitschrift für Kunsttechnologie und Konservierung 1989, S. 245-247.

Ludwig Mies van der Rohe
Das Haus Tugendhat

Nina Franziska Schneider und Wolf Tegethoff
Katalog
der ursprünglichen Möblierung
des Hauses Tugendhat

Nina Franziska Schneider und Wolf Tegethoff
Katalog der ursprünglichen Möblierung des Hauses Tugendhat

Die Mehrzahl der beweglichen und festen Einrichtungselemente des
Tugendhat-Hauses wurden von Mies van der Rohe erst im Rahmen des Brün-
ner Auftrags entworfen. Ausgenommen hiervon waren lediglich die bereits
auf der Stuttgarter Werkbund-Ausstellung gezeigten „Freischwinger" und
Beistelltische sowie der zur Ausstattung des Deutschen Pavillons in Barcelona
von 1929 gehörende Sessel mit zugehörigem Hocker. Mies arbeitete auch in
Brünn wiederum eng mit Lilly Reich zusammen, in deren Urteilskraft er großes
Vertrauen setzte. Auswahl und Farbabstimmung der Bezugsmaterialien,
Vorhangstoffe und Teppiche tragen wohl zu großen Teilen ihre Handschrift.
Eindeutig Lilly Reich zuzuschreiben sind die große Vitrine im Wohnraum und
das verglaste Bücherregal im Zimmer von Fritz Tugendhat, während ihr in
anderen Fällen, so insbesondere bei den Stahlrohr- und Flachstahlmöbeln,
wohl eher eine beratende Rolle zugefallen sein dürfte. Einfachere Möbelentwürfe für Regale und Betten wurden vermutlich von Ateliermitarbeitern
nach allgemeinen Vorgaben selbständig erstellt und lediglich noch einer
abschließenden Korrektur durch Mies oder Lilly Reich unterzogen. Der alles in
allem außerordentlich hohe Planungsaufwand ist dabei nur dadurch zu erklären, daß während des Krisenjahres 1930 größere neue Aufträge ausblieben
und das Atelier somit in den entscheidenden Sommermonaten kaum noch
ausgelastet war.

Zu den meisten Möbeln sind Entwurfszeichnungen im Nachlaß des Architekten erhalten. Neben diesem Planmaterial, das heute im Museum of
Modern Art in New York aufbewahrt wird, fanden sich kürzlich weitere
Lichtpausen im Städtischen Spielberg Museum in Brünn, die jedoch für den
vorliegenden Katalog nicht mehr berücksichtigt werden konnten. Überkommen sind ferner eine Reihe von Einrichtungsplänen, die genaue Angaben
zur Positionierung der Möbel enthalten. Dies unterstreicht die grundsätzliche
Bedeutung der beweglichen Ausstattung für die Raumkonzeption Mies van
der Rohes: Als integrierter Bestandteil der Architektur bildet sie ein unver-
zichtbares Element des Gesamtentwurfs.

Die Ausführung der Sitzmöbel erfolgte zunächst in Einzelanfertigung durch
die Firma Berliner Metallgewerbe Jos. Müller. Die frühen „Freischwinger",
Stahlrohrhocker und -tische wurden in einem vermutlich noch aus dem Jahre
1927 stammenden Faltblatt des Herstellers in verschiedenen Ausführungen

Abb. 101:
Haus Tugendhat,
Wohnbereich,
provisorische Aufstellung
der neueingetroffenen Möbel

144

angeboten. Nachdem der ehemalige technische Leiter 1931 den Betrieb in eigener Regie übernommen hatte, erfolgten Herstellung und Vertrieb unter dem Firmennamen Bamberg Metallwerkstätten, wobei nun auch die neu hinzugekommenen Tugendhat-Möbel im Sortiment erschienen. Die auf den August und September 1931 datierten Reinzeichnungen dienten vermutlich als Produktionsvorlagen, waren wohl aber zugleich für die Gebrauchsmuster-Registrierung gedacht, mit der sich Mies seine Urheberschaft zu sichern suchte. Noch im November jedoch übertrug Mies einen Teil dieser Nutzungsrechte an Thonet Mundus in Zürich, wobei er sich die Verwertungsrechte in Teilen des Auslands vorbehielt. Offenbar bezog sich der Vertrag mit Thonet ausschließlich auf die Stahlrohrmöbel wie den patentgeschützten Freischwinger von 1927. Mies-Möbel aus Bandstahl sind in den Thonet-Katalogen jedenfalls nicht aufgeführt; ob diese überhaupt vor der Wiederaufnahme der Produktion durch Knoll ab den späten vierziger Jahren in größeren Stückzahlen hergestellt wurden, scheint mehr als fraglich. Ein undatiertes Faltblatt der Firma Estler Metallmöbel aus den frühen dreißiger Jahren führt ebenfalls Stahlrohrmöbel von Mies van der Rohe im Programm, ohne daß über die Umstände Näheres bekannt wäre.

Im Gegensatz zu den Stahlrohr- und Flachstahlmöbeln handelte es sich bei den Holztischen, Schränken, Regalen und Bettkästen durchwegs um Einzelanfertigungen. Der Name der Herstellerfirma (oder -firmen) ist nicht bekannt; eine Ausführung durch eine Berliner Tischlerei ist nicht vollkommen auszuschließen, zumal nur dadurch eine laufende Überwachung durch das Atelier gewährleistet gewesen wäre. Andererseits erwähnt Grete Tugendhat in ihrem Brünner Vortrag von 1969, daß sie auf Übersendung der zugesagten Möbelentwürfe hätten drängen müssen, was wiederum für Brünn oder die nähere Umgebung als Herstellungsort spräche.

Während der deutschen Okkupationszeit (März 1939 bis April 1945) wurden sämtliche beweglichen Einrichtungsgegenstände aus dem Haus entfernt und als beschlagnahmtes jüdisches Eigentum (vermutlich wie auch andernorts) in einer zentralen Sammelstelle zum Verkauf feilgeboten. Nur weniges davon konnte nach dem Krieg von Jan Dvořák wieder aufgespürt werden; diese Stücke, darunter die große Wohnzimmervitrine und die erst 1931/32 hinzugekommene Chaiselongue, befinden sich heute in der Mährischen Galerie in Brünn. Allerdings war es der Familie gelungen, einige wenige Möbel mit ins Exil zu retten. Diese befinden sich nach wie vor in Familienbesitz und werden hier erstmals in neueren Farbaufnahmen vorgestellt.

Der nachfolgende Katalog der ursprünglichen Einrichtung des Tugendhat-Hauses beschränkt sich auf die wichtigsten technischen Angaben. Soweit Zeichnungen zu den einzelnen Möbeln erhalten sind, bezieht sich die angegebene Inventarnummer auf den Bestand des Mies van der Rohe Archivs im New Yorker Museum of Modern Art. Dieser Quelle entstammen auch die Material- und Maßangaben, sofern nicht das Original selbst erhalten ist. Abweichend davon wurden bei den Stahlrohrmöbeln die Maße aus dem Faltblatt der Firma Berliner Metallgewerbe zugrunde gelegt und alternative Angaben aus späteren Quellen gesondert vermerkt. Grundsätzlich ist hier auf den experimentellen Charakter der Einzelanfertigung hinzuweisen, von der im Falle der Einrichtung des Tugendhat-Hauses noch weitgehend ausgegangen werden muß. Abbildungsnummern verweisen auf Illustrationen im vorliegenden Buch, die die Möbel am ursprünglichen Aufstellungsort zeigen. Im Hinblick auf den nach wie vor dürftigen Forschungsstand wurde auf ausführliche Literaturangaben zu den einzelnen Katalognummern verzichtet; statt dessen wird auf die im abschließenden Gesamtverzeichnis gesondert aufgeführten Veröffentlichungen zu den Möbeln Mies van der Rohes verwiesen.

Sitzmöbel

1. Freischwinger ohne Armlehnen (Bamberg MR 10/3)

Entwurf:	Mies van der Rohe, 1927
Aufstellungsort:	1 Expl. Zimmer Fritz Tugendhat (vgl. Abb. 106), 1 Expl. Fräuleinzimmer
Verbleib:	unbekannt
Material:	Stahlrohr, verchromt, massiver Versteifungsbügel (12 mm); Sitz und Lehne Korbgeflecht, braun (?) lackiert oder gebeizt
Maße:	81/45 x 42 x 71 (?) cm (H x B x T); Rohrdurchmesser 24 mm, Wandungsstärke 2 mm
Zeichnung:	MoMA 3232.1.483, dat. 21. Aug. 1931 (Stuhlmaße 79/44 x 47 x 71)
Hersteller:	Berliner Metallgewerbe Jos. Müller als MR Stuhl (81/45 x 42 x ?) [ab 1931 Bamberg Metallwerkstätten als MR 10 (79/44 x 47 x 71); Estler Metallmöbel als MR 1, 2 u. 3 (81/45 x 45 x ?); ab 1931/32 Thonet als MR 533 (79/44 x 40, ab 1934: 42 x ?), heute S 533; ab 1964 Knoll International als Modell 256]

Der Stuhl wurde mit und ohne Armlehnen erstmals 1927 auf der Werkbundausstellung „Die Wohnung" in Stuttgart gezeigt. Müller wie Bamberg fertigten den Rahmen des Sessels mit farbig lackierter, vernickelter oder verchromter Oberfläche. Für Sitz und Rückenlehne standen wahlweise Eisengarnstoff (Bamberg MR 10/1, Estler MR 1), Rindsleder (Bamberg MR 10/2, Estler MR 2) oder Korbgeflecht (Bamberg MR 10/3, Estler MR 3) zur Verfügung, doch waren vermutlich auch Sonderausführungen möglich. Thonet lieferte Modelle mit Korbgeflecht, Leder- oder Eisengarnbespannung.

2. Freischwinger mit Armlehnen (Bamberg MR 20/3)

Entwurf:	Mies van der Rohe, 1927
Aufstellungsort:	2 Expl. Vestibül (vgl. Abb. 81), 1 Expl. Zimmer Fritz Tugendhat (vgl. Abb. 106), 1 Expl. Fräuleinzimmer (vgl. Abb. 82), 2 Expl. Arbeitsplatz im Wohnbereich (vgl. Abb. 107)
Verbleib:	unbekannt
Material:	Stahlrohr, verchromt, massiver Versteifungsbügel (12 mm); Sitz, Lehne, Armauflagen Korbgeflecht, braun (?) lackiert oder gebeizt
Maße:	81/45 x 46 x 82 cm (H x B x T); Rohrdurchmesser 24 mm, Wandungsstärke 2 mm
Zeichnung:	MoMA, ohne Inv.-Nr., dat. 19. Aug. 1931 (79/44 x 52 x 82)
Hersteller:	Berliner Metallgewerbe Jos. Müller mit den Maßen 81/45 x 46 x 82 (?) [ab 1931 Bamberg Metallwerkstätten als MR 20 (79/44 x 52 x 82 cm); Estler Metallmöbel als MR 11, 12 u. 13 (81/45 x 50 x ?); ab 1931/32 Thonet als MR 534 (79/44 x 42 x ?), heute S 533 F; ab 1977 Knoll International als Modell 256 A]

Die Aufstellung des vergleichsweise leichten Sessels variiert in den vorhanden Aufnahmen. Das Exemplar im Zimmer von Hanna stammt vermutlich ursprünglich aus dem sogenannten Fräuleinzimmer; die drei Exemplare auf der Eßzimmerterrasse, die auf einem einzelnen Foto zu sehen sind, dürften kurzfristig aus anderen Räumen zusammengetragen worden sein. Zu den von Müller wie von Bamberg angebotenen Ausführungsvarianten vgl. Kat.-Nr. 1 (MR 20/1, MR 20/2 bzw. MR 20/3). Die Estler Modelle trugen die Typenbezeichnung MR 11, 12 und 13; die leder- bzw. stoffbespannten Thonet-Versionen hatten hölzerne Armauflagen.

3. Freischwinger als Kinderstuhl

Abb. 102: Haus Tugendhat,
Zimmer von Hanna, Kinderversion des Freischwingers

Entwurf:	Mies van der Rohe, 1930 (?)
Aufstellungsort:	2 Expl. Zimmer von Hanna (Abb. 102)
Verbleib:	unbekannt
Material:	Stahlrohr, verchromt, Versteifungsbügel (?);
	Sitz und Lehne Korbgeflecht, braun (?) lackiert oder gebeizt
Maße:	68/38 x 40 (?) x ? (H x B xT);
	Rohrdurchmesser 18 mm, Wandungsstärke 1,2 (?) mm
Zeichnung:	MoMA, ohne Inv.-Nr.
Hersteller:	Berliner Metallgewerbe Jos. Müller (vermutl. Sonderanfertigung)

Das Modell entspricht dem des Freischwingers (Kat.-Nr. 1), wobei lediglich die Maße variieren.

4. Stahlrohrhocker (Bamberg MR 1)

Abb. 103: Haus Tugendhat,
Garderobe in der Eingangshalle, Stahlrohrhocker

Entwurf:	Mies van der Rohe, 1927
Aufstellungsort:	1 Expl. Garderobe der Eingangshalle (Abb. 103),
	1 Expl. Zimmer Fritz Tugendhat
Verbleib:	unbekannt
Material:	Stahlrohr, verchromt, massiver Versteifungsbügel (12 mm);
	Sitz Korbgeflecht, braun (?) lackiert oder gebeizt
Maße:	45 x 45 x 50 cm (H x B x T);
	Rohrdurchmesser 24 mm, Wandungsstärke 2 mm
Zeichnung:	MoMA 3232.1.478, dat. 19. Aug. 1931 (44 x 50 x 45)
Hersteller:	Berliner Metallgewerbe Jos. Müller
	[ab 1931 Bamberg Metallwerkstätten als MR 3 (44 x 45 x 50);
	Estler Metallmöbel als MR 453 (45 x 40 x 48 cm)]

Zu den von Müller wie von Bamberg angebotenen Ausführungsvarianten vgl. Kat.-Nr. 1. Estler führte nur den Hocker mit Rohrgeflecht als MR-Version, die Varianten unter seiner eigenen Typenbezeichnung (Eisengarn ES 451, Rindsleder ES 452, Ripspolster ES 454, Lederpolster ES 455).

5. Klavierbank

Entwurf:	Mies van der Rohe, 1930
Aufstellungsort:	Wohnbereich (vgl. Abb. 62)
Verbleib:	unbekannt
Material:	Stahlrohr, verchromt; massiver Versteifungsbügel (12 mm); Sitz Korbgeflecht, braun (?) lackiert oder gebeizt
Maße:	unbekannt (ca. 50 x 60 x 50 cm; Rohrdurchmesser 24 mm)
Zeichnung:	keine; MoMA 3232.2.121 zeigt eine nicht ausgeführte Variante
Hersteller:	Berliner Metallgewerbe Jos. Müller (Sonderanfertigung)

Das Modell entspricht dem Typus des Stahlrohrhockers (Kat. Nr. 4) mit veränderten Maßen.

6. Barcelona Sessel (Bamberg MR 90/9)

Abb. 104: Haus Tugendhat, Barcelona Sessel

Entwurf:	Mies van der Rohe, 1929
Aufstellungsort:	3 Expl. Wohnbereich, Sitzgruppe vor der Onyxwand (Abb. 104)
Verbleib:	unbekannt
Material:	Flachstahl, geschweißt und verchromt; angeschraubte Leder- oder Gummiriemen; Roßhaarkissen mit „smaragdgrünem" Lederbezug, kassettiert gesteppt
Maße:	76/34,5 x 75 x 75,5 cm (H x B x T) ohne Auflage; Stahlprofil 35 x 11 mm, Riemenbreite 38 mm
Zeichnung:	MoMA 3232.1.412, dat. 14. Sept. 1931
Hersteller:	Berliner Metallgewerbe Jos. Müller [ab 1931 Bamberg Metallwerkstätten als MR 90; ab 1948 Knoll Associates, später Knoll International als Modell 250]

Der Sessel wurde für den Pavillon des Deutschen Reiches auf der Internationalen Ausstellung Barcelona 1929 entworfen. Die dortigen beiden mit weißem Schweinsleder bezogenen Exemplare waren jedoch mit versetzt angeordneten Knopfreihen und ohne Wulste gesteppt, wodurch sich ein diagonales Muster ergab. Ein kürzlich von der Stiftung Bauhaus Dessau erworbenes Exemplar, wahrscheinlich ein Prototyp, zeigt mit 78/34 x 66 x 84 cm und einer Profilstärke von 30 x 12,5 mm deutlich abweichende Maße. Bamberg offerierte den Rahmen farbig lackiert, vernickelt oder verchromt. Als Auflage waren wahlweise Stoffkissen (MR 90/8) oder Schweinslederkissen (MR 90/9) erhältlich.

7. Barcelona-Hocker (Bamberg MR 80/9)

Entwurf: Mies van der Rohe, 1929
Aufstellungsort: 1 Expl. Zimmer Grete Tugendhat (vgl. Abb. 112),
                    1 Expl. Sitzgruppe vor der Onyxwand
Verbleib: 1 Expl. im Familienbesitz erhalten (Caracas), Bezug und Polster
                    erneuert

Material: Flachstahl, verschweißt und verchromt;
                    angeschraubte Leder- oder Gummiriemen;
                    Polsterauflagen mit „kirschrotem" (Zimmer Grete Tugendhat) oder
                    „smaragdgrünem" Leder (Sitzgruppe) bezogen, kassettiert gesteppt
Maße: 34 x 60 x 58 cm (H x B x T) ohne Auflage;
                    Stahlprofil 35 x 12 mm (?)
Zeichnung: MoMA, ohne Inv.-Nr., u. 3232.1.444
Hersteller: Berliner Metallgewerbe Jos. Müller
                    [ab 1931 Bamberg Metallwerkstätten als MR 80/8 (Stoffkissen) und
                    MR 80/9 (Schweinslederkissen);
                    ab 1947 Knoll Associates, später Knoll International als Modell 251
                    (29 x 58 x 54/60)]

                    Der Hocker wurde wie der Barcelona-Sessel für den Barcelona Pavillon
                    1929 entworfen, war dort allerdings mit weißem Schweinsleder bezogen
                    und diagonal gesteppt.

8. Tugendhat Sessel (Bamberg MR 70/8 und MR 70/9)

Abb. 105: Haus Tugendhat, Tugendhat Sessel (Hanna und Ernst)

Entwurf: Mies van der Rohe, 1930
Aufstellungsort: 1 Expl. Fräuleinzimmer (vgl. Abb. 82), 1 Expl. Bibliotheksnische
                    (Abb. 105), 3 Expl. Sitzgruppe vor Onyxwand (vgl. Abb. 87)
Verbleib: 1 Expl. im Museum of Modern Art, New York (Stiftung Herbert
                    Tugendhat, Caracas), Bezug und Polster (?) erneuert; Verbleib der
                    anderen 4 Expl. unbekannt

Material: Flachstahl verchromt;
                    weiße (?) Lederriemen mit Gürtelschnallen;
                    „silbergrauer" Rodierstoff (Sitzgruppe); Lederbezug, kassettiert
                    gesteppt (Bibliothek), karierter Stoffbezug, Fräuleinzimmer
Maße: 87/32 x 70 x 70 cm (H x B ohne Armlehnen x T);
                    Stahlprofil 35 x 11 mm; Riemenbreite 30 mm; Kissen 6 cm
Zeichnung: MoMA 3232.1.481, dat. 7. Sept. 1931, u.1.517 (85 x 69 x 67 cm);
                    MoMA, ohne Inv.-Nr., u. 3232.1.528, 1.529 zeigen Entwurfsvarianten
Hersteller: Berliner Metallgewerbe Jos. Müller
                    [ab 1931 Bamberg Metallwerkstätten als MR 70/8 (Stoffkissen) und
                    MR 70/9 (Schweinslederkissen); 1964 -1977 Knoll International als
                    Modell 254 A]

9. Brno Sessel mit Rahmen aus Flachstahl

Entwurf:	Mies van der Rohe, 1930
Aufstellungsort:	Zimmer Grete Tugendhat (vgl. Abb. 112)
Verbleib:	im Familienbesitz (Caracas), Bezug und Polster erneuert
Material:	Flachstahl, verchromt;
	Sitz und Lehne Holzrahmen mit Gurtgeflecht, gepolstert;
	„kirschroter" Lederbezug
Maße:	81/44 x 51 x 57 cm (H x B x T); Stahlprofil 35 x 10 mm
Zeichnung:	MoMA ohne Inv.-Nr.; MoMA, ohne Inv.-Nr., u. 3232.1.477
	zeigen Entwurfsvarianten
Hersteller:	Berliner Metallgewerbe Jos. Müller
	[ab 1931 Bamberg Metallwerkstätten (nur als Sonderanfertigung);
	seit 1960 Knoll International als Modell 255]

Der Brno Sessel aus dem Zimmer von Grete Tugendhat, der sich heute in Caracas befindet, war das einzige Exemplar aus der ursprünglichen Einrichtung mit Flachstahlrahmen. Die angebliche Herkunft eines ähnlichen, heute im Prager Kunstgewerbemuseum befindlichen Brno Sessels aus dem Tugendhat-Haus ist damit eindeutig widerlegt. Das Prager Exemplar besitzt zudem gepolsterte Armauflagen, was bei dem Original nicht der Fall war.

10. Brno Sessel mit Stahlrohrrahmen (Bamberg MR 50/7)

Entwurf:	Mies van der Rohe, 1930
Aufstellungsort:	3 Expl. Bibliotheksnische (vgl. Abb. 108), 4 Expl. vor der Leuchtwand im Wohnbereich (vgl. Abb. 111), 4 Expl. ständig in der Eßzimmernische (vgl. Abb. 109)
Verbleib:	unbekannt (einige Exemplare in den vierziger Jahren in Caracas noch vorhanden, heute aber verschollen)
Material:	Stahlrohr, verchromt;
	Holzrahmen mit Gurtgeflecht, leicht gepolstert;
	weißer Pergamentbezug, Armlehnen und Polsternägel mit Pergament überzogen
Maße:	78,8/43 x 55 x 56,5 cm (H x B x T)
	Stahlrohr 24 mm; Holzrahmen 3 cm (ohne Polsterung)
Zeichnung:	MoMA 3232.1.466, dat. 11. Sept.1931 (78,8/43 x 55 x ?);
	MoMA 3232.1.510, 1.511 u. 1.512 zeigen Entwurfsvarianten
Hersteller:	Berliner Metallgewerbe Jos.Müller
	[ab 1931 Bamberg Metallwerkstätten mit Stoff- (MR 50/5), Leder- (MR 50/6) oder Pergamentbezug (MR 50/7); Estler mit Rips- (MR 76), Leder- (MR 77) oder Pergamentbezug (MR 78) und leicht veränderten Maßen (80/45 x 50 x ?); ab 1977 Knoll International Modell 245]

Der Eßtisch war in der Regel von vier Stühlen umstellt, weitere waren entlang der Eßnischenwand aufgereiht und vermutlich auch in den angrenzenden Wirtschaftsräumen aufbewahrt worden. Ihre Gesamtzahl, einschließlich der Brno Sessel vor der Leuchtwand und in der Bibliotheksnische, dürfte 24 Exemplare nicht überschritten haben. Da die Stühle bei plötzlicher Belastung vornüber zu kippen neigten, wurden im vorderen Kufenbereich nachträglich Stopper angebracht (vgl. Abb. 108 bzw. Abb. 30).
Die Estler-Modelle unterschieden sich unter anderem durch eine stärkere Rundung der Frontbügel.

11. Chaiselongue (Bamberg 100/4)

Entwurf:	Mies van der Rohe, 1931
Aufstellungsort:	Vorderer Wohnbereich (vgl. Abb. 76, Farbabb. 14)
Verbleib:	Mährische Galerie, Brünn, Polsterauflage (?) und Bezug erneuert
Material:	Stahlrohr, verchromt, massiver Versteifungsbügel (12 mm); Lederriemen mit Gürtelschnallen; Polsterauflage mit „rubinrotem" Samtbezug
Maße:	95,5/49/33 x 60 x 120/105,5 cm (H x B x L); Rohrdurchmesser 25 mm, Wandungsstärke 2 mm
Zeichnung:	MoMA 3232.1.485, dat.19.8.1931; 1.533 zeigt die Variante MR 110
Hersteller:	Bamberg Metallwerkstätten als MR 100/4 [ab 1935 Thonet als Modell 535 mit den Maßen 97 x 60 x 116 cm; ab 1977 Knoll International als Modell 241]

Bamberg lieferte das Modell in lackierter, vernickelter und verchromter Rahmenausführung. Das Polster lag auf Gummi- oder Lederbändern auf und war wulstförmig abgesteppt. Entgegen der Angabe bei Glaeser übernahm Thonet zunächst nur das Modell Bamberg MR 110 mit vorspringendem Fußteil ins Lieferprogramm. Das erst 1935 aufgenommene Thonet-Modell 535 hatte gegenüber Bamberg MR 100 leicht abgeänderte Maße.

12. Küchen- und Badezimmerstühle

Entwurf:	Mies van der Rohe, vor 1930
Aufstellungsort:	3 bis 4 Expl. Küche, 1 Expl. Elternbad (vgl. Abb. 42)
Verbleib:	unbekannt
Material:	Massivholz, weißer Schleiflack; Sitz und Rückenteil eingelassen und mit weißem Pergament bezogen
Maße:	82/44 x 51 x 51 cm; Stuhlbeinprofil 4,3 x 4,3 cm, Spiegel rückseitig 0,5 cm eingetieft
Zeichnung:	MoMA, ohne Inv.-Nr.
Hersteller:	unbekannt

Zu den Küchenstühlen gehört der Tisch Kat.-Nr. 23. Eine vergleichbare Gruppe in Palisander aus Mies van der Rohes Berliner Wohnung ist noch im Besitz seiner Nachkommen.

13. Sofa

Entwurf:	Mies van der Rohe, 1930
Aufstellungsort:	Bibliotheksnische (vgl. Abb. 108)
Verbleib:	Depot der Mährischen Galerie in Brünn, in ruinösem Zustand
Material:	Sockel Makassar furniert; Roßhaarkissen mit „naturfarbenem" Schweinslederbezug
Maße:	72/42 x 320 x 72 cm (H x B x T); Sockelhöhe 15 cm; Sitzpolster 6 cm, nach hinten abfallend; Rückenkissen 9 cm
Zeichnung:	MoMA 3232.2.126, 2.156 u. 2.157 (Pause von 2.156)
Hersteller:	unbekannt (Einzelanfertigung)

Das Sofa nimmt die gesamte Tiefe der Bibliotheksnische ein und ist in vier abgeknöpfte Sitzpolster mit zugehörigen Rückenkissen unterteilt.

Tische

14. Beistelltisch (Bamberg MR 130 u. MR 140)

Entwurf:	Mies van der Rohe, 1927
Aufstellungsort:	1 Expl. Vestibül (vgl. Abb. 81), 1 Expl. Zimmer von Grete Tugendhat (vgl. Abb. 112), 1 Expl. Sitzgruppe vor der Leuchtwand (vgl. Abb. 111); 1 Expl. vorderer Wohnbereich als Beistelltisch zur Chaiselongue
Verbleib:	unbekannt
Material:	Gestell aus Stahlrohr, verchromt; Tischplatte aus Schwarzglas (Rauchglas), Kristallglas, furniertem oder farbig lackiertem Holz
Maße:	60 x 60 und 60 x 70 cm (Höhe x Durchmesser); Rohrdurchmesser 24 mm, Wandungsstärke 2 mm; Glasstärke 8 mm, Dicke der Holzplatte 10 mm (?)
Zeichnung:	keine; Ausführung ähnlich MoMA 3232.1.469, dat. 17. Sept 1931 (Höhe 50, Durchmesser 70 cm; Glasplatte 8 mm)
Hersteller:	Berliner Metallgewerbe Jos. Müller [ab 1931 Bamberg Metallwerkstätten als Modell MR 130 (Durchmesser 60 cm) und MR 140 (Durchmesser 70 cm); Estler als MR 1100 (60 cm Durchmesser) und MR 1110 (70 cm Durchmesser); ab 1932 Thonet als MR 514 (mit veränderten Maßen); ab 1977 Knoll International als Modell 259]

Müller, Bamberg und die Firma Estler fertigten das Gestell mit lackierter, vernickelter und verchromter Oberfläche und einem Plattendurchmesser von 60 oder 70 cm an. Müller lieferte die Tischplatte wahlweise in Sperrholz oder schwarzem Glas, Bamberg und Estler führten zudem eine Version mit Kristallglasplatte im Programm. Das Thonet-Modell zeigt schlankere Proportionen (52 x 80 cm), wurde jedoch im Katalog von 1935 schon nicht mehr aufgeführt.

15. Couchtisch (Bamberg MR 150 - „Dessau Tisch")

Entwurf:	Mies van der Rohe, 1930
Aufstellungsort:	Sitzgruppe vor der Onyxwand (vgl. Abb. 25)
Verbleib:	Mährische Galerie, Brünn, Glasplatte erneuert (ein Bruchstück der originalen Platte bei Knoll International, New York)
Material:	Flachstahl, verchromt; Spiegelglas
Maße:	Rahmen 53 x 90 x 90 cm (H x B x T), Stahlprofil 35 x 11 mm; Glasplatte 2 x 100 x 100 cm
Zeichnung:	keine
Hersteller:	Berliner Metallgewerbe Jos. Müller [ab 1931 Bamberg Metallwerkstätten als MR 150; ab 1948 Knoll International als Modell 252]

Das Fragment der ursprünglichen Spiegelglasplatte zeigt je nach Blickwinkel eine leicht grünliche Tönung, die bei der erneuerten Platte trotz gleicher Glasstärke fehlt. Bamberg offerierte das Gestell farbig lackiert, vernickelt oder verchromt. Die Tischplatte war in Palisander, Kristallglas und Schwarzglas erhältlich. Ursprünglich trug der Tisch die Bezeichnung „Dessau Tisch", das noch in Produktion befindliche Modell Knoll 252 läuft auch unter dem irreführenden Namen „Barcelona Table".

16. Kleiner Tisch

Entwurf:	Mies van der Rohe, 1930
Aufstellungsort:	„Fräuleinzimmer" (vgl. Abb. 82)
Verbleib:	unbekannt
Material:	Massiv- und Schichtholz, Zebranofurnier;
	bündig eingelassene Schlüsselbuchsen aus Messing, verchromt (?)
Maße:	74 x 120 x 60 cm (H x L x B);
	Tischbeinprofil 5 x 5 cm, Zarge 11 cm, Höhe der Schübe 8 cm
Zeichnung:	MoMA 3232.2.125 („detailliert Hz") u. 2.130
Hersteller:	unbekannt (Einzelanfertigung)

17. Kleiner Schreibtisch

Abb. 106: Haus Tugendhat, Zimmer von Fritz Tugendhat

Entwurf:	Mies van der Rohe, 1930
Aufstellungsort:	Zimmer von Fritz Tugendhat (Abb. 106, 37, Farbabbildungen 9–11)
Verbleib:	im Besitz der Familie (Wien)
Material:	Massiv- und Schichtholz, Palisanderfurnier;
	bündig eingelassene Schlüsselbuchsen aus Messing, verchromt (?)
Maße:	73 x 174 x 74,5 cm (H x L x B);
	Tischbeinprofil 5 x 5, Zarge 11 cm; 2 Schübe (8 x 82 cm)
Zeichnung:	MoMA 3232.2.120 (71 x 180 x 85 cm)
Hersteller:	unbekannt (Einzelanfertigung)

Mies hatte kurz vorher für das Haus Lange in Krefeld einen ähnlichen Schreibtisch entworfen, der sich angeblich noch im Besitz der Nachfahren von Hermann Lange befindet.

18. Großer Schreibtisch

Abb. 107: Haus Tugendhat, großer Schreibtisch im Wohnbereich

Entwurf:	Mies van der Rohe, 1930
Aufstellungsort:	Arbeitsplatz im hinteren Wohnbereich (Abb. 107)
Verbleib:	unbekannt

Material:	Massiv- und Schichtholz, Makassarfurnier;
	Stützen Stahlrohr, verchromt; bündig eingelassene Schlüsselbuchsen aus
	Messing, verchromt (?)
Maße:	76 x 225 x 120 cm (H x B x T);
	Tischbeinprofil 4 cm
Zeichnung:	MoMA 3232.2.134 u. 2.135; 3232.2.20 (dreibeinige Version),
	2.21, 2.123, 2.132 (fünfbeinige Version) u. 2.133 zeigen Entwurfsvarianten
Hersteller:	unbekannt (Einzelanfertigung)

Die zahlreichen Entwurfsvarianten zeigen Lösungen mit drei bis fünf Stütz-
beinen, eine Skizze im sog. Ruegenberg-Skizzenbuch (Kunstbibliothek
Berlin) sogar eine asymmetrisch auskragende Platte über einem fest im
Boden eingelassenen, kreuzförmigen Fuß analog zum Eßtisch. Am Ende
entschied man sich doch für eine vergleichsweise konventionelle Form mit
vier Stahlrohrbeinen.
Für das zugehörige Aufsatzkästchen s. Kat.-Nr. 32.

19. Kinderzimmertisch

Entwurf:	Mies van der Rohe, 1930
Aufstellungsort:	Zimmer von Hanna (vgl. Abb. 102)
Verbleib:	unbekannt

Material:	Massivholz, weißer Schleiflack;
	Tischplatte mit weißer Linoleumeinlage
Maße:	65 x 90 x 90 cm (H x B x T)
Zeichnung:	MoMA 3232.2.128 u. 2.154 (enthalten Angaben zu Tisch, Regal-Schrank-
	kombination, Hängekommode im Kinderzimmer)
Hersteller:	unbekannt (Einzelanfertigung)

Das Tischformat wurde passend zu den Freischwingern (Kat.-Nr. 3) auf
Kindergröße bemessen.

20. Bridgetisch

Abb. 108: Haus Tugendhat, Bridgetisch mit Brno-Sesseln in der Bibliothek

Entwurf:	Mies van der Rohe, 1930
Aufstellungsort:	Bibliotheksnische (Abb. 108, 30, Farbabbildungen 1, 2)
Verbleib:	im Besitz der Familie (Zürich).

Material:	Massiv- und Schichtholz, Makassarfurnier
Maße:	70 x 100 x 100 cm (H x B x T)
Zeichnung:	MoMA 3232.2.118
Hersteller:	unbekannt (Einzelanfertigung)

21. Tischbank

Entwurf:	Mies van der Rohe, 1930
Aufstellungsort:	unmittelbar vor der Onyxwand (vgl. Abb. 87, Farbabb. 14)
Verbleib:	Mährische Galerie, Brünn, Lackierung erneuert
Material:	Schichtholz, weißer Schleiflack
Maße:	45 x 200 x 60 cm (H x B x T), Profilstärke 4,5 cm
Zeichnung:	MoMA 3232.2.118
Hersteller:	unbekannt (Einzelanfertigung)

22. Eßzimmertisch

Abb. 109: Haus Tugendhat, Eßzimmertisch

Entwurf:	Mies van der Rohe, 1930
Aufstellungsort:	Eßnische im Wohnbereich (Abb. 109, vg. Abb. 32, 33)
Verbleib:	unbekannt
Material:	fest im Boden eingelassener, kreuzförmiger Stahlfuß mit verchromter Blechummantelung (analog den Stahlstützen des Eisenskeletts); Schichtholzplatte, „schwarz gebeiztes Birnbaumfurnier"
Maße:	Durchmesser 145 cm, durch anschiebbare Elemente auf 223 bzw. 330 cm erweiterbar (äußere Segmente mit zusätzlichen Stahlrohrstützen)
Zeichnung:	MoMA 3232.2.139 und 2.138 (Entwurfsvariante)
Hersteller:	unbekannt (Einzelanfertigung)

Der zweifach vergrößerbare Tisch bot laut Grete Tugendhat bis zu 24 Personen ausreichend Platz.

23. Küchentisch

Entwurf:	Mies van der Rohe, vor 1930
Aufstellungsort:	Küche
Verbleib:	unbekannt
Material:	Massivholz, weißer Schleiflack
Maße:	unbekannt
Zeichnung:	keine
Hersteller:	unbekannt (Einzelanfertigung)

Die Hausangestellten nahmen ihr Essen an diesem Tisch in der Küche ein. Zugehörig sind die Stühle Kat.-Nr. 12.

24. Anrichtetisch

Abb. 110: Haus Tugendhat, Anrichte mit Anrichtetischen

Entwurf:	Mies van der Rohe, 1930
Aufstellungsort:	2 Expl. in der Anrichte (Abb. 110)
Verbleib:	unbekannt (im Haus befinden sich zur Zeit 3 ähnliche Exemplare ungeklärter Provenienz)
Material:	Tischplatte und unteres, höhenverstellbares Ablagebrett Teakholz, weiß lackiert
	Stahlrohrstützen, verchromt
Maße:	95 x 169 x 70 cm (H x B x T);
	Brettstärke 4 cm; Rohrdurchmesser 24, Wandungsstärke 2 mm
Zeichnung:	MoMA 3232.2.113
Hersteller:	unbekannt (Einzelanfertigung)

Kastenmöbel

25. Büchervitrine

Entwurf:	Lilly Reich, 1930
Aufstellungsort:	Zimmer Fritz Tugendhat (vgl. Abb. 106, 37; Farbabbildungen 12, 13)
Verbleib:	im Besitz der Familie (Zürich), Glasschiebetüren und Laufschienen entfernt, Stirnseiten von Korpus und Regalböden eventuell neu furniert
Material:	Schicht- und Sperrholz, Palisanderfurnier;
	durchlaufende, verchromte Stahlrohrstützen mit weißen Gummi-Unterlegscheiben; 2 verstellbare Regalbretter;
	3 Spiegelglasschiebetüren
Maße:	95 (Fuß 12, Kasten 83 cm) x 230 x 38cm (H x B x T);
	Rohrdurchmesser 25 mm (?)
Zeichnung:	MoMA 3232.2.173 („Original R") u. 2.174
Hersteller:	unbekannt (Einzelanfertigung)

Die Signatur und der abweichende Duktus der Zeichnung erlauben eine eindeutige Zuschreibung des Entwurfs an Lilly Reich.

26. Wohnzimmervitrine

Abb. 111: Haus Tugendhat: Wohnzimmervitrine, Blick zur Leuchtwand

Entwurf:	Lilly Reich, 1930
Aufstellungsort:	Wohnbereich, hinter der Onyxwand (Abb. 111, 86, Farbabb. 14)
Verbleib:	Mährische Galerie, Brünn
Material:	Schichtholz, weißer Schleiflack, innen Birnbaumfurnier, schwarz poliert; durchlaufende Stahlstützen, verchromt; auf beiden Seiten je drei Schiebetüren aus „mausgrauem" Spiegelglas verchromte Laufschiene, außen als Rahmenleiste
Maße:	12/95 x 250 x 60 cm (H x B x T); Rohrdurchmesser 25 mm
Zeichnung:	MoMA 3232.2.175 u. 2.301
Hersteller:	unbekannt (Einzelanfertigung)

Wie die Büchervitrine (Kat.-Nr. 25) ist auch dieser Entwurf stilistisch Lilly Reich zuzuschreiben. Die durch das Innere des gesamten Kastens durchlaufenden Stützen reflektieren dagegen ein wesentliches Prinzip der Stahlskelettkonstruktion des Tugendhat-Hauses, so daß hier die enge wechselseitige Prägung der beiden Gestalterpersönlichkeiten greifbar wird.

27. Speisezimmeranrichte

Entwurf:	Mies van der Rohe, 1930
Aufstellungsort:	Westwand des Wohnbereichs, im Durchgang zur Anrichte (Farbabbildungen 3, 4, vgl. Abb. 63)
Verbleib:	im Besitz der Familie (Wien)
Material:	Schichtholz, Makassarfurnier, innen Ahornfurnier; Stahlrohr, verchromt; Schlüsselbuchsen aus Messing, verchromt (?)
Maße:	90 (Füße 12, Kasten 78 cm) x 175 x 50 (H x B x T); Rahmenstärke 2,5 cm, 4 hohe und 3 flache Schübe (6 bzw. 12 x 56 cm); Schiebetüren mit Griffmulden (8 x 1,7 cm)
Zeichnung:	MoMA 3232.2.122 (Höhe der Schübe 6,5 bzw. 3 cm) u. 2.137
Hersteller:	unbekannt (Einzelanfertigung)

Die Gesamtkonstruktion sowie die Ausarbeitung der Details weisen starke Ähnlichkeiten mit der Büchervitrine (Kat. Nr. 25) und der großen Vitrine im Wohnbereich (Kat. Nr. 26) auf.

28. Hängekommode

Entwurf:	Mies van der Rohe, 1930
Aufstellungsort:	1 Expl. Zimmer Grete Tugendhat (Farbabbildungen 5, 6); 1 Expl. Zimmer Fritz Tugendhat (vgl. Abb 37); 1 Expl. Zimmer von Hanna (Abb. 40)
Verbleib:	Die beiden Expl. aus den Zimmern von Grete und Fritz Tugendhat im Besitz der Familie (Wien bzw. Zürich), gläserne Abdeckplatten vermutlich erneuert, Füße nachträglich untergeschraubt
Material:	Schichtholz, Palisanderfurnier (Zimmer der Eltern, die Türen der beiden Exemplare unterschiedlich angeschlagen) bzw. Zebranofurnier (Kinderzimmer), Griffknöpfe der Türen Birnbaum; massiv; Spiegelglas-Abdeckplatte; Schübe mit bündig eingepaßten, verchromten Messingbuchsen; Fächer mit Milchglasplatten ausgelegt, Rückseiten innen weiß gestrichen
Maße:	41 (ohne Glasauflage) x 130 x 34 cm (H x B x T); Türen 30 x 42cm; Schübe 8 x 42 cm; Glasplatte 8 mm (?); Innenauslagen 8 mm
Zeichnung:	MoMA 3232.2.302
Hersteller:	unbekannt (Einzelanfertigung)

29. Frisierkonsole

Entwurf:	Mies van der Rohe, 1930
Aufstellungsort:	Zimmer Grete Tugendhat (Farbabbildung 8, vgl. Abb. 112)
Verbleib:	im Besitz der Familie (Wien), gläserne Abdeckplatte vermutlich erneuert
Material:	Schichtholz, Palisander-, innen Ahornfurnier; Griffe Birnbaum; Abdeckplatte aus Spiegelglas
Maße:	11 x 80 x 29 cm (H x B x T), Schübe 4 x 25,5 cm (H x B), Fronten zusätzlich nach vorn abklappbar
Zeichnung:	MoMA 3232.2.19
Hersteller:	unbekannt (Einzelanfertigung)

30. Regal- Schrankkombination (kurz)

Entwurf:	Mies van der Rohe, 1930
Aufstellungsort:	Zimmer von Hanna (vgl. Abb. 102)
Verbleib:	unbekannt
Material:	Schichtholz, Zebranofurnier; bündig eingelassene Schlüsselbuchsen aus Messing, verchromt
Maße:	95 x 265 (Regal 175, Schrank 90) x 28/42 cm (H x B x T); Sockelhöhe 15 cm; Rahmen 3, Regalböden 2,5 cm
Zeichnung:	MoMA 3232.2.128 u. 2.154 (Möblierungsplan mit Maßangaben); ähnlich 3232.2.125 u. 2.130 (vgl. Kat.-Nr. 31)
Hersteller:	unbekannt (Einzelanfertigung)

31. Regal-Schrankkombination (lang)

Entwurf:	Mies van der Rohe, 1930
Aufstellungsort:	„Fräuleinzimmer" (vgl. Abb. 82)
Verbleib:	unbekannt

Material:	Schichtholz, Zebranofurnier;
	bündig eingelassene Schlüsselbuchsen aus Messing, verchromt
Maße:	95 x 350 (Regal 175, Schrank 173) x 30/42 cm (H x B x T);
	Sockelhöhe 15 cm; Rahmen 3, Regalböden 2,5 cm
Zeichnung:	MoMA 3232.2.125, 2.130 u. 2.167 (Detailangaben)
Hersteller:	unbekannt (Einzelanfertigung)

Die Kombination ist länger als diejenige des Kinderzimmers. Der Schrankteil ist mit Rücksicht auf die größere Breite mit Doppeltüren ausgestattet.

32. Schreibtischaufsatz (Kästchen für Schreibutensilien)

Entwurf:	Mies van der Rohe, 1930
Aufstellungsort:	Arbeitsplatz im Wohnbereich, großer Schreibtisch (vgl. Abb. 107, 29, 86)
Verbleib:	unbekannt
Material:	Ebenholz;
	verchromte Metallfüße (4 cm hoch)
Maße:	24 x 60 (Kasten 35, Brieffächer 25) x 42/32 cm (H x B x T)
Zeichnung:	MoMA 3232.2.21; 3232.2.10, 2.20, 2.124 zeigen Varianten;
	3232.2.132, 2.133 u. 2.134 (Detailangaben)
Hersteller:	unbekannt (Einzelanfertigung)

Zum Schreibtisch siehe Kat.-Nr. 18. Die Entwurfsvarianten unterscheiden sich weniger in der Grundform als in den Details (Anbringung des Griffknopfs am Kasten, Griffmulden der Brieffächer).

33. Wäschekasten

Entwurf:	Mies van der Rohe, 1930
Aufstellungsort:	Vorraum zum Elterntrakt
Verbleib:	unbekannt
Material:	Schichtholz, weißer Schleiflack;
Maße:	90 x 74 x 61 cm (H x B x T)
Zeichnung:	MoMA 3232.2.131 u. 2.150
Hersteller:	unbekannt (Einzelanfertigung)

Der Wäschekasten war hängend befestigt, wobei unten ein Luftraum von 12 cm verblieb.

34. Schuhschrank

Entwurf:	Mies van der Rohe, 1930
Aufstellungsort:	Vorraum zum Elterntrakt
Verbleib:	unbekannt
Material:	Schichtholz, weißer Schleiflack;
	Querholme aus verchromtem Stahl- oder Messingrohr;
	Boden mit weißem Linoleum ausgelegt
Maße:	190 x 74 (?) x 36 cm (H x B x T)
Zeichnung:	MoMA 3232.2.131 u. 2.150
Hersteller:	unbekannt (Einzelanfertigung)

Betten und Liegen	**35. Bett mit Sprungfedermatratze**

Entwurf: Mies van der Rohe, 1930
Aufstellungsort: Zimmer Fritz Tugendhat
Verbleib: unbekannt

Material: Holzrahmen, Palisanderfurnier;
Sprungfedermatratze, zweiteiliges Roßhaarkissen, Nackenrolle;
Bezug Leinen, kariert gemustert
Maße: 40 x 140 x 200 cm (H x B x L), Sockel 7 cm; Matratze 23 cm, Auflagekissen 10 cm
Zeichnung: MoMA 3232.2.305
Hersteller: unbekannt (Einzelanfertigung)

36. Bett mit Wäschekasten

Entwurf: Mies van der Rohe, 1930
Aufstellungsort: „Fräuleinzimmer" (vgl. Abb. 82)
Verbleib: unbekannt

Material: Bettkasten Schichtholz, Zebranofurnier; vorne und hinten massive
Sockelleiste (7 x 7 cm, 3.5 cm zurückgesetzt)
Kettennetz-Patentmatratze mit zweiteiliger Auflage, Nackenrolle (?);
Tagesdecke aus Seide oder Baumwolle
Maße: 42 x 100 x 190 cm (H x B x L);
Sockel 7 cm, Bettkasten 25 cm, Kissen 10 cm
Zeichnung: MoMA 3232.2.129 u. 2.119 (Variante mit Volant, ohne Wäschekasten)
Hersteller: unbekannt (Einzelanfertigung)

37. Bett mit Kopf- und Fußteil (groß)

Entwurf: Mies van der Rohe, 1930
Aufstellungsort: Zimmer Grete Tugendhat
Verbleib: im Besitz der Familie (Wien)

Material: Massivholzrahmen, Kopf- und Fußteil Sperrholz (?), Palisanderfurnier;
Sprungfedermatratze, zweiteilige Auflage mit Kopfkeil (Roßhaarkissen)
Maße: 60 x 208 x 140 cm (H x B x L);
Kopf- u. Fußbrett 4 cm, Zarge 10 cm, Kissenauflage 10 cm
Zeichnung: MoMA 3232.2.127
Hersteller: unbekannt (Einzelanfertigung)

38. Bett mit Kopf- und Fußteil (klein)

Entwurf: Mies van der Rohe, 1930
Aufstellungsort: 2 Expl. Zimmer von Hanna (vgl. Abb. 40)
Verbleib: unbekannt

Material: Massivholzrahmen, Kopf- u. Fußteil Sperrholz (?), Zebranofurnier
Maße: vermutl. 60 x 198 x 100 (H x B x L)
Zeichnung: keine, wohl ähnlich MoMA 3232.2.127 (Kat.-Nr. 37);
3232.2.154 (Möblierungsplan) sieht noch „vorhandene" Betten vor
Hersteller: unbekannt (Einzelanfertigung)

Das zusätzliche Bett wurde vorübergehend von der Kinderschwester Irene
Kalkofen genutzt, da ihr Zimmer bedarfsweise auch als Gästezimmer diente.

39. Tagesliege

Abb. 112: Haus Tugendhat, Zimmer von Grete Tugendhat

Entwurf:	Mies van der Rohe, 1930
Aufstellungsort:	Zimmer von Grete Tugendhat (Abb. 112, 36)
Verbleib:	unbekannt
Material:	Holzsockel, Palisanderfurnier; Sprungfedermatratze mit dreiteiliger Auflage (Roßhaarkissen); Bezug „weißer Kapoksammet"
Maße:	38 x 75 x 190 cm (H x B x L); Sockel 7 cm, Matratze 20 cm, Kissen 11 cm
Zeichnung:	MoMA 3232.2.127
Hersteller:	unbekannt (Einzelanfertigung)

Terrassenmöblierung

40. Halbrunde Terrassenbank

Abb. 113: Haus Tugendhat, Halbrunde Terrassenbank

Entwurf:	Mies van der Rohe, 1930
Aufstellungsort:	Dachterrasse (Abb. 113)
Verbleib:	in situ, Holzbohlen der Sitzfläche vermutlich erneuert
Material:	Betonsockel; Sitzfläche Holzlatten; Rückenlehne Stahlrohr, gestrichen;
Maße:	33/38 x 18 x 43cm (Sockel); Lattenstärke 4 x 6,8 cm, Abstand 1cm;
Zeichnung:	MoMA 3232.2.67; 3232.2.68; 3232.2.70;
Hersteller:	unbekannt (Einzelanfertigung)

41. Terrassenbank oder -tisch

Entwurf:	Mies van der Rohe, 1930
Aufstellungsort:	Dachterrasse (vgl. Abb. 21)
Verbleib:	unbekannt
Material:	Metallgestell (2 fest eingelassene Stahlrohrstützen mit angeschweißtem Stahlblechträger; Holzbohlen, von unten mit Stahlblech verschraubt)
Maße:	60 x 220 x 75 cm (H x B x T)
Zeichnung:	MoMA 3232.2.65 (vermutlich der Ausführung entsprechend)
Hersteller:	unbekannt (Einzelanfertigung)

Farbabb. 1:
Haus Tugendhat,
Bridgetisch der
Bibliothek
im Wohnraum
(Kat. 20)

Farbabb. 2:
Haus Tugendhat,
Bridgetisch der
Bibliothek
im Wohnraum,
Ansicht von oben
(Kat. 20)

Farbabb. 3:
Haus Tugendhat,
Speisezimmeranrichte,
Eßzimmerbereich
im Wohnraum
(Kat. 27)

Farbabb. 4:
Haus Tugendhat,
Speisezimmeranrichte,
Eßzimmerbereich
im Wohnraum, Detail
(Kat. 27)

Farbabb. 5:
Hängekommode,
Zimmer
Grete Tugendhat
(Kat. 28)

Farbabb. 6a:
Hängekommode,
Zimmer
Grete Tugendhat,
Detail
(Kat. 28)

Farbabb. 6b:
Hängekommode,
Zimmer
Grete Tugendhat
(Kat. 28)

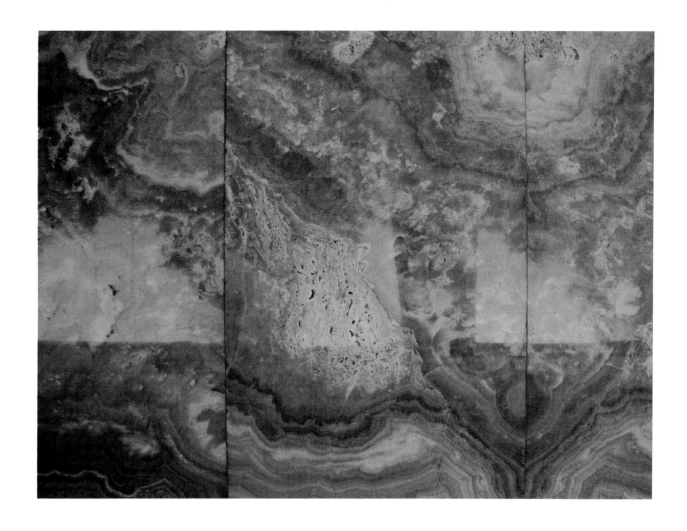

Farbabb. 7:
Haus Tugendhat,
Onyxwand, Detail

Farbabb. 8:
Frisierkonsole,
Zimmer
Grete Tugendhat
(Kat. 29)

Farbabb. 9:
Schreibtisch,
Zimmer
Fritz Tugendhat
(Kat. 17)

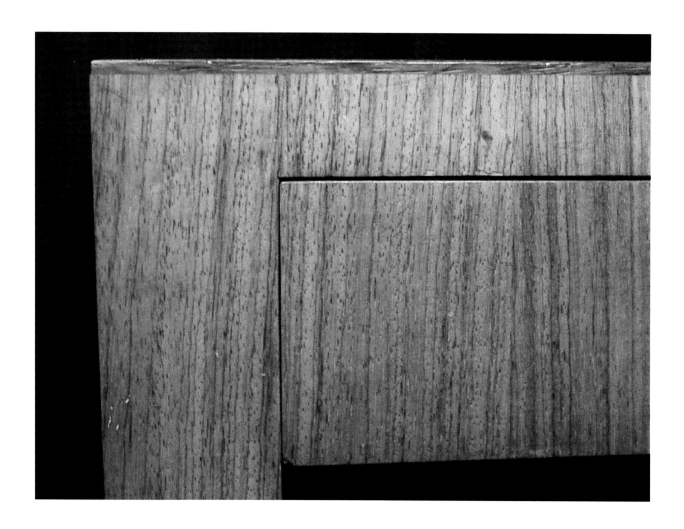

Farbabb. 10:
Schreibtisch,
Zimmer
Fritz Tugendhat,
Detail
(Kat. 17)

Farbabb. 11:
Schreibtisch,
Zimmer
Fritz Tugendhat,
Detail
(Kat. 17)

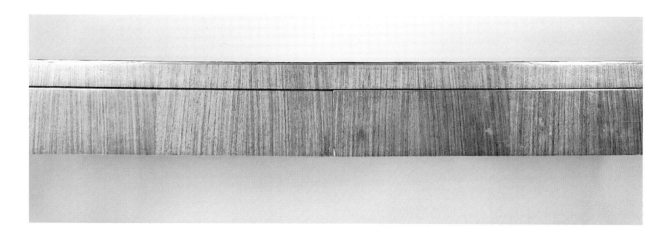

Farbabb. 12:
Büchervitrine,
Zimmer
Fritz Tugendhat
(Kat. 25)

Farbabb. 13:
Büchervitrine,
Zimmer
Fritz Tugendhat,
(Kat. 25)

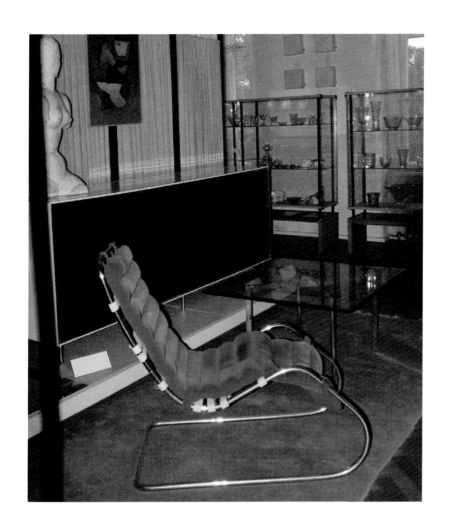

Farbabb. 14:
Mährische Galerie
Brünn,
mit Chaiselongue
(Kat. 11),
Tischbank
(Kat. 21)
und Wohnzimmer-
vitrine
(Kat. 26)

Farbabb. 15:
Messegelände Brünn
mit Bauten
von Josef Kalous,
Bohuslav Fuchs,
Vlastislav Chroust,
Bohumir Čermak
u. a. 1928

Farbabb. 16:
Haus Tugendhat,
obere Terrasse,
Abdeckung des
Travertinsteins,
Schleifspuren
der Renovierung
von 1981–85

Farbabb. 17:
Haus Tugendhat,
Fenster des Zimmers
der Tochter Hanna,
Detail.
In beschädigten
Bereichen sieht man
auf der roten Grundierung
folgende Farbschichten:
Weiß, dunkles Blaugrau,
helleres Blaugrau,
Blaugrün, rezentes
dunkleres Blaugrau

Farbabb. 18:
Haus Tugendhat,
Flanke der Außen-
treppe, Detail.
Unter den Schäden
des rezenten Verputzes
und Kunstharz-
Anstriches
der Renovierung
von 1981–85 findet man
die vermutlich
ursprüngliche steinfarbige,
gelblich-weiße (Kalk-?)
Oberfläche mit Resten
von Reparatur-Anstrichen:
Grau und Ockergelb

Farbabb. 19:
Haus Tugendhat,
Ansicht von Westen (1997).
Statische Risse und Schäden
in Verputz und Anstrich

Farbabb. 20:
Haus Tugendhat,
Gartenfront, 1997

Farbabb. 21:
Haus Tugendhat,
Wohnraum
mit neuer
Möblierung 1995

Farbabb. 22:
Haus Tugendhat,
Wohnraum
mit neuer
Möblierung 1995

Veröffentlichungen zum Werk Mies van der Rohes (in Auswahl)

- PHILIP JOHNSON, *Mies van der Rohe*, Ausst.-Kat. New York 1947 (Neuaufl. New York 1978).
- L[UDWIG] HILBERSEIMER, *Mies van der Rohe*, Chicago 1956.
- ARTHUR DREXLER, *Ludwig Mies van der Rohe*, New York 1960 (dt. Ausg. Ravensburg 1960).
- *Ludwig Mies van der Rohe*, Ausst.-Kat Chicago u. Berlin 1968.
- LUDWIG GLAESER, *Ludwig Mies van der Rohe: Furniture and Furniture Drawings from The Design Collection and the Mies van der Rohe Archive, The Museum of Modern Art, New York*, New York 1977.
- JUAN PABLO BONTA, Architecture and its Interpretation: *A Study of Expressive Systems in Architecture*, London 1979.
- WOLF TEGETHOFF, *Mies van der Rohe: Die Villen und Landhausprojekte*, Krefeld (Ausst.-Kat.) u. Essen 1981.
- FRANZ SCHULZE, *Mies van der Rohe: A Critical Biography*, Chicago u. London 1985 (dt. Ausg. Berlin 1986).
- DAVID SPAETH, *Mies van der Rohe*, New York 1985.
- FRITZ NEUMEYER, *Mies van der Rohe: Das Kunstlose Wort, Gedanken zur Baukunst*, Berlin 1986.
- JOHN ZUKOWSKY (Hrsg.), *Mies Reconsidered: His Career, Legacy, and Disciples*, Ausst.-Kat. Chicago 1986
- ELAINE S. HOCHMANN, *Architects of Fortune: Mies van der Rohe and the Third Reich*, New York 1989.
- FRANZ SCHULZE (Hrsg.), *Mies van der Rohe: Critical Essays*, New York u. Cambridge, Mass. 1989.
- JEAN-LOUIS COHEN, *Ludwig Mies van der Rohe*, Basel, Berlin u. Boston 1995.

Veröffentlichungen zum Haus Tugendhat

- WALTER RIEZLER, „Das Haus Tugendhat in Brünn", *Die Form* VI, 9, Sept. 1931, S. 321–332.
- [JUSTUS] B[IER], „Kann man im Haus Tugendhat wohnen?", *Die Form* VI, 10, Okt. 1931, S. 392–393.
- W[ALTER] RIEZLER, [Kommentar zum Artikel von Justus Bier], *Die Form* VI, 10, Okt. 1931, S. 393–394.
- ROGER GINSBURGER u. WALTER RIEZLER, „Zweckhaftigkeit und geistige Haltung", *Die Form*, 11, Nov. 1931, S. 431–437.
- GRETE u. FRITZ TUGENDHAT, „Die Bewohner des Hauses Tugendhat äußern sich" (Zuschrift an die Redaktion), *Die Form* VI, 11, Nov. 1931, S. 437–438.
- LUDWIG HILBERSEIMER, [Nachwort zur Diskussion um das Haus Tugendhat], *Die Form* VI, 11, Nov. 1931, S. 438–439.
  Ders., „Die ‚neue Linie' im alleinstehenden Einfamilienhaus", *Der Baumeister* XXIX, 11, Nov. 1931, S. 422–431.
- LEADER [EDUARDO PERSICO], „All'estrema della modernità: L'architetto van der Rohe", *La Casa Bella* IV, 10, Nov 1931, S. 26–35.
  Ders., „La maison Tugendhat, à Brünn", *L'architecture vivante* IX, Winter 1931, S. 28, Taf. 34–38
- MAX EISLER, „Mies van der Rohe: Eine Villa in Brünn", *Die Bau- und Werkkunst* VIII, 2, Febr. 1932, S. 25–30.
- *Modern Architecture: International Exhibition*, Ausst.-Kat. New York 1932, S. 116–118.

- W[ILHEM] BISOM, „Villa arch. Mies van der Rohe", *Měsíc*, Juni 1932, S. 2–7 (dt. Ausgabe 1933, S.22–27).
- JAROMÍR KREJCAR, „Hygiena bytu", *Žijeme* II, 1932/33, S. 132–33.
- AGNOLDOMENICO PICA, *Colosseo* XI, 1, 30. Aug. 1933, nicht pagin.
- P[ETER] M[EYER], „Haus Tugendhat, Brünn (Tschechoslowakei)", *Das Werk* XX, 2, 1933, S. 41–47.
- LOUIS SCHOBERTH, „Zum Haus Tugendhat: Wirkung gegen die Zeit", *Baukunst und Werkform* I, 3, 1947, S. 16–21.
- [JOSEF] PECHAR, „Architektura dvacátého století a památková péče", *Architektura ČSSR* XXIII, 3, 1964, S. 187–192.
- JULIUS POSENER, „Eine Reise nach Brünn", *Bauwelt* LX, 36, 8. Sept. 1969, S. 1244–1245.
- GRETE TUGENDHAT, „Zum Bau des Hauses Tugendhat" (leicht gekürzte Fassung des Brünner Vortrags vom Januar 1969), *Bauwelt* LX, 36, 8. Sept. 1969, S. 1246–1247.
- FRANTIŠEK KALIVODA, „Haus Tugendhat: gestern–heute–morgen", *Bauwelt* LX, 36, 8. Sept. 1969, S. 1248–1249.
- FRANTIŠEK KALIVODA, „Otázka vily Tugendhat je vyřešena", *Architektura ČSSR* XXVIII, 4, 1969, S. 235–241.
- ANNA ZÁDOR, „An Early Masterpiece by Mies van der Rohe", *New Hungarian Quarterly*, 10, Sommer 1969, S. 172–175.
- ZDENĚK KUDĚLKA, *Vila Tugendhat Brno*, Brno 1971.
- SERGIUS RUEGENBERG, Erinnerungen an das Haus Tugendhat, in [VLADIMIR ŠLAPETA, Hrsg.], *Die Brünner Funktionalisten: Moderne Architektur in Brünn (Brno)*, Ausst.-Kat. Innsbruck u. Wien 1985, S. 85.
- ARTHUR DREXLER (Hrsg.): *The Mies van der Rohe Archive*, Bd. 2, New York u. London 1986, S. 282–518, u. Bd. 5, hrsg. v. Franz Schulze, New York u. London 1990, S. 173–235.
- KAREL MENŠÍK u. JAROSLAV VODIČKA, *Vila Tugendhat Brno*, Brno 1986.
- JAN SAPÁK, „Vila Tugendhat", *Umění* XXXV, 2, 1987, S. 167–169.
- JAN SAPÁK, „Das Alltagsleben in der Villa Tugendhat", *Werk, Bauen + Wohnen* LXXV/XLII, 12, Dez. 1988, S. 15–23.
- JAN SAPÁK, „Das Haus Tugendhat in Brünn", *Bauforum* XXII, 131, 1989, S. 13–25.
- JAN SAPÁK, „Reconstruction of the Tugendhat House (Mies van der Rohe, 1930)", in *First International DOCOMOMO Conference, Sept. 12.–15. 1990: Conference Proceedings*, Eindhoven 1991, S. 266–268.
- [DUŠAN RIEDL], *The Villa of the Tugendhats created by Ludwig Mies van der Rohe in Brno*, Brno 1995.
- PETER LIZON, *Villa Tugendhat in Brno: An International Landmark of Modernism*, Knoxville, TN 1996.
- WOLF TEGETHOFF, *Tugendhat House, Brno (Ludwig Mies van der Rohe, 1928–1930): Report on the Current State of Building*, Juli 1997 (unpubl.).

Quellen und Literatur zur Möblierung des Hauses Tugendhat

- *Berliner Metallgewerbe Jos. Müller*, Katalog (Faltblatt), Berlin-Neukölln o. J. (1927 oder 1928).
- *Bamberg Metallwerkstätten*, Faltblatt, Berlin Neukölln 1931 (dat. 11. Okt. 1931).
- *Estler Wohnmöbel*, Faltblatt, Berlin-Charlottenburg o. J.
- *Thonet*, Gesamtkatalog, Frankenberg 1932.
- *Thonet*, Gesamtkatalog, Frankenberg 1934.
- GUSTAV HASSENPFLUG, *Möbel aus Stahlrohr und Stahlblech*, Düsseldorf 1936 (Sonderheft von *Stahl überall: Beratungsstelle für Stahlverwendung* IX, 5, 1936).

- WERNER GRÄFF, *Innenräume: Räume und Einrichtungsgegenstände aus der Werkbund-Ausstellung 'Die Wohnung', Stuttgart 1927*, Stuttgart 1928.
- W[ILHEM] LOTZ, „Möbeleinrichtung und Typenmöbel", *Die Form* III, 6, Juni 1928, S. 161–169.
- [WERNER] BÜDDEMANN, „Ausstellung 'Der Stuhl', Stuttgart 1928", *Die Form* III, 10, Okt. 1928, S. 304–308.
- WERNER GRAEFF, *Jetzt wird Ihre Wohnung eingerichtet: Das Warenbuch für den neuen Wohnbedarf*, Potsdam 1933.
- LUDWIG GLAESER, *Mies van der Rohe: Furniture and Furniture Drawings from the Design Collection and the Mies van der Rohe Archive, The Museum of Modern Art, New York*, New York 1977.
- JAN VAN GEEST u. OTAKAR MÁCEL, *Stühle aus Stahl: Metallmöbel 1925–1940*, Köln 1980.
- CHRISTOPHER WILK, *Thonet: 150 Years of Furniture*, New York 1980.
- ALEXANDER VON VEGESACK, *Deutsche Stahlrohrmöbel: 650 Modelle aus Katalogen von 1927–1958*, München 1986.
- KLAUS-JÜRGEN SEMBACH, GABRIELE LEUTHÄUSER u. PETER GÖSSEL, *Möbeldesign des 20. Jahrhunderts*, Köln 1989.
- WERNER MÖLLER u. OTAKAR MÁCEL, *Ein Stuhl macht Geschichte*, München 1992.
- *Vytvarná kultura v Brně* 1918–1938, Ausst.-Kat. Brno1993.
- TORSTEN BRÖHAN u. THOMAS BERG, *Avantgarde Design* 1880–1930, Köln 1994.

Abbildungsnachweis

Daniela Hammer-Tugendhat:
Abb. 1, 23, 36, 39, 42, 44: de Sandalo, um 1931 (Originale im Besitz der Familie); Abb. 3: Foto Brünn; Abb. 6: Originale Postkarte aus dem Besitz von Berthilde Poledna, Wien;
Alle übrigen Abbildungen: Fritz Tugendhat, 1930–38. Im Besitz der Familie.
Wolf Tegethoff:
Abb. 49, 50, 55, 63, 64, 77, 83, 87: Fritz Tugendhat, 1930–38 (im Besitz der Familie); Abb. 56, 58, 60, 62, 70, 74, 76, 78, 79, 80, 81, 82, 84, 86, 88, 89: de Sandalo, um 1931 (im Besitz der Familie); 56, 60, 70: de Sandalo um 1931 (Muzeum Města Brna, Spilberk); Abb. 89: Muzeum Města Brna, Spilberk; Abb. 54, 65, 66, 67, 68, 69, 71, 85: The Museum of Modern Art, New York; Abb. 51, 52, 53, 72, 73: Zentralinstitut für Kunstgeschichte, München; Abb. 57: Volker Döhne, Krefeld; Abb. 59, 61, 75: *Die Form* VI, 10, Okt. 1931
Franz Schulze:
Abb. 90: de Sandalo (im Besitz der Familie); Abb. 91: Zentralinstitut für Kunstgeschichte, München; Abb. 92: The Museum of Modern Art, New York
Ivo Hammer:
Abb. 93, 94: Josef Guggenheim, Zürich 1963; Abb. 95,96: Foto Brünn 1969; Abb. 98: Ivo Hammer, Wien 1997; Abb. 97, 99, 100: SURPMO, Brünn, um 1985
Nina Schneider / Wolf Tegethoff:
Abb. 101, 103, 104, 105, 109, 113: Fritz Tugendhat, 1930–38 (im Besitz der Familie); Abb. 102, 106, 107, 108, 110, 111, 112: de Sandalo, um 1931 (im Besitz der Familie);

Farbabbildungen:

Farbabb. 1–6b, 8–13 : Margit Behrens, Zentralinstitut für Kunstgeschichte, 1998; Farbabb: 14, 16–19: Ivo Hammer, Wien, 1997; Farbabb. 15: Thomas Römer; Hsak Wien, 1998; Farbabb. 20, 21, 22: Zentralinstitut für Kunstgeschichte, München 1997

Die Familie Tugendhat

Grete Tugendhat, geb. Löw-Beer
1903 Brünn – 1970 St. Gallen

Fritz Tugendhat
1895 Brünn – 1958 St. Gallen

Hanna Lambek, geb. Weiss
1924 Brünn – 1991 Montreal

Psychologin,
Präsidentin der Consumers
Association
und in den letzten Jahren
Vizekonsulin der österreichischen
Botschaft in Montreal

Ernst Tugendhat
1930 Brünn

Professor für Philosophie,
Berlin, jetzt emeritiert

Herbert Tugendhat
1933 Brünn – 1980 Caracas

Direktor einer Versicherungs-
gesellschaft und
Universitätslektor in Caracas

Ruth Guggenheim-Tugendhat
1942 Caracas

Psychoanalytikerin, Zürich

Daniela Hammer-Tugendhat
1946 Caracas

Professorin für Kunstgeschichte,
Wien

Zu den Autorinnen und Autoren

Ivo Hammer

geb. 1944. Ausbildung zum Restaurator, Studium der Kunstgeschichte und Archäologie in Freiburg und Wien. Promotion mit einer Arbeit über frühbürgerlichen Realismus. Von 1976 bis 1997 Leitender Restaurator des österreichischen Bundesdenkmalamtes; Schwerpunkte: Beethovenfries von Gustav Klimt (1902), die romanischen Wandmalereien von Lambach (um 1080) und Salzburg Nonnberg (um 1150), die Fassaden der Festung Hohensalzburg (15./16.Jh.). Seit 1997 Professor für Konservierung/Restaurierung von Wandmalerei/Architekturoberfläche an der Fachhochschule Hildesheim/Holzminden.

Daniela Hammer-Tugendhat

geb. 1946 in Caracas/Venezuela. Studium der Kunstgeschichte und Archäologie in Bern und Wien. Promotion mit einer Arbeit über Hieronymus Bosch und die Bildtradition, Habilitation über Studien zur Geschichte der Geschlechterbeziehung in der Kunst. Professorin für Kunstgeschichte an der Hochschule für angewandte Kunst in Wien und Dozentin am Kunsthistorischen Institut der Universität Wien. Forschungsschwerpunkt: Malerei der frühen Neuzeit.

Nina Franziska Schneider

geb. 1970. Studium der Kunstgeschichte, Archäologie und Kirchengeschichte in Augsburg und München. Magisterarbeit über die Innenausstattung des Tugendhat-Hauses unter Berücksichtigung der zeitgenössischen Debatte über Kunst- und Zweckform in der Moderne. Seit 1996 Mitarbeiterin am Zentralinstitut für Kunstgeschichte in München.

Franz Schulze

geb. 1927. Studium an der University of Chicago, am Art Institute in Chicago und an der Akademie der Bildenden Künste in München (Adenauer Fellow 1956/57). Lehrtätigkeit an der Purdue University und am Lake Forest College in Illinois, dort seit 1975 als Betty Jane Schultz Hollender Professor of Art (1991 emeritiert). Tätigkeit als Kunst- und Architekturkritiker für verschiedene amerikanische Zeitungen und Fachzeitschriften. Verfasser u. a. von Mies van der Rohe: A Critical Biography (1985, dt. Ausgabe 1986), Herausgeber von Mies van der Rohe: Critical Essays (1989) und des 2. Teils des Werkverzeichnisses der Mies van der Rohe-Zeichnungen im New Yorker Museum of Modern Art (The Mies van der Rohe Archive, Bde. 5–20, 1991).

Wolf Tegethoff

geb. 1953. Studium der Fächer Kunstgeschichte, Städtebau, Verfassungs-, Sozial- und Wirtschaftsgeschichte in Bonn und an der Columbia University in New York. Promotion 1981 über die Villen und Landhausprojekte Mies van der Rohes. Hochschulassistent in Kiel, seit 1991 Direktor des Zentralinstituts für Kunstgeschichte in München mit Lehrtätigkeit an den Universitäten Bonn, Haifa, Innsbruck, München, Regensburg und Venedig. Zahlreiche Veröffentlichungen zum Werk Mies van der Rohes, u. a. Mies van der Rohe: Die Villen und Landhausprojekte (1981, engl. Ausg. 1984).

SpringerArchitektur

August Sarnitz

Bauen in Europa

Österreichische Architekten im Europa des 20. Jahrhunderts
Architectes autrichiens en Europe au XXème siècle

Die neue „Europäisierung", welche die Architektur am Ende des 20. Jahrhunderts erfahren hat, ist zentrales Thema dieses Werkes. Zu Beginn des Jahrhunderts war der Aufbruch zur „Internationalität" nur auf wenige Architekten beschränkt. Erst seit den 80er Jahren wurden sie auf einer breiten Basis international tätig. Begründet auf Qualität und Eigenständigkeit hat sich Architektur aus Österreich in Europa einen Namen gemacht. Der inhaltliche Schwerpunkt der Dokumentation liegt auf den letzten dreißig Jahren, inkludiert jedoch das kontextuelle Umfeld seit 1945 und gibt einen kurzen historischen Überblick ab 1900. Präsentiert werden die in Europa realisierten Bauten von über vierzig Architekten, u.a. von Hans Hollein, Coop Himmelblau, Gustav Peichl, Boris Podrecca, Wilhelm Holzbauer, Adolf Krischanitz, Rüdiger Lainer sowie Carlo Baumschlager und Dietmar Eberle.

Inhalt
- August Sarnitz, Architektur-Dialog
  Österreichische Architektur in Europa – eine auratische Einleitung
- Otto A. Graf, Die dritte noch immer unbekannte Generation
  einer verdrängten Modernisation
- August Sarnitz, Osmophile Architektur – Österreichische Architektur
  von 1918 bis 1933 in Europa
- August Sarnitz, Vernetzung der österreichischen Architektur seit 1945
- Internationale Wettbewerbe

1998. Etwa 260 z.T. farbige Abbildungen. Etwa 132 Seiten.
Format: 23,8 x 28,8 cm
Gebunden DM 78,–, öS 546,–
Text: deutsch/französisch
ISBN 3-211-83205-X

SpringerWienNewYork

Sachsenplatz 4–6, P.O.Box 89, A-1201 Wien, Fax +43-1-330 24 26, e-mail: order@springer.at, Internet: http://www.springer.at
New York, NY 10010, 175 Fifth Avenue • D-14197 Berlin, Heidelberger Platz 3 • Tokyo 113, 3-13, Hongo 3-chome, Bunkyo-ku

SpringerArchitektur

Stadtplanung Wien, Architektur Zentrum Wien (Hrsg.)

Architektur Wien

500 Bauten
Konzeption und Redaktion August Sarnitz

Mit der zweiten Auflage dieses Architekturführers liegt eine erweiterte und korrigierte Ausgabe dieser umfassenden Wien-Publikation vor, die als Architektur-Guide und -Lexikon verwendet werden kann. Von einem namhaften wissenschaftlichen Team – bestehend aus Friedrich Achleitner, Otto Kapfinger, August Sarnitz und Dietmar Steiner – wurden 500 Bauwerke in Wien, von der Gotik bis zur Gegenwartsarchitektur, ausgewählt. Ergänzt wird die Auswahl durch Textbeiträge zur Stadtgeschichte, zum Wohnbau und zur Wiener Architekturgeschichte des 20. Jahrhunderts. Anhand von über 650 Fotos und über 200 Zeichnungen werden konkrete Einblicke in das „physical fabric" der Wiener Architektur geboten. Spezielle Architekturrouten und persönliche Architekturtips von bekannten Wiener Architekten lassen die Ikonen der Wiener Bautradition lebendig werden.
Mit Beiträgen von Renate Banik-Schweitzer, Siegfried Mattl, Otto Kapfinger und Dietmar Steiner sowie August Sarnitz. Fotographien von Margherita Spiluttini, Mischa Erben, Georg Riha, Robert Kiermayer und Gerald Zugmann.

Inhalt
- Einleitung – Hinweise zum Gebrauch
- Renate Banik-Schweitzer, Wien Stadtentwicklung
- August Sarnitz, Wiener Architektur im 20. Jahrhundert
- Dietmar Steiner, Wiener Wohnbau
- 14 ausklappbare Pläne mit Architekturrouten und Empfehlungen für alle 23 Wiener Bezirke
- Wien Umgebung – Purkersdorf, Klosterneuburg, Schwechat, Perchtoldsdorf
- Siegfried Mattl, Anmerkungen zur Wiener Zeitgeschichte
- Bauwerke Chronologie

Zweite, korrigierte und ergänzte Auflage
1998. Etwa 850 z.T. farbige Abbildungen. 389 Seiten.
Format: 14,2 x 23,5 cm
Broschiert DM 54,–, öS 380,–
ISBN 3-211-83159-2

SpringerWienNewYork

Sachsenplatz 4–6, P.O.Box 89, A-1201 Wien, Fax +43-1-330 24 26, e-mail: order@springer.at, Internet: http://www.springer.at
New York, NY 10010, 175 Fifth Avenue • D-14197 Berlin, Heidelberger Platz 3 • Tokyo 113, 3-13, Hongo 3-chome, Bunkyo-ku